©   Verlag
    Zabert Sandmann GmbH
    Hamburg und Steinhagen
    5. Auflage 1987

Konzept und Realisation   Arnold Zabert
Redaktion   Martina Meuth
             Sönke Knickrehm
Kochstudio   Hermann Rottmann
Grafische Gestaltung   Hartwig Kloevekorn
Fotografie   Arnold Zabert
              Walter Cimbal
              Jörn Rynio
Herstellung   Hans-Werner Jung
Lithografie   Graphia-Reproduktionen, Vreden
Satz   Typografika, Bielefeld
Druck   Bentrup Druck, Bielefeld
Bindung   R. Oldenbourg, München

    Verlag Zabert Sandmann
    Patthorster Str. 127, 4803 Steinhagen
    Telefon (0 52 04) 33 83
    Telex 9 37 858 vzasa d

CIP-Kurztitelaufnahme der Deutschen Bibliothek:
Zabert, Arnold:
BACKEN. Die neue große Schule.
Verlag Zabert Sandmann, Hamburg und Steinhagen, 1985.
ISBN 3-924678-01-4

Arnold Zabert

BACKEN

Die neue große Schule

ZABERT
SANDMANN
VERLAG

Backen — die glückliche Verbindung
von Präzision und Phantasie

Ein Wort zuvor

Dieses Buch ist das zweite in der Reihe „Die neue große Schule" aus dem Verlag Zabert Sandmann. Der erste Band, „KOCHEN — Die neue große Schule", erschien im Herbst 1984 („Das Buch mit dem Löffel") und war zu unserer Freude auf Anhieb ein großer Erfolg. Die Presse lobte den neuen Stil, Kochwissen zu vermitteln, den klaren Aufbau, die Fotos. „KOCHEN" erhielt Preise und Auszeichnungen und, was uns noch wichtiger ist, das Vertrauen vieler, vieler Leserinnen und Leser im In- und Ausland: Bisher wird „KOCHEN" in acht Sprachen übersetzt und erscheint in 15 Ländern.
Dieser Erfolg in so kurzer Zeit machte uns Mut und spornte uns an, den zweiten Band, „BACKEN — Die neue große Schule", herauszubringen.

Natürlich in der Hoffnung, daß er einen ebenso begeisterten Leserkreis findet wie der erste. Gebäck, Kuchen, Torten — das alles hat immer einen Hauch von Luxus. Man braucht solche Leckereien nicht wie das tägliche Brot, sie sind eigentlich überflüssig und deshalb so unwiderstehlich.
Eier, Butter, Zucker, Mehl, Sahne, Schokolade, duftende Aromen, reife Früchte — ganz normale Zutaten, in der Bäckerei aber die Stoffe, aus denen man süße Träume macht.
Wenn der Duft von frischem Gebäck die Räume durchzieht, zeigt es sich: Da werden alle

wieder lächeln, die Familie versammelt sich einträchtig und fröhlich um den Kaffeetisch, falls schlechte Stimmung herrschte, ist sie gleich verflogen. Probieren Sie es aus!

Dieses Buch möchte Ihnen dabei helfen. Wenn Sie Neuling auf dem Gebiet der Bäckerei sind, soll es Ihnen das Rüstzeug dazu geben, indem es erklärt, zeigt und beschreibt, wie man sich Schritt für Schritt auf der Stufenleiter der Backkunst emporarbeiten kann — vom schlichten Napfkuchen aus einfachem Rührteig bis zur prächtigen Festtagstorte aus feinstem Biskuit, kunstvoll mit zarter Buttercreme verziert.

Falls Sie die Anfangsschwierigkeiten längst hinter sich haben, Ihre Lieblings-Teige sozusagen aus dem Handgelenk beherrschen, kann dieses Buch Ihnen Ideen dafür liefern, mal was anderes zu wagen.

Kurz gesagt, „BACKEN" will vor allem eines: Ihnen Freude am Backen vermitteln!

Wir, die Redaktion und ich, haben alles getan, um Ihnen mit detaillierten Angaben und genauen Fotos die Arbeit zu erleichtern. Unsere Rezepte sind im eigenen Koch- und Backstudio ausprobiert und auf sicheres Gelingen geprüft worden. Und — die Ergebnisse haben uns, bei aller Bescheidenheit, immer geschmeckt.

Wir wünschen Ihnen den gleichen Erfolg.

Arnold Zabert

Das Team

ARNOLD ZABERT
Verleger und Fotograf

Er war nach seinem Studium an der Hochschule für Bildende Künste in Hamburg einer der ersten in Deutschland, die sich mit dem Thema Essen und Trinken als Fotograf beschäftigt haben. Seine Fotos für die großen Illustrierten, Frauenzeitschriften, Buchverlage und Werbeagenturen zeichnen sich aus durch Präzision und Ästhetik. Dieses Buch ist sein „Kind". Von ihm stammen Idee, Konzeption, gestalterischer Aufbau und — natürlich — die Bilder!

MARTINA MEUTH
Food-Journalistin

Journalistin von der Pike auf, jedoch seit vielen Jahren auf kulinarische Themen spezialisiert. Sie war die Leiterin des Kochressorts der Zeitschrift „freundin", hat Kochbücher geschrieben und übersetzt und arbeitet jetzt als freie Autorin. Für dieses Buch hat sie die Rezepte bearbeitet und die Texte geschrieben.

SÖNKE KNICKREHM
Schlußredakteur

Bevor er zum Zabert-Sandmann-Verlag stieß, war er in gleicher Funktion bei der Gourmet-Zeitschrift „VIF". Bei diesem Buch ist er verantwortlich für korrektes Deutsch und richtige Schreibweise.

HERMANN ROTTMANN
Kochstudio

Der gelernte Koch und Konditor (zuletzt im Sterne-Restaurant „Le Canard" in Hamburg) arbeitet seit drei Jahren mit Arnold Zabert für die Redaktionen großer Zeitschriften. Besonders liegt ihm die moderne, zeitgemäße leichte Küche am Herzen. Nach ihren Grundsätzen hat er für dieses Buch die Rezepte zusammengestellt, ausprobiert und für das Foto nachvollzogen.

WALTER CIMBAL
Fotostudio

Hat sich erst seit zwei Jahren der Food-Fotografie verschrieben und arbeitet seither im Studio Zabert. An der umfangreichen Fotoproduktion für dieses Buch ist er maßgeblich beteiligt.

HARTWIG KLOEVEKORN
Art Director

Er war federführend in der grafischen Gestaltung großer Frauenzeitschriften und hat sich als Grafik-Chef auch beim „FEINSCHMECKER" in kulinarische Themen eingearbeitet. Er ist bei diesem Buch für das grafische Erscheinungsbild verantwortlich.

JÖRN RYNIO
Assistent

Assistiert nicht nur bei der Fotoproduktion, sondern auch in der Grafik des Verlags. Außerdem ist er Hobbykoch — viele der Rezepte dieses Buches sind von ihm zu Hause ausprobiert und für gut befunden worden.

Dieses Buch . . .

. . . bringt etwas Neues: Es ist keine Rezeptsammlung im herkömmlichen Sinn, sondern vielmehr ein Lehrbuch. Aber keine Angst, hier wird nicht graue Theorie verbreitet, sondern an Hand von mehr als 1000 farbigen und appetitanregenden Fotos werden Wissen und Lust am Backen vermittelt.

Für Anfänger wichtig: Jedes Kapitel beginnt mit dem Grundrezept. Schritt für Schritt wird in präzisen Phasenfotos jeder Handgriff vorgeführt. Jede Teigart wird exakt beschrieben. Tips und Tricks erklären, worauf man achten muß, damit alles garantiert gelingt. Wenn also beim Zubereiten des Teiges oder beim Backen Fragen auftauchen, schlagen Sie am besten auf den Seiten „Grundrezept" nach.

Wer das Grundrezept beherrscht, hat damit das nötige Rüstzeug, um die nächsten Stufen der Backkunst zu erklimmen: Auf den folgenden Seiten schließen sich, darauf aufbauend, Stück für Stück die Variationen, Besonderheiten und Ausnahmen zu den jeweiligen Grundrezepten an. Bis hin zum diffizilen Meisterstück, das manches Mal durchaus eine gewisse Kunstfertigkeit und Übung verlangt. Etwas für Fortgeschrittene also. Die kommen aber ohnehin auf ihre Kosten, weil sich in jedem Kapitel so viele Abwandlungen und Ideen finden, daß man genügend Anregungen hat, nach eigenem Geschmack, eben kreativ, zu backen.

In jedem Fall aber ist eines zu beherzigen: Niemals aus dem Handgelenk arbeiten, immer präzise abwiegen. Das ist das A und O der ganzen Bäckerei! Die einzelnen Bausteine unseres Baukastensystems jedoch können Sie nach eigener Phantasie und Vorstellung miteinander kombinieren und so immer wieder völlig neue Kreationen entwickeln.

Und noch eins: Muten Sie sich bei Ihren ersten Versuchen nicht zuviel zu. Erlauben Sie sich Erfolgserlebnisse, indem Sie die einzelnen Schwierigkeitsstufen Ihrem Können gemäß ausprobieren. Und wenn doch mal etwas schiefgeht, ist das auch kein Grund, die Lust zu verlieren: Manches muß man üben, bis man die Sache im Griff hat.

Ein letztes Wort zum Register: Schlagen Sie bitte dort nach, wenn Ihnen ein Begriff fremd oder die Aussprache nicht geläufig ist. Es sind nicht nur die Rezepte alphabetisch aufgeführt, es ist auch jeweils unter dem entsprechenden Stichwort die Seitenzahl angegeben, wo in diesem Buch die Erklärung zu finden ist.

Nun aber genug der Vorreden: Blättern Sie um und tauchen Sie ein in die Geheimnisse der Bäckerei.

Inhaltsverzeichnis

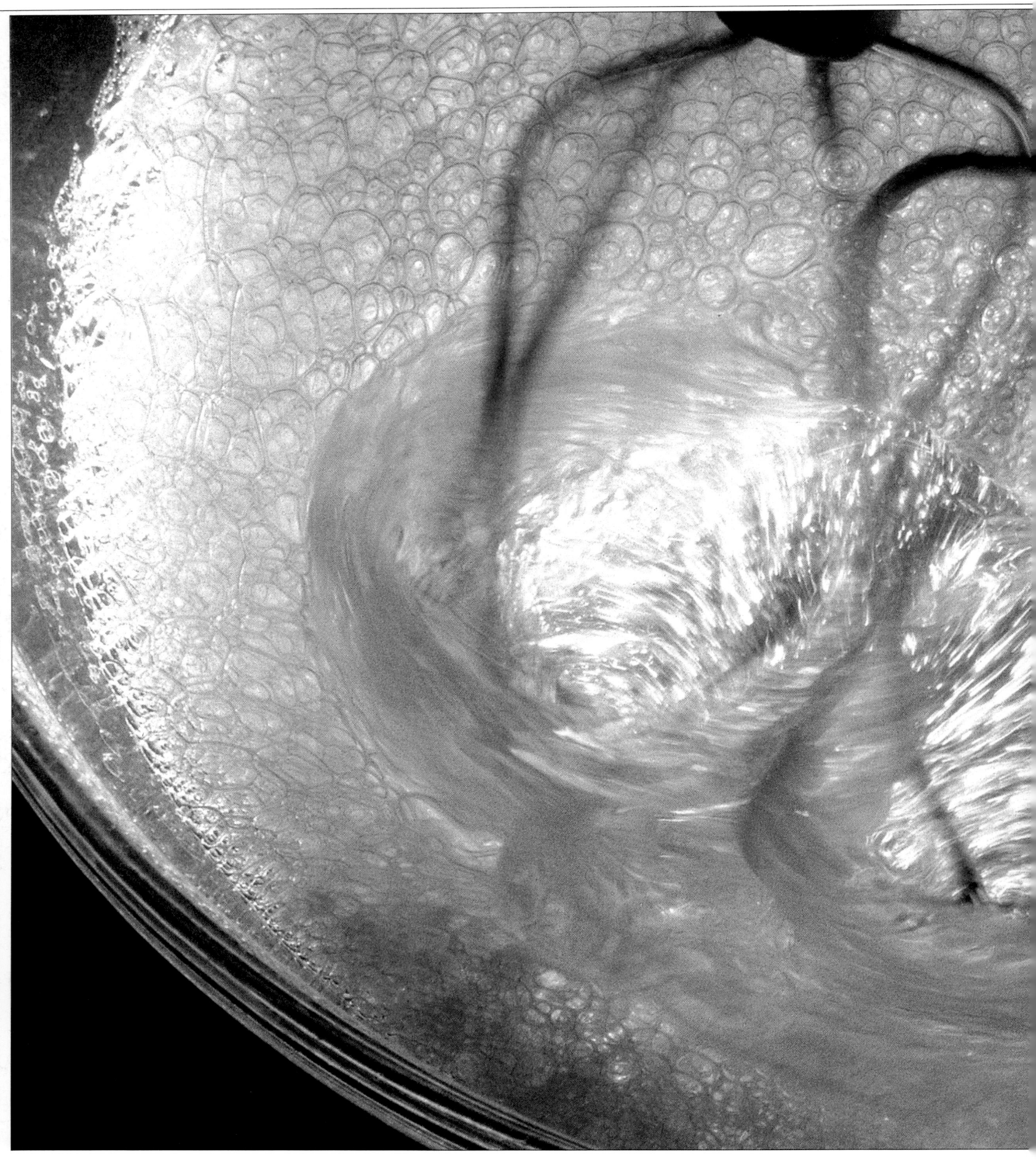

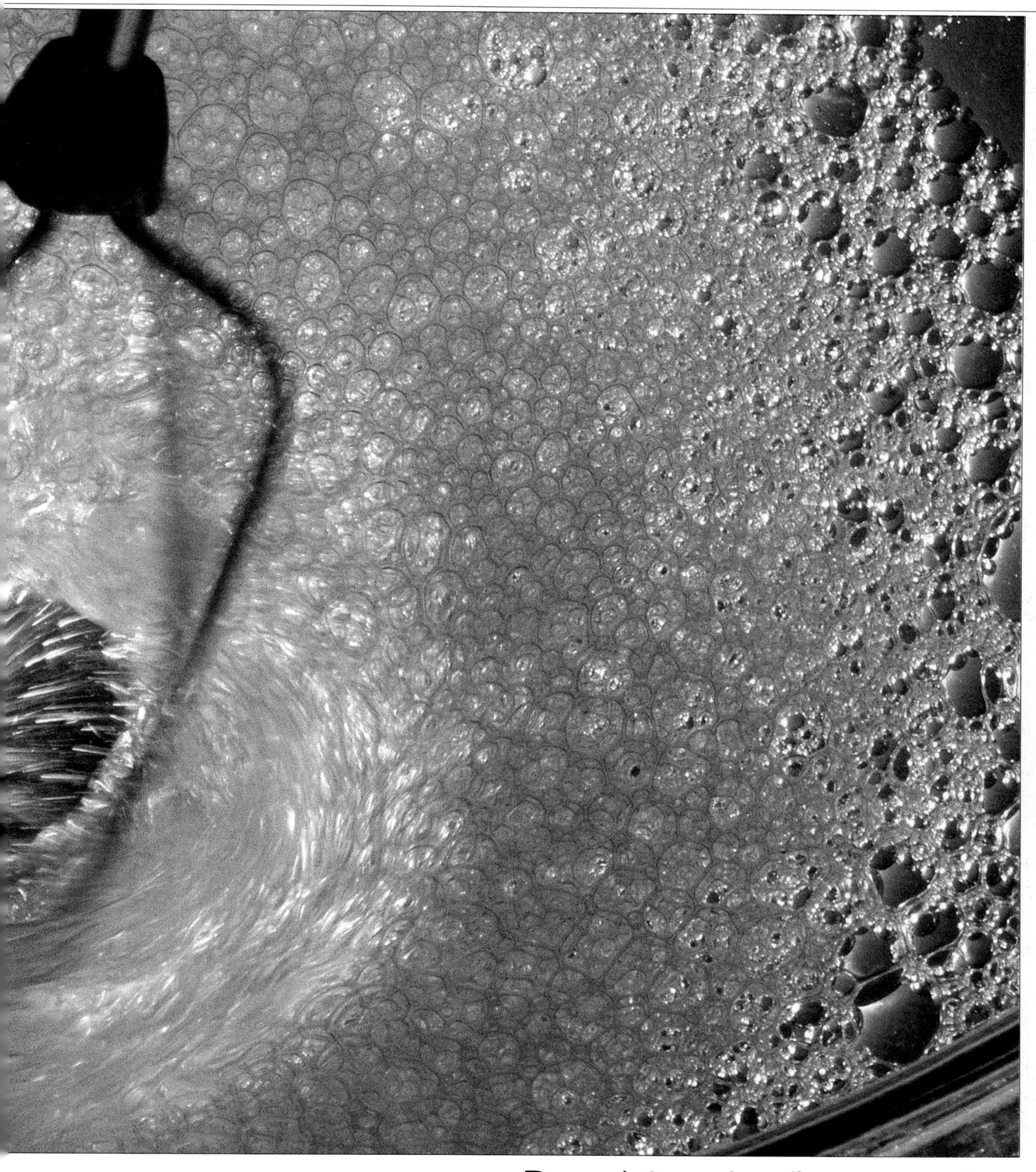

Backtechnik — oder
was die Arbeit leichter macht

Wichtig: Beim Backen bitte nicht improvisieren!

Das ist nämlich der grundlegende Unterschied zwischen Kochen und Backen: Während oft die besten Gerichte gelingen, wenn der Koch seine Phantasie spielen läßt, eine Prise hiervon zufügt oder einen Schuß von jenem, sollte man sich beim Backen lieber strikt an das Rezept halten. Einmal in den Ofen geschoben, kann man auf den Teig keinerlei Einfluß mehr nehmen. Und wenn die Proportionen nicht stimmen, die Reihenfolge der Zutaten verändert wurde, kann für den Erfolg nicht mehr garantiert werden. Mit Augenmaß und großzügigem „Über-den-Daumen-Peilen" kommt man beim Backen einfach nicht weiter!

DAS WICHTIGSTE UTENSIL: DIE WAAGE

Werfen Sie mal einen Blick in die Backstube einer Konditorei: Unübersehbar an zentralem Platz steht dort die Waage. Und Sie werden niemals einen Profi beobachten können, der die Zutaten aus dem Handgelenk mißt. Aufs Gramm genau müssen sie abgewogen sein! Gute Küchenwaagen sind nicht ganz billig. Sie müssen sowohl im Grammbereich wie auch größere Mengen (bis zu 2 – 5 kg) exakt wiegen können. Sie müssen stabil sein, dürfen sich nicht von allein verstellen können. Ein Meßbecher allein nützt nichts. Er taugt wirklich nur zum Abmessen von Flüssigkeit. (Achten Sie darauf, daß er auch kleine Mengen, unter ⅛ l, in Stufen angibt. Gut sind Meßbecher, die auch eine Einteilung in Kubikzentimeter aufweisen.) Benutzen Sie den Meßbecher als Raummaß für feste Zutaten, wie Mehl, Zucker usw., höchstens im Notfall. Die Angaben sind einfach zu ungenau.

EIER SPIELEN EINE GEWICHTIGE ROLLE

Man hat sich angewöhnt, in Backrezepten jeweils die Anzahl der Eier anzugeben, die verwendet werden. Profis tun das nie, denn das ist im Grunde zu ungenau. Es gibt vom Riesen-Ei mit über 70 g je Stück (Klasse 1) bis zum Winzling von 45 bis 50 g (Klasse 6) die unterschiedlichsten Größen. Ganz klar, daß dies auf die Teigbeschaffenheit Einfluß hat. In Profirezepten ist die Eiermenge deshalb stets als Gesamtgewicht angegeben (wie in diesem Buch zum Beispiel beim Rührteig, Seiten 86/87). Handelsüblich sind Eier der Klassen 3 und 4 (zwischen 55 g und 65 g pro Stück). Von dieser Größe sind wir bei unseren Rezepten ausgegangen. Daß Sie nur frische Eier verarbeiten sollten, versteht sich von selbst. Man erkennt sie daran, daß ihr Eiweiß den Dotter als festen Rand umschließt. Wenn Sie sich nicht sicher sind, sollten Sie, um das zu überprüfen, die Eier jeweils einzeln in eine Tasse oder auf einen Teller gleiten lassen. Je flüssiger das Eiweiß, desto älter das Ei. Beim Trennen von Eiweiß und Dotter behutsam vorgehen. Befindet sich auch nur ein stecknadelkopfgroßes Restchen Eigelb im Eiweiß, wird nie mehr steifer Schnee daraus!

SO HABEN SIE KLEINE MENGEN GUT IM GRIFF

Geht es um einen Löffel voll, ist in modernen Rezepten auch ein heutiger Löffel gemeint. Die tiefen Löffel von Großmutters Besteck sind erheblich geräumiger. Hier ein Überblick, wieviel ein gestrichener Eß- oder Teelöffel jeweils faßt:

Mehl:

1 EL	=	10 g
1 TL	=	3 g

Zucker:

1 EL	=	20 g
1 TL	=	6 g

Speisestärke:

1 EL	=	9 g
1 TL	=	3 g

Butter:

1 EL	=	15 g
1 TL	=	5 g

Puderzucker:

1 EL	=	10 g
1 TL	=	3 g

Kakaopulver:

1 EL	=	10 g
1 TL	=	3 g

gemahlene Nüsse:

1 EL	=	10 g
1 TL	=	6 g

Backpulver:

1 EL	=	10 g
1 TL	=	6 g
1 Tütchen	=	16,5 g

EINSCHUBLEISTEN: WIE HOCH SOLL MAN DEN KUCHEN EINSCHIEBEN?

Im Prinzip kann man sich merken: Die Mitte des Gebäcks sollte sich in der Mitte der Backröhre befinden. Einen hohen Napfkuchen oder Gugelhupf schiebt man also in die unterste oder — je nach Ofenraum — zweite Schiene von unten. Flache Mürbeteigböden oder Plätzchen in die mittlere Schiene. Und noch eins: Eine Kuchenform niemals auf einem Blech in den Ofen schieben, sondern immer auf dem dafür vorgesehenen Rost. Die Form bekommt sonst an der Auflagestelle zu starke Unterhitze, die heiße Luft jedoch kann nicht richtig zirkulieren. Auch niemals den Kuchen ohne Rost auf den Ofenboden stellen. Der Kuchen würde an der Auflagefläche verbrennen.
Weniger wichtig ist die Einschubhöhe bei Umluftöfen — dort erlaubt es die herumgewirbelte Luft, daß man bis zu drei Bleche übereinander einschiebt — natürlich muß man jeweils darauf achten, daß der Abstand ausreicht, wenn das Gebäck beim Backen hochgeht.

WICHTIG: DIE GENAUE BACKZEIT BEACHTEN

Auf diese Angabe im Rezept sollten Sie sich niemals blind verlassen. Sie hängt von so vielen verschiedenen Faktoren ab (Herdtyp, Alter des Herdes, Backform, Außentemperatur beim Herstellen des Teiges), daß sie variieren kann. Deshalb gegen Ende der vorgesehenen Zeit immer wieder prüfen, zunächst durch Augenschein (die modernen Backöfen mit Sichtfenster erlauben diesen Blick, ohne daß man die Tür öffnen muß) und dann durch die Stäbchenprobe: ein dünnes Holzstäbchen in die höchste Kuchenstelle senkrecht bis zum Formboden durchstechen. Bleiben Krümel oder sogar Teig daran haften, braucht der Kuchen noch eine gewisse Zeit. Erst, wenn das Stäbchen absolut sauber wieder aus dem Kuchen gezogen wird, ist er gar.

WICHTIG: EXAKT DIE TEMPERATUR EINSTELLEN

In unseren Rezepten ist die Backtemperatur in Celsiusgraden angegeben. Wer einen Gasherd mit Stufenschaltung besitzt, richtet sich am besten nach der Gebrauchsanweisung seines Herdes.
Als Faustregel kann man sich merken:

$100° - 120° =$ Stufe ½ – 1
$120° - 150° =$ Stufe 1 – 2
$150° - 175° =$ Stufe 3
$180° - 200° =$ Stufe 3 – 4
$200° - 210° =$ Stufe 4
$220° - 240° =$ Stufe 4 – 5

Im Umluftherd gelten andere Bedingungen als im herkömmlichen Elektroherd. Unbedingt deshalb die Angaben des Herstellers beachten. Man benötigt jeweils etwa 10 bis 20 Prozent niedrigere Hitze als im konventionell beheizten Ofen.
Aber: Bei aller Genauigkeit arbeiten nicht alle Herde gleich, man kann sich deshalb nicht immer auf die eingestellte Temperatur verlassen. Die Anschaffung eines Ofenthermometers (für ein paar Mark im Haushaltsgeschäft) ist deshalb kein Luxus. Es zeigt exakt die Hitze an, die im Ofen herrscht.

Wichtig: ein Wort zu den Rezeptangaben!

Sämtliche Rezepte in diesem Buch sind selbstverständlich in unserem Koch- und Backstudio ausprobiert und auf Gelingen getestet worden. Wir haben in einem Elektroherd mit konventioneller Beheizung gearbeitet. Zu Beginn eines jeden Grundrezepts sind die Geräte, die man zur Herstellung braucht, aufgelistet. Backzeiten, Vorbereitungsdauer und die Zeit zum Auskühlen sind exakt angegeben.
Die Zutaten sind jeweils in der Reihenfolge aufgeführt, in der sie beim Verarbeiten gebraucht werden.
Auf die jeweilige Angabe im Zutatenblock „Mehl zum Einstreuen der Arbeitsfläche" und „Butter zum Einfetten der Form" haben wir in den meisten Rezeptvarianten verzichtet — sie findet sich jeweils nur im Grundrezept.

DIE GRUND-AUSRÜSTUNG

1. Schneebesen. In zwei Größen, zum Schlagen von Schnee, Cremes und Sahne. Zum behutsamen Mischen von empfindlichen Massen. Aus unverwüstlichem Edelstahl (Nicht aus Aluminium oder verzinntem Draht: Ersteres färbt, letzteres nützt sich zu schnell ab.) oder mit lebensmittelechtem, stabilem Kunststoff überzogen. Beim Kauf prüfen: Der Griff muß gut in der Hand liegen.

2. Tortenscheibe aus Edelstahl. Runde, dünne Platte, praktisch zum Transportieren empfindlicher Garnituren, zum Abheben von Tortenböden oder Kuchen.

3. Rührschüsseln aus Edelstahl. Sollte man in mindestens zwei Größen haben. Dank des leitfähigen Materials fürs Wasserbad geeignet: zum Temperieren von Kuvertüre, Cremes und empfindlichen Teigen.

4. Backpinsel. Mit langen, weichen Naturborsten. Zum Auftragen von Glasuren, Bestreichen mit Milch, Sahne oder Eigelb. Den Pinsel stets sehr gründlich ausspülen, damit er lange hält.

5. Küchenschere. Aus solidem Stahl. Mit leicht faßbarem Griff. Zum Einschneiden von Teig, Kürzen von Teigsträngen usw.

6. Gummischaber. Zum Auskratzen der Teig- und Cremeschüsseln, zum Glattstreichen von Teig und zum vorsichtigen Mischen von Teigmassen.

7. Kochlöffel. Aus Kunststoff, weil er von Säure (z. B. von Obst) nicht angegriffen wird. Aus Holz für Cremes und Teige.

8. Teigrädchen. Mit gewelltem Rand zum Ausschneiden von Teigstükken, die dadurch einen Zackenrand bekommen.

9. Teigschneider. Mit scharf geschliffenem Rad zum Zerteilen von festen Teigen sowie fertig gebackenen Kuchen vom Blech.

10. Zestenreißer. Dieses Spezialmesser ist nötig, um aus Orangen-, Zitronen- oder Gurkenschalen hauchfeine Streifchen (Zesten) zu schneiden.

11. Kuchenmesser. Messer mit winzigen ungleichmäßigen Zacken. Zum glatten Schneiden von feinkrumigen Kuchen (Biskuit).

Das A und O: richtiges Handwerkszeug

Ohne entsprechendes Werkzeug kann niemand arbeiten. Das gilt nicht nur für den Fachmann, sondern auch für die private Küche zu Hause. Kein Spielzeug, sondern Handwerkszeug! Aus solidem Material, stabil verarbeitet, damit es sich auch bei intensivem Gebrauch nicht in seine Bestandteile auflöst. Und in genügender Anzahl. Mit einer Rührschüssel allein kommt man nicht aus. Und auf gewisse Spezialwerkzeuge kann man nicht verzichten. Leider ist nicht alles, was in Haushaltsgeschäften angeboten wird, auch wirklich praktisch. Es lohnt deshalb, sich auf der Suche nach erstklassigem Gerät in Profiläden umzutun. Hier ein kurzer Überblick, worauf man achten muß.

12. Palette. Eine Art breitschneidiges, aber stumpfes Messer. Ein Universal-Utensil: zum Glattstreichen von Teigen, Massen, Cremes, Glasuren etc. Zum Transportieren von Böden und Kuchen. Die Klinge ist aus hochwertigem, besonders biegsamem Stahl — deshalb sind Paletten nicht ganz billig!

13. und 14. Teigkärtchen. Aus lebensmittelechtem Kunststoff, glatt oder mit gezacktem Rand. Zum Verstreichen von Teigen und Massen, zum Verzieren und Glattstreichen von Torten. In allen Fällen, wo die Klinge der Palette zu lang und im Wege wäre.

15. Kuchendraht oder -rost. Unerläßlich zum Auskühlen von allem Gebäck. Damit die frisch gebackenen Kuchen von allen Seiten Luft bekommen und nicht schwitzen.

16. Spritztüte. Aus Papier. Nimmt man zum Auftragen von Glasurenlinien, Ornamenten und Mustern.

17. Spritzbeutel mit verschiedenen Tüllen. Zum Formen und Verzieren von weichen Teigen, Cremes und Massen.

18. Gebäckspritze. Sozusagen ein stabiler Spritzbeutel, läßt sich jedoch schwieriger handhaben, weil man die Masse nicht so gut im Griff hat.

19. Kuchenring. Hier aus Plastik, gibt es auch stabiler aus Edelstahl. Im Durchmesser verstellbar, setzt man ihn auf das normale Backblech und füllt in die so entstandene Form den Teig zum Backen. Praktisch, weil man so nicht von den handelsüblichen Springformgrößen abhängig ist. Auch zum Zusammensetzen von Torten.

20. Schäufelchen. Aus Plastik, Holz, Aluminium oder Edelstahl. Zum Abmessen von Mehl, Zukker, Salz etc.

21. Siebe. Sollte man in mehreren Größen haben. Zum Auflockern von Mehl, Einpudern mit Puderzucker usw. Aus Plastikmaterial, vor allem wenn Säure damit in Berührung kommt (Filtern von Zitronensaft), aus Metall für heiße und besonders feste Zutaten.

22. Wellholz. Auch Nudelholz. Zum Ausrollen von Teigen, auch Zerkleinern fester Zutaten (Gewürze, Nüsse). Die besten Wellhölzer rollen auf Kugellagern, sie sind zwar teuer, aber strapazierfähiger.

23. Rührschüsseln aus stabilem Kunststoff. Zum Teigrühren, Creme-, Sahne- oder Eiweißschlagen. Sie dürfen sich nicht verbiegen, müssen einen guten Stand haben.

24. Meßbecher. Aus hitzebeständigem Glas, Kunststoff oder Porzellan. Ersetzt natürlich nicht die Waage, ist vor allem fürs Abmessen von Flüssigkeiten wichtig.

Neben diesen hier gezeigten Dingen braucht man für die Bäckerei noch eine Reihe weiterer Werkzeuge, die sich aber in jeder Küche finden sollten. Dazu gehören:
— verschiedene Messer, vom kleinen Küchenmesser (Officemesser) bis zum schweren, langklingigen Allzweckmesser
— Zitruspresse
— Reibe
— Töpfe in verschiedenen Größen, zum Kochen von Cremes bis zum Abbrennen von Brandteig
— Schöpfkellen in zwei Größen
— Küchenmaschine, Mixer, Pürierstab, Handrührer mit Knet- und Rührhaken oder Zerhacker. Nicht jedes dieser Elektro-Küchengeräte kann alles — je nachdem wie häufig Sie backen, ist ein ganzer Maschinenpark nützlich und hilfreich.

Formen-Vielfalt

Frage: Haben Sie schon mal einen Gugelhupf gesehen, der in einer Kastenform gebacken wurde? Antwort: Nein. Dann wäre es kein Gugelhupf, sondern ein Hefebrot. Die Form der Form spielt also eine entscheidende Rolle. Wie groß aber auch der Einfluß des Materials der Backform ist, merkt man spätestens dann, wenn man die geliebte Keramikform der Großmama oder die hübsche Kranzform, die man sich von seiner letzten Elsaßreise mitgebracht hat, zum ersten Mal benutzt: Der Kuchen braucht fast um ein Drittel länger, bis er endlich durchgebacken ist. Lesen Sie hier, woran das liegt und worauf man achten sollte, wenn man sich mit neuen Backformen ausstatten will.

WER ZÄHLT DIE FORMEN, KENNT DIE UNTERSCHIEDE?

Auf dem Foto rechts sehen Sie lediglich eine Auswahl der zahllosen Möglichkeiten, sowohl, was die Form, als auch, was ihr Material angeht (Weitere Formen auf den Seiten 88/89).
Formen aus <u>Schwarzblech</u> oder dunkel <u>gefärbtem Stahlblech</u> sind am gebräuchlichsten. Sie absorbieren die Hitze und geben sie unverzüglich dem Teig weiter (Seiten 20/21).
<u>Weißblechformen</u> (Savarinform, 2, und Gugelhupfform, 7). Weißblech reflektiert die Ofenhitze, wirft sie also in den Ofenraum zurück, statt sie dem Teig mitzuteilen. Effekt: Der Kuchen bräunt zwar außen, bleibt innen jedoch noch lange roh.
In Weißblechformen verlängert sich die Backzeit, oft sogar um mehr als 10 bis 20 Prozent (Seiten 20/21). Das beste Ergebnis bringen sie in Gas- und Heißlufttöfen, bei denen die Hitze direkter einwirkt.

Innen <u>beschichtete Formen</u> (Brioche- oder <u>Charlottenform,</u> 6) sind die Formen der neuen Generation. Aus ihnen löst sich der Kuchen spielend, selbst wenn nicht sehr sorgfältig eingefettet wurde. Sie sind vor allem besonders leicht zu reinigen. Für Konsistenz und Bräunung bringen sie das beste Ergebnis (Seiten 20/21).
<u>Kupferformen</u> (Gugelhupfform, 5) sehen edel aus und sind hervorragend im Gebrauch. Aber sie sind teuer in der Anschaffung wie im Unterhalt: Von Zeit zu Zeit müssen sie neu verzinnt werden. Und das Putzen ist mühsam!
<u>Papierförmchen</u> (8) sind praktisch für kleine Portionskuchen. Bei ihnen kann man sich jedes Vorbereiten (einfetten, ausstreuen etc.) sparen, sie lassen sich vom fertigen Kuchen kinderleicht abziehen und werden dann weggeworfen.
<u>Gußeiserne Formen</u> (4) aus der guten alten Zeit. Sie sind dekorativ (als Wandschmuck), aber sehr gewichtig. Sie nehmen die Ofenhitze gut auf, halten sie lange und geben sie besonders gleichmäßig an den Kuchen weiter. Mit ihnen kann man die Nachhitze des Ofens nutzen. Deshalb rechtzeitig abschalten.

<u>Backformen aus feuerfestem Glas</u> (3) sind schlechte Wärmeleiter, deshalb verzögern sie die Backzeit erheblich. Immerhin haben sie den Vorteil, daß man den Bräunungsgrad gut beobachten kann.
<u>Backformen aus Keramik</u> (11) sind wie gläserne schlechte Wärmeleiter. Bis zu einem Drittel

kann sich in ihnen die Backzeit verlängern. Dafür sind sie dekorativ und schmücken die Küche.
<u>Formen aus feuerfestem Porzellan,</u> im Foto eine <u>Pie-Form</u> (13), flach und mit dem typischen gewellten Rand, geben die Hitze ebenfalls nur schlecht weiter. Bei Pies, die den Teig als Deckel haben, ist dieser Effekt jedoch erwünscht. Gut für den Mikrowellenherd geeignet.
<u>Pappformen</u> (14). Einwegformen, die den meisten Backmischungs

packungen beigelegt sind, sind zwar Energieverschwendung (in der Herstellung und im Verbrauch), aber praktisch — denn Einfetten und Reinigen entfallen.
<u>Tortenring aus Edelstahl</u> (10), ein Profigerät. Er ist stufenlos verstellbar und wird einfach aufs Blech

In jeden Haushalt gehört eine Springform mit abnehmbarem Rand. Meist wird ein Kranzkucheneinsatz mitgeliefert, der einem die Savarinform spart.

Springformen gibt es in verschiedenen Größen: von 16 cm Ø bis zu 26 cm Ø, mit einem Durchmesser von 30 cm, manchmal sogar von 32 cm, haben sie einen schräg nach außen gestellten Rand (für Wähen und süddeutsche Obstkuchen).

Eine Napfkuchen-, Rodon- oder Gugelhupfform wird sich jeder anschaffen, der Hefe- oder Rührkuchen schätzt. Diese Formen können in ihrer Außenrippung variieren, haben aber stets in der Mitte einen Schornstein, der dem hohen Kuchen auch innen entsprechende Hitze mitteilt.

Eine Kastenform von 0,5 bis 1,5 l Inhalt, sogar noch größer, für schwere Brotlaibe, ist universell zu gebrauchen: Für Kastenkuchen und Brote aller Art. Aber auch für Pasteten und Terrinen.

Ein Backblech ist ohnehin in jedem Backofen vorhanden. Wenn beim Plätzchenbacken zum Beispiel mal eines fehlen sollte: einfach den Backrost mit extrastarker Alufolie überziehen — das tut's zur Not auch. Besonders praktisch für Single- oder Zwei-Personen-Haushalte sind Backformen im Mini-Format. Sie haben genau die richtige Größe für einen Kuchen, den man auch im kleinen Kreis bequem aufessen kann.

---

gesetzt. So ist man unabhängig von den nur in bestimmten Größen zu kaufenden Springformen. Außerdem ist der Kuchen viel leichter auszulösen.
Herzform ohne Boden (12) wird nach demselben Prinzip verwendet. Der fertige Kuchen läßt sich einfach herausdrücken.
Plätzchenformen (9) zum Ausstechen von Mürbeteigplätzchen.
Tortelettförmchen (15), rund oder in Schiffchenform. Für die Böden (aus Mürbeteig) kleiner Portionstörtchen. Will man

mehrere backen, so stapelt man die mit Teig ausgeschlagenen Förmchen aufeinander — bis zu sechs auf einmal. So braucht man nur das oberste zum Blindbakken mit Hülsenfrüchten zu füllen (Seiten 24/25) — die übrigen sind so genügend beschwert, um zu vermeiden, daß der Teig beim Backen Blasen bekommt.

Die guten alten Eisenblechformen (ohne Foto) unserer Großmütter sind zwar delikat in der Handhabung (sofort abtrocknen, obendrein auf der erhitzten Herdplatte erwärmen, weil sie sonst rosten), aber perfekt in ihrer Wirkung auf das Backergebnis. Gleichmäßige Bräunung und relativ kurze Backzeit.

Aluminiumform (1), als Einwegbackform gedacht. Hat die Nachteile von Weißblechformen (reflektiert die Hitze und verlängert so die Backzeit), spart jedoch den Abwasch.
Kunststofformen (ohne Foto) sind bequem, der Kuchen löst sich jederzeit ohne anzukleben heraus. Sie werden jedoch schnell unansehnlich (trüb) und dürfen nur im Elektro- oder Mikrowellen-, keinesfalls im Gasherd verwendet werden.

WAS ZEICHNET EINE GUTE BACK-FORM AUS?

Ganz klar, der Kuchen soll darin gleichmäßig und in angemessener Zeit durchbacken, sich anschließend problemlos herauslösen lassen, die Form zu reinigen darf nicht allzu mühsam sein. Hinzu kommt der Einfluß der Form auf die Kuchenkonsistenz: Bleibt der Kuchen länger als üblich in der Ofenhitze, weil das Material der Form die Backzeit verzögert, wird er unweigerlich trocken. Wie sehr das Material der Backform in den verschiedenen Ofentypen Einfluß auf diese vier Faktoren ausübt, kann man der graphischen Darstellung entnehmen (Erklärung letzte Spalte). Sie ist das Ergebnis einer umfangreichen wissenschaftlichen Untersuchungsreihe an der Fachhochschule Trier. Und sie beweist ganz klar: an Backformen zu sparen hat keinen Zweck. Die (billigen) Weißblechformen sind allen anderen weit unterlegen.

TIPS FÜR DAS VORBEREITEN DER FORM

— Grundsätzlich gilt: Alle Backformen müssen eingefettet werden, auch beschichtete. (Ausnahmen: Sehr buttriger Mürbeteig gibt dem Blech genügend Fett. Und: Blätterteig, für den man das Blech befeuchten muß, damit der Dampf das Gebäck hochtreibt.)
— Sparen kann man sich das Einfetten nur, wenn man die Form mit Backpapier auslegt. Das ist bei glatten Blechen ohne weiteres möglich. Bei Kasten- und Springformen kann das Papier an den Seitenwänden

verrutschen. Deshalb immer darauf achten, daß der Teig auf keinen Fall mit dem Blech in Berührung kommt.
— Zum Einfetten weiche Butter oder Margarine nehmen. Mit einem Pinsel auftragen, mit dem man auch bequem in Ecken und Furchen gelangt.
— Die Form am besten bereits vor Beginn der Teigherstellung vorbereiten, dann in den Kühlschrank stellen, wo das Fett erstarrt und sichtbar wird. Eventuell noch blanke Stellen kann man so erkennen und nachfetten.
— Den Teig in die gekühlte Form füllen und sofort backen — die Festigkeit des kalten Fettfilms verhindert, daß sich der Teig mit ihm verbindet und die Schutzschicht auflöst.
— Bei manchen Rezepten (vor allem für empfindliche Biskuit- oder Sandteige) wird empfohlen, die Form vor dem Einfüllen mit Mehl, gemahlenen Nüssen oder Semmelbröseln auszustreuen. Dies muß natürlich geschehen, bevor die Form in den Kühlschrank kommt — auf der erstarrten Fettfläche kann nichts mehr haften bleiben.

GUTES KANN NICHT BILLIG SEIN!

Von der billigsten Weißblechform bis zur stabilen Profiqualität (aus extra starkem Material und silikonbeschichtet) liegt ein Preisunterschied von stattlichen 600 Prozent. Aber die knapp 30 Mark, die man dafür berappen muß, sind gut angelegt: Eine solche Backform hält ein Leben lang. Die Preise für solide Schwarzblech- und teflonbeschichtete Formen liegen etwa in der Mitte.

Tips und Tricks für den richtigen Umgang mit den richtigen Formen

WEISSBLECH-FORM

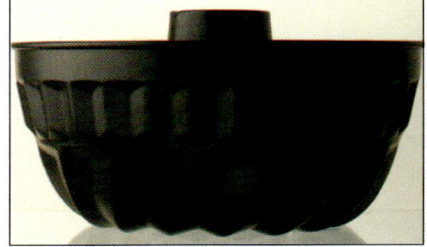

SCHWARZLACKIERTE FORM

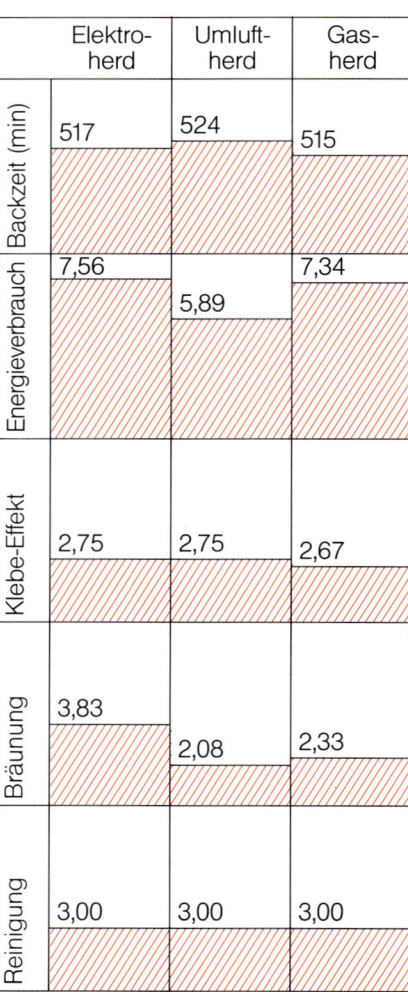

	Elektro-herd	Umluft-herd	Gas-herd
Backzeit (min)	517	524	515
Energieverbrauch	7,56	5,89	7,34
Klebe-Effekt	2,75	2,75	2,67
Bräunung	3,83	2,08	2,33
Reinigung	3,00	3,00	3,00

	Elektro-herd	Umluft-herd	Gas-herd
Backzeit (min)	480	483	488
Energieverbrauch	6,91	5,46	6,84
Klebe-Effekt	2,33	2,42	2,33
Bräunung	2,17	1,83	2,92
Reinigung	2,58	2,58	2,58

Da wiegt man sorgfältig die Zutaten ab, verarbeitet sie peinlich nach Vorschrift, füllt den Teig in die entsprechende Form, bäckt wie im Rezept verlangt . . . und zum Schluß sitzt das Prachtstück von Napfkuchen beharrlich in den Furchen seiner Form und weigert sich, sie problemlos zu verlassen. Oder — statt appetitlich braun rutscht es in vornehmer Blässe auf die Tortenplatte. Ist Ihnen das noch nie passiert? Glück gehabt! Oder Sie kennen bereits alle Tricks. Dann können Sie diese Seite getrost überblättern.

TEFLONBESCHICHTETE FORM

	Elektro-herd	Umluft-herd	Gas-herd
Backzeit (min)	481	494	504
Energieverbrauch	6,77	5,87	6,92
Klebe-Effekt	2,17	2,17	2,08
Bräunung	2,33	1,92	3,00
Reinigung	1,92	1,92	1,92

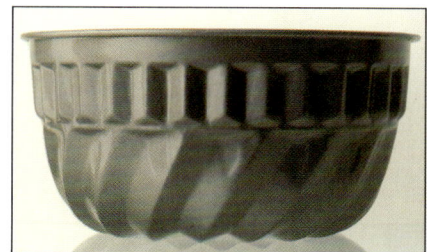

SILIKONBESCHICHTETE FORM

	Elektro-herd	Umluft-herd	Gas-herd
Backzeit (min)	453	460	478
Energieverbrauch	6,27	5,49	6,31
Klebe-Effekt	1,17	1,17	1,17
Bräunung	1,75	1,75	2,25
Reinigung	1,08	1,08	1,08

TIPS ZUM HERAUS-LÖSEN DES KUCHENS

— Auf keinen Fall den Kuchen gleich aus der Form nehmen, sobald er den Ofen verlassen hat. Die gebackene Masse braucht je nach Sorte zwischen einer und drei Minuten, bis sie sich stabilisiert und festigt.
— Beim Abkühlen sinkt jeder Kuchen ein bißchen zusammen, es entsteht ein winziger Luftraum zwischen Kuchen und Formrand, der das Herauslösen erleichtert.
— Der richtige Zeitpunkt ist jedoch bald überschritten: Läßt man den Kuchen auf dem Blech oder in der Form abkühlen, kann es vorkommen, daß er nun erst recht daran festbäckt. Das gilt vor allem für zuckerreiche Mürbeteige, bei denen das Kondenswasser beim Abkühlen mit dem Zucker kristallisiert.
— Empfindliche Kuchen mit Hilfe des Tortenhebers oder der Palette (Seiten 16/17) vom Springformboden lösen.
— In jedem Fall alles Gebäck auf einem Kuchengitter oder Kuchenrost auskühlen lassen, damit es knusprig bleibt und nicht durch Schwitzwasser aufweicht.

WELCHE FORMEN FÜR WELCHE BACKÖFEN?

Weißblechformen bringen ihr bestes Ergebnis in Gas- oder Umluftöfen. Damit die Hitze besser einwirken kann, in die untere Einschubleiste schieben. Im Elektroherd, bei dem Ober- und Unterhitze getrennt zu schalten sind: Oberhitze reduzieren und Unterhitze verstärken.
Falls sich trotzdem die Oberfläche zu braun färben sollte: mit feuchtem Pergamentpapier oder Alufolie abdecken.

Schwarzblechformen geben die Ofenhitze direkt weiter. Bei zu starker Unterhitze kann der Kuchen austrocknen. Deshalb oben einschieben (vor allem beim Gasherd), eventuell zusätzlich ein Backblech als Schutzschild darunterschieben. Bei Elektroherden mit getrennt schaltbarer Unter- und Oberhitze die Unterhitze reduzieren. Teflonbeschichtete Backformen eignen sich am besten für Elektrobacköfen. Die Ergebnisse sind im Heißluftofen um etwas besser (gleichmäßiger und rascher) als im konventionellen Herd. Silikonbeschichtete Formen sind schlichtweg ideal. Sie bringen in allen Herdtypen ein optimales Ergebnis.

EIN WORT NOCH ZUR REINIGUNG

Am besten lassen Sie die benutzten Backformen gar nicht lange abkühlen und herumstehen. Ganz bequem kriegt man sie wieder sauber, wenn man sie noch warm in warmes Seifenwasser legt. Nach kurzem Einweichen löst sich auch Verkrustetes problemlos. Auf keinen Fall mit spitzen oder scharfen Gegenständen daran herumkratzen — das greift Blech und Beschichtung an, was beim nächstenmal das Anbacken nur unterstützt.

ZUR TABELLE

Backzeit: in Minuten die Gesamtzeit sämtlicher Backversuche.
Energieverbrauch: in kWh für alle Backversuche zusammen.
Klebe-Effekt, Bräunung und Reinigung: Bewertung nach der Skala 1 (sehr gut) bis 6 (sehr schlecht).

Die neue Generation:
Wunderwerke der Technik

GRETCHENFRAGE: GAS ODER STROM?

Früher war Backen mit Gas eher unbeliebt. Mit der offenen Flamme zu arbeiten galt als delikat. Vor allem mit niedrigen Temperaturen, wie etwa beim Trocknen von Baisers, gab's häufig Schwierigkeiten. Diese Zeiten sind jedoch vorbei. Die Fortschritte der Technik haben auch den Gasherd längst erreicht. Ein neues Modell ist von einem Elektroherd rein äußerlich kaum mehr zu unterscheiden. Die Flammen arbeiten unsichtbar, ein Umluftgebläse sorgt für gleichmäßige Temperaturen und exaktes Bräunen. Gasöfen haben mittlerweile durchaus jeglichen Komfort. Trotzdem: Die Renner unter den Gasherden sind mit Elektrobacköfen kombiniert. Denn vielseitiger — wenn auch teurer — sind elektrische Backöfen allemal.

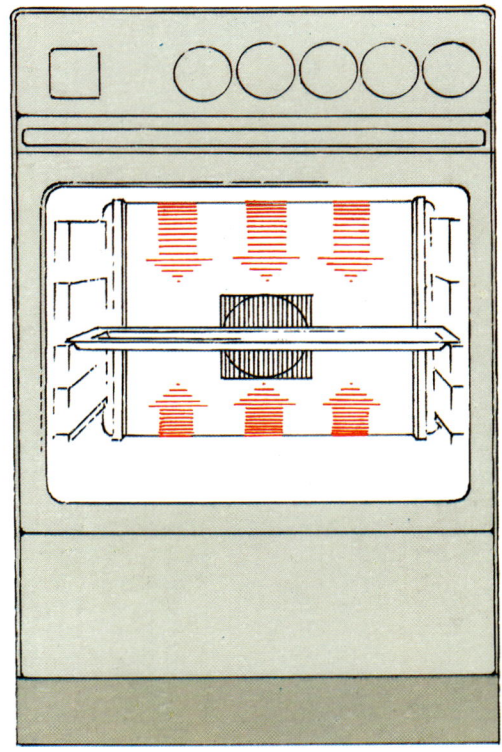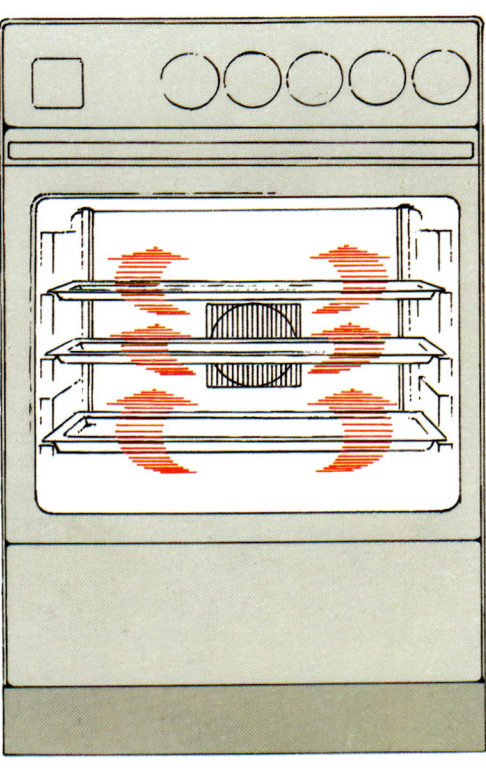

Der Markt ist groß, das Angebot verwirrend. Wer sich heutzutage einen neuen Backofen zulegen will, steht vor der Qual der Wahl.
Zunächst die Entscheidung zwischen Gas und Strom. Und dann der jeweilige Komfort: mit Umluft oder konventionell, das heißt, mit Unter- und Oberhitze, mit Grill, integrierter Mikrowelle, mit Selbstreinigungsvorrichtung, zum Einbauen oder Unterbauen und, und, und… Um die Entscheidung ein bißchen zu erleichtern, hier ein Überblick über Vor- und Nachteile.

KONVENTIONELLER HERD

Darunter versteht man die klassische Beheizung mit Unter- und Oberhitze. Die Heizspiralen sind unter dem Bodenblech und an der Ofendecke oder, von ihr verdeckt, dahinter angeordnet. Sie arbeiten mit Strahlungshitze, das heißt, die Wärme wirkt von oben und unten in nur einer Richtung jeweils auf das Backgut ein. Vorteil: Die Hitze kommt direkt, dringt also rascher ein. Nachteil: Die Temperatur im Backofen ist nicht an jeder Stelle gleich. In Türnähe, zum Beispiel, ist sie geringer. Dadurch kann es passieren, daß der Kuchen oder die Plätzchen auf dem Blech an der Rückwandseite bereits gar sind, vorn aber noch blaß. Die Zeiten und Temperaturen in den Rezepten dieses Buches beziehen sich auf diesen Herdtyp.

UMLUFT- ODER HEISS-LUFTHERD

Galt noch vor wenigen Jahren als die zukunftsweisende Technik. An der Backofenrückwand wälzt ein Ventilator die erwärmte Luft im Ofenraum um, die von den auch hinter den Seitenwänden angebrachten Heizschlangen erzeugt wird. Vorteil: Es herrscht eine gleichmäßige Temperatur, die von allen Seiten auf das Backgut einwirken kann. Sogar, wenn mehrere Bleche übereinander eingeschoben werden. Nachteil: Die wirbelnde Luft trocknet das Backgut aus, manche Teige bleiben blaß. Indessen: Für die meisten Bäckereien hat sich die Umlufttechnik bewährt. Schwierig ist nur das Umdenken bei den Temperaturangaben in den Rezepten. Weil die Hitze absolut konstant im Ofen verteilt wird, sind geringere Temperaturen nötig als beim herkömmlichen Herd, dafür längere Backzeiten. Aber: Umluftherde müssen nicht vorgeheizt werden, dadurch gleicht sich im Stromverbrauch die längere Backzeit wieder aus.

FAUSTREGEL

Temperatur: 15 – 20 % niedriger
Backzeit: 10 % länger.

DIE NEUE HERDGENERATION

Aus den guten und weniger guten Erfahrungen hat man inzwischen die Konsequenz gezogen: Immer mehr geht man zum Kombinations-Herd über, bei dem sowohl konventionelle Ober- und Unterhitze wie Umluftsystem je nach Bedarf einstellbar sind und zur Verfügung stehen. Bei Luxusmodellen ist sogar modernste Mikrowelle integriert. Sie vermag in bestimmten Fällen auch beim Backen die Garzeit erheblich zu verkürzen. Mikrowelle ist nämlich normalerweise fürs Backen nicht geeignet: Der Teig wird zwar gar, bleibt jedoch blaß und geht nicht auf. Im Kombinationsherd schaltet man die Mikrowelle jedoch für gewisse Zeiten zur Beschleunigung des Garprozesses hinzu, gebräunt wird dann mit Umluft oder konventioneller Hitze. Diese modernsten Backöfen bringen übrigens noch einen weiteren Vorteil: Sie sind imstande, sich selbst zu reinigen. Durch Pyrolyse, das heißt, durch sehr hohe Temperaturen, die den Schmutz verbrennen und als Asche im Ofenraum zurücklassen. Oder durch sogenannte Katalyse, das heißt, durch speziell behandelte Emaillewände, die es dem Schmutz gar nicht erst erlauben, sich festzusetzen.

VORHEIZEN: JA ODER NEIN?

Diese Frage stellt man erst, seit Energie knapp und teuer geworden ist. Und es ist eine Menge experimentiert worden. Immer wieder konnte man hören und lesen, daß man ohne Vorheizen zu „ähnlich" guten Ergebnissen kommt. Die Betonung liegt mehr auf „ähnlich" als auf „gut". Tatsache ist, daß es kaum ein Teig verträgt, im kalten Ofen zu warten, bis die richtige Temperatur endlich erreicht ist. Schon deshalb, weil dies bei älteren Modellen 20 Minuten und länger dauern kann. Vorheizen ist also nötig. Je moderner der Herd, desto weniger Energie wird dabei „verschwendet". Und Tatsache ist auch, daß der Heißluftofen, der wirklich nicht vorgeheizt zu werden braucht, weil die umgewirbelte Luft sich im Nu erwärmt, im Prinzip exakt die Zeit länger für den Backvorgang benötigt, die man beim konventionellen Herd zum Vorheizen braucht.

BACKEN OHNE OFEN

Auch das geht: allerdings nur für ein paar wenige Spezialitäten. Fürs Ausbacken im heißen Fett genügt ein Topf auf der Herdplatte. Waffeln bäckt man im Waffeleisen. Und manche einfache Teige, Rührteig als Obstkuchenboden beispielsweise, kann man sogar in einer normalen Deckelpfanne gar und braun kriegen. Trotzdem: Wer Spaß am Backen hat, sollte sich einen Herd anschaffen. Heutzutage gibt es so etwas selbst im Mini-Format für die Schrankküche im Einzimmer-Appartement.

Gewußt wie: Kleine Tricks, …

WENN DOCH MAL WAS NICHT RECHT GELINGT

Manchmal sieht man die Katastrophe geradewegs auf sich zukommen. Hier ein paar Tips, wie man sich da helfen kann:

Die Sahne wird nicht steif.
Grund dafür:
— Sahne, Raum oder Rührschüssel waren zu warm.
— Zucker wurde zu früh zugefügt.
Rettung:
Sofort, noch bevor die Sahne gerinnt, mit dem Schlagen aufhören. In eine (leitfähige) Metallschüssel umfüllen. Im Gefrierfach oder in Eiswasser abkühlen. Langsam weiterschlagen.

Das Eiweiß wird nicht steif.
Grund dafür:
— im Eiweiß war Eigelb.
— die Geräte waren nicht fettfrei.
— Zucker zu früh zugefügt.
Rettung: leider keine — frisches Eiweiß nehmen, von Anfang an Salz zufügen.

Der Kuchen ist klitschig.
Grund dafür:
— zu wenig Backpulver, Hefe oder Eischnee: der Teig war zu schwer.
— zu lange gerührt: der Teig war zu zäh.
Rettung: den Kuchen für Brösel oder Desserts, zum Beispiel Trifle (Seite 227), verwenden.

Kuchen löst sich nicht aus der Form.
Grund:
— die Form war nicht genügend gefettet.
— der Kuchen hatte nicht ein paar Minuten nach dem Backen ruhen können.
— die Beschichtung der Form war nicht in Ordnung.
Rettung: ein heißes, feuchtes Tuch um die Form wickeln und kurz wirken lassen.

WAS IST BLINDBACKEN?

Einen Mürbeteigboden ohne Belag vorbacken, damit er später nicht aufweicht. Dafür die mit Teig ausgeschlagene Form mit Backpapier auslegen und mit Hülsenfrüchten beschweren. So bleibt der Boden schön flach und der Rand kann nicht herunterrutschen. Die Hülsenfrüchte natürlich immer wieder zum Blindbacken verwenden!

WIE WIRD DIE TEIGPLATTE QUADRATISCH?

Den Teig zum Ausrollen statt zu einer Kugel zu einer Rolle formen. Oder: stets von der Mitte schräg nach außen wellen.

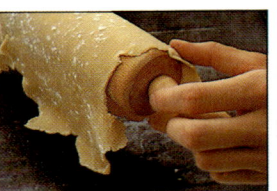

WIE KOMMT DIE TEIGPLATTE AUFS BLECH?

Mit den Händen läßt sie sich kaum transportieren. Aber so geht's: über das bemehlte Nudelholz wickeln und auf dem Blech wieder abrollen.

SECHS AUF EINEN STREICH

Viele Tortelettförmchen einzeln mit Teig ausschlagen ist mühsam. Schnell und problemlos geht's so: die gebutterten Förmchen dicht nebeneinanderstellen, die ausgerollte Teigplatte lose darüberbreiten. Den Teig mit den Händen oder mit einem Pinsel behutsam in die Förmchen drücken. Jetzt mit dem Nudelholz fest über die Förmchen fahren und sie so aus der Teigplatte ausschneiden.

KUCHENSCHNITT

Wenn der Kuchenboden im Durchmesser zu groß geraten ist, oder am Rand zu dunkel, muß man ihn kleiner schneiden. Dazu nimmt man am besten einen Tortenring (Seite 19), den man auf jede Größe verstellen kann. Die Kuchenreste zum Beispiel für Trifle (Seite 227) verwenden.

EIN TORTENRAND AUS MANDELBLÄTTCHEN

Jeweils einen guten Eßlöffel voll gerösteter Mandelblättchen in die Hand nehmen und mit sachtem Schwung an den mit Sahne oder Creme bestrichenen Tortenrand drücken. Heruntergefallene Mandeln mit einem Pinsel von der Tortenplatte fegen und weiterverwenden. Zum Schluß nochmal alles mit einem Teigschaber festdrücken.

. . . die vieles leichter machen

WASSERBAD FÜR GELATINE

So löst man Gelatine einfach und schnell: die eingeweichten, gut ausgedrückten Blätter in einer großen Suppenkelle in einen Topf mit leise siedendem Wasser halten. Das Metall der Kelle gibt die Hitze rasch und direkt weiter. Darauf achten, daß kein Wasser in die Kelle schwappt!

DER UMGANG MIT DEM SPRITZBEUTEL

1. Den Beutel halb nach außen schlagen. In die Mitte die gewünschte Spritztülle setzen und gut festdrücken.

2. Den Beutel unterhalb der Krempe fassen und die Masse einfüllen.

3. Die Krempe wieder hochklappen, den Beutel glattziehen, das obere Ende zusammendrehen, damit nichts herausquellen kann. Den Beutel oben zuhalten, dabei die Masse nach unten drücken. Mit der anderen Hand die Spritze führen.

4. Falls man unterdessen die Tülle wechseln will, sie einfach von außen vor die innere Tülle stecken und festdrücken. Bei schweren Massen die aufgesetzte Tülle zusätzlich festhalten.

VIELSEITIGER TORTENRING

Nützlich zum Beispiel beim Tortenbauen: die Böden mit Creme in den auf gleiche Größe eingestellten Ring schichten. Das Obst auflegen, . . .

. . . mit Tortenguß überziehen. Durch den Ring wird alles hübsch aufeinandergehalten, nichts kann verrutschen. Wenn Creme und Guß fest geworden sind, den Ring mit einem Messer lösen und abheben.

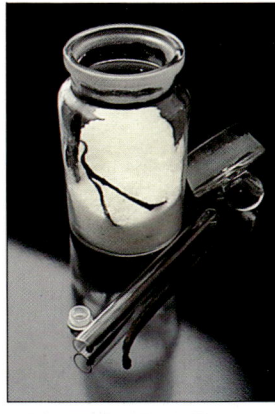

EIN MARZIPANMANTEL FÜR DIE TORTE

Marzipan rund ausrollen, etwa 5 bis 6 cm größer, als die Torte mißt. Mit dem Nudelholz auflegen und rundum festdrücken.

SPRITZSCHUTZ FÜR SCHLAGSAHNE

Auch bei aller Vorsicht spritzt's ganz schön beim Sahneschlagen. Trick, um das zu vermeiden: ein Küchentuch darüberbreiten und lose festhalten.

DEKORATIVE ZACKEN

Sieht hübsch aus und ist ganz einfach gemacht: ein Zackenrand für die Torte. Die Creme oder Sahne dick rundum auftragen. Mit einem Zackenschaber (Seite 17) glattziehen, dabei die Torte einmal um ihre eigene Achse drehen. Von der Tortenscheibe mit Hilfe der Palette auf die Tortenplatte transportieren.

SO BLEIBT SPRITZGEBÄCK IN FORM

Die Brandteig-Rosetten mit dem Spritzbeutel auf geöltes Backpapier setzen, von dort behutsam einzeln in das siedende Fett gleiten lassen.

ECHTER VANILLEZUCKER

Einfach gemacht: eine längs halbierte Vanilleschote mit Zucker in einem Glas ziehen lassen.

KENNEN SIE ZESTEN?

Die hauchfeinen Streifen aus der Schale der Zitrusfrüchte. Das Spezialmesser dafür heißt Zestenreißer.

Einkauf — das Geheimnis
der richtigen Zutaten

Von Typen, Schrot und Korn

WEIZEN — ROHSTOFF FÜR UNSER MEHL

Üblicherweise wird Mehl aus Weizen hergestellt. Ist auf der Mehlpackung nichts anderes vermerkt, handelt es sich immer um Weizenmehl.
Das Weizenkorn setzt sich aus drei Hauptbestandteilen zusammen: den Randschichten, bestehend aus Vitaminen, Mineralstoffen und Zellulose, dem fetthaltigen Keimling und dem eigentlichen Mehlkörper, der Stärke, sowie einem Eiweißgerüst, dem sogenannten Kleber.

VOM KORN ZUM MEHL

Der Zerkleinerungsgrad des Korns bestimmt über den Verwendungszweck: Zunächst wird das Korn geschält, also weitgehend von den ballaststoff- und vitaminreichen Randschichten, vor allem aber vom Keimling befreit, der durch seinen hohen Fettgehalt das Mehl zu schnell ranzig werden ließe. Der gereinigte Mehlkörper wird dann in bis zu zwanzig Arbeitsgängen stufenweise zerkleinert: zunächst in „grobe" Stücke, Schrot genannt, etwas feiner ausgemahlen wird Grieß daraus, bis zum puderfeinen Dunst und schließlich, als Endstufe der Zerkleinerung zum Staub. Schrot und Grieß sind also sowohl ein unter dieser Bezeichnung uns vertrautes Endprodukt als auch eine Zwischenstufe bei der Mehlherstellung.

WAS IST TYPE?

Die geheimnisvollen Ziffern hinter dem Wort Type auf der Mehltüte geben Aufschluß darüber, wieweit das Korn vor dem Zermahlen gereinigt beziehungsweise geschält wurde. Sie beziehen sich auf das Gewicht der unverbrennbaren Bestandteile des Mehls, der Asche. Unverbrennbar sind die Ballast- und Mineralstoffe aus den Randschichten. Je mehr dem Korn davon belassen wurde, desto höher die Typenzahl, das Aschengewicht. Diese Schalenbestandteile lassen das Mehl dunkler wirken. Je weniger davon im Mehl enthalten sind, desto heller, weißer wird es. Stärke, aus dem von allen übrigen Bestandteilen befreiten Mehlkörper ausgemahlen, ist deshalb am hellsten, noch weißer als das übliche Haushaltsmehl der Type 405. Sie ist deshalb auch völlig geschmacklos, gleich, ob aus Weizen, Mais, Reis oder Kartoffeln hergestellt.

1. Weizenvollkorn, ungereinigt und naturbelassen.

2. Weizenflocken. Aus dem vollen Korn durch ein bestimmtes Verfahren hergestellt. Nur mit Mehl gemischt für Brote verwendbar.

3. Weizenschrot. Die erste grobe Zerkleinerungsstufe. Gibt es als Vollkornschrot sowie vom geschälten Korn.

7. Type 1600. Weizenvollkornmehl. Für Vollkornbrote, muß mit Sauerteig verarbeitet werden.

8. Type 1050. Für kräftige, dunkle Brote. Der Kleberanteil erlaubt eine Verarbeitung mit Hefe oder Backpulver. Sauerteig ist nicht nötig.

9. Type 812. Etwas heller ausgemahlen. Für kräftige Weizenbrote.

1. Roggen. Wird in verschiedenen Typen angeboten. Wenig Kleber, aber Schleimstoffe, deshalb mit einem gewissen Anteil Weizenmehl mischen.

2. Hafer. Als kernige, zarte und Instant-Flocken sowie als Mehl erhältlich. Wenig Kleberanteil, deshalb mit Roggen- oder Weizenmehlanteilen mischen.

3. Gerste. Nur wenig Kleberanteil. Gibt Weizen- oder Mischbroten erdigen Geschmack.

Ohne Mehl kann man nicht backen, das weiß jedes Kind. Daß Mehl und Mehl nicht dasselbe ist, sollte jeder wissen, der backen will. Die geheimnisvollen Ziffern auf der Mehltüte geben genaue Auskunft über den Inhalt und sagen, was man mit dem Mehl machen kann und was nicht.

4. **Grahammehl.** Nach dem Erfinder, dem amerikanischen Arzt Graham benannt: fein zermahlenes Vollkornmehl.

5. **Kleie.** Die beim Schälen des Korns anfallenden zerkleinerten Schalenbestandteile mit Keimling.

6. **Grieß.** Zwischenstufe beim Zerkleinern des gereinigten Korns.

10. **Type 550.** Ideal für Brötchen und helle Brote.

11. **Instant-Mehl Type 405.** Durch ein spezielles Verfahren behandeltes Haushaltsmehl, das Flüssigkeit besser aufnimmt und nicht klumpt.

12. **Type 405.** Universalhaushaltsmehl. Die hellste unter den Mehlsorten.

4. **Mais.** Kaum Kleberanteil. Läßt sich dadurch kompensieren, daß man dem Maismehlteig geschlagenes Eiweiß unterhebt.

5. **Hirse.** Brotgetreidesorte, die schon in vorgeschichtlicher Zeit eine Rolle spielte. Wenig Kleber, deshalb immer mischen.

6. **Buchweizen.** Wird seines aromatischen, leicht bitteren Geschmacks wegen zur Ergänzung mit Weizenmehl gemischt verwendet.

WAS BEDEUTET KLEBER?

Es sind die im Innern des Mehlkörpers enthaltenen Eiweißstoffe, die beim Backen (ab 75 Grad) in der Feuchtigkeit des Teiges quellen und dann wie Klebstoff zu wirken beginnen, dem Teiggerüst Festigkeit und Stabilität geben. Die beste Kleisterfähigkeit findet man im normalen Haushaltsmehl Type 405, der Teig wird zart und feinporig, ohne daß man viel mit zusätzlichen Lockerungsmitteln arbeiten muß. Eiweiß oder die Treibkraft von Luft oder Hefe genügen im allgemeinen. Bei Vollkornmehl hingegen wirkt der Kleberanteil von den Randschichten des Korns so festigend, daß starke Treibmittel nötig sind, zum Beispiel Sauerteig.

MEHLSPEZIALITÄTEN

Auch aus anderen Getreidesorten läßt sich Mehl mahlen. Wobei der Roggen hier die wichtigste Rolle spielt. Nicht immer wird das volle Korn verwendet, die Type gibt auch hier Aufschluß darüber, wie viele Schalenbestandteile verarbeitet wurden. Die übrigen Getreidesorten enthalten kaum oder gar keinen Kleber, müssen deshalb immer mit kleberreichen Sorten gemischt werden. Auf der unteren Fotoreihe sind von links nach rechts jeweils das ganze Korn oben, darunter das daraus gemahlene Mehl zu sehen.

WAS IST DRAN AM VOLLKORNMEHL?

Wie der Name schon sagt, wird für Vollkornmehl das volle Korn, mitsamt den Randschichten und dem Keimling, verwendet. Die in den Randschichten enthaltenen Mineralstoffe bleiben also erhalten, ebenso die an sich unverdaulichen Zellulosebestandteile, die aber als Ballaststoffe für unsere Ernährung wertvoll sind. Der fetthaltige Keimling bedingt, daß das Mehl Lufteinflüssen gegenüber empfindlich ist, es kann ranzig werden und sollte deshalb so bald wie möglich verarbeitet werden.

BACKEN MIT HAFERFLOCKEN

Beim Backen mit Haferflocken hat man eine weitere Möglichkeit, alle wertvollen Teile des vollen Kornes zu verwenden, denn für Haferflocken wird ebenfalls das ganze Korn verarbeitet. Kernige (aus dem ganzen Haferkorn), zarte (hierfür wird das ganze Korn in kleine Teile geschnitten und gewalzt) und Instant-Flocken aus Hafervollkornmehl zu löslichen Flocken verarbeitet.
Zum Backen sind alle Flocken-Sorten geeignet. Und jedes Gebäck bekommt das typische, nußartige Aroma des Hafers.

JEDES GEBÄCK BRAUCHT SEIN FETT

Ohne Fett wäre Teig eine krümelige, zähe Masse. Fett macht ihn geschmeidig, bewirkt, daß das Gebäck schön saftig wird, oder — je nach Teigart — zart und mürbe. In jedem Fall ist Fett der wichtigste Geschmacksträger, sozusagen die Plattform, auf der die Aromen und Geschmacksstoffe möglichst wirkungsvoll zur Geltung kommen.

Man benötigt Fett zum Einstreichen der Backbleche und -formen, es verhindert, daß der Kuchen festbäckt oder daß Teigstücke aneinanderkleben, indem es ein hauchdünnes Polster zwischen ihnen bildet.

Fett ist also zu vielem nötig. Und für die verschiedenen Zwecke gibt es auch unterschiedliche Sorten. So haben zum Beispiel die Fette unterschiedliche Rauchpunkte — jener Punkt auf der Temperaturskala, bei der das erhitzte Fett zu qualmen, sich zu zersetzen, schädlich zu werden beginnt. Bei Butter liegt er besonders niedrig.

In unseren Rezepten haben wir immer Butter verwendet — sie bringt nun mal das beste Ergebnis. Selbstverständlich kann man auch Margarine nehmen.

Zu den Fotos:
(Von oben nach unten)

BUTTER

Ist durch nichts zu ersetzen, gibt unübertrefflichen Geschmack. Aber: nur Butter bester Qualität, sonst tut's auch ein anderes Fett. Die beste Butter: Süßrahmbutter (muß vermerkt sein). Weil sich Sauerrahmbutter länger hält, wird sie häufiger angeboten. Man muß also suchen.

SCHWEINESCHMALZ

Für deftige Bäckereien, zum Beispiel für den Hefeteig zum Zwiebelkuchen. Dank seines relativ hohen Rauchpunkts auch zum Fritieren geeignet.

BUTTERSCHMALZ

Aus reiner Butter hergestellt, im Gegensatz zu dieser jedoch hoch erhitzbar. Deshalb vorzüglich zum Fritieren zu verwenden. Schmalzgebäck wird immer in Butterschmalz gebacken.

RINDERTALG

Spielt nur für einige Spezialrezepte eine Rolle — zum Beispiel für den berühmten Plum Pudding aus England.

MARGARINE

Der große Konkurrent der Butter — zumindest in den Augen der Produzenten. Vieles ist Weltanschauungs-, Geld- oder Geschmackssache. Daher soll es jedem überlassen bleiben, für welches Fett er sich entscheidet. Es gibt spezielle Backmargarine.

PFLANZENFETT

Aus den gehärteten Ölen bestimmter Pflanzen oder ihrer Früchte hergestellt. Völlig geschmacksneutral. Am besten zu hohem Erhitzen (Fritieren) geeignet.

OLIVENÖL

Wird im Mittelmeerraum als Universalfett verwendet, gibt angenehme Struktur und speziellen Geschmack. Das beste ist „Extra vergine".

... Butter und Schmalz, Zucker und Salz ...

ZUCKER — FRÜHER EINE KOSTBARKEIT

Vor gut zweihundert Jahren konnte sich allenfalls der hohe Adel Zucker leisten — er wurde aus Indien importiert. Das war teuer. Wie Preziosen bewahrte man ihn in eigens dafür hergestellten Silber- oder Golddosen auf, mit einem sicheren Schloß vor dem Zugriff Unbefugter geschützt. Für das gemeine Volk mußte Honig zum Süßen genügen. Erst zu Beginn des letzten Jahrhunderts entdeckte man die Möglichkeit, auch aus hiesigen Rüben Zucker gewinnen zu können.

Das ist gut so, denn ohne Zucker kann man kaum backen. Man braucht ihn nicht nur seiner Süßkraft wegen, er gibt dem Teig Fülle und Struktur. Deshalb bringen Versuche, mit Süßstoff zu backen, auch ein eher mäßiges Ergebnis.

Die chemische Zusammensetzung von Rohr- und Rübenzucker ist übrigens völlig gleich — erstaunlicherweise merkt die Zunge dennoch einen Unterschied. Und noch eins: Wo immer beim Backen Zucker verwendet wird, braucht man obendrein eine Prise Salz — sonst schmeckt's leicht fad und leer!

Zu den Fotos:
(Von oben nach unten)

KRISTALLZUCKER

Der übliche weiße Haushaltszucker. Für die meisten Zwecke geeignet. Noch stärker gereinigt wird daraus die Raffinade, die vor allem für zarte Teige und Konfitüren verwendet wird.

PUDERZUCKER

Pulverfein zermahlene Raffinade. Wird überall da gebraucht, wo sich der Zucker blitzschnell auflösen soll, für Marzipan beispielsweise, Glasuren oder Sandteige.

HAGELZUCKER

Sehr grobkörniger Zucker, den man hauptsächlich zum Garnieren verwendet. Man kann ihn mitbacken, ohne daß er sich in der Ofenhitze auflöst.

WÜRFELZUCKER

Hochwertige Raffinade, etwas angefeuchtet und dann zu Würfeln gepreßt. Praktisch, weil genau die richtige Dosis für eine Tasse Tee oder Kaffee.

ROHRZUCKER

Nicht zu verwechseln mit dem Rohzucker, einem Zwischenprodukt bei der Zuckerherstellung (bei Zuckerrüben und Zuckerrohr), auch brauner Zucker oder Farinzucker genannt (unteres Häufchen). Noch nicht gereinigt und deshalb etwas malzig schmeckend. Rohrzucker indes, weiß (oberes Häufchen) oder braun, ist aus Zuckerrohr hergestellt.

WEISSER KANDIS

In großen Stücken kristallisierter weißer Zucker. Er löst sich sehr langsam auf — deshalb liebt man ihn im Tee.

BRAUNER KANDIS

Wird mit Zuckerkulör (sehr stark eingekochtem Karamel) braun gefärbt. Man braucht ihn vor allem für Honigkuchen und Printen — Gebäck, dem er eine ganz typische Knackigkeit gibt.

HONIG

Ein reines Naturprodukt. Ist im frischen Zustand flüssig, kristallisiert aber nach längerer Lagerung und wird fest. Sanft erwärmt, wird er wieder geschmeidig.

Auf die richtigen Zutaten kommt es an. Beim Backen spielt das
eine noch viel größere Rolle als beim Kochen.
Weil sich, zum Beispiel, die verschiedenen Fette völlig unterschiedlich verhalten. Oder Zucker nicht einfach nur
zum Süßen ist. Hier ein Überblick, wofür man was benötigt.

Fünf wichtige Sachen, die garantiert auch aus schwerem Teig lockeren Kuchen machen

WELCHE TEIGSORTEN TREIBHILFE BRAUCHEN — UND WELCHE NICHT

Teige, die Kuchen mit festen Strukturen werden sollen, brauchen keine Luft, das ist klar. Zum Beispiel also Mürbeteig, Strudel- und Nudelteig oder Blätterteig. Bei ihnen ist eine dichte Konsistenz erwünscht. Ein Treibmittel deshalb überflüssig.

Krumige Kuchen, wie Biskuit oder Rührkuchen stehen sozusagen auf der Schwelle: Sie sollen luftig und zart sein, was üblicherweise ein Treibmittel bewirkt. Jedoch braucht man es selten in Form von Backpulver hinzufügen, denn hier gelangt bereits durch geduldiges Rühren (Rührteig) oder steifgeschlagenes Eiweiß (Biskuit) soviel Luft in das zarte Teiggerüst, daß sich ein Zusatz erübrigt. Man kann zur Sicherheit eine Messerspitze zufügen — muß aber nicht.

Hingegen sind alle schweren Teige — schwer durch viel Fett wie ein butterreicher Hefeteig, oder durch kleberreiches Mehl, zum Beispiel Teig aus Vollkornschrot — einer solchen Treibhilfe bedürftig. Und dann gilt: Je schwerer der Teig, desto stärker muß das Treibmittel sein.

Allerdings: Man darf dabei auch nicht zuviel des Guten tun. An zuviel Luft, die durch das Treibmittel zugeführt wird, kann der Teig ersticken und wieder Zusammensinken.

DER CHEMISCHE UND DER BIOLOGISCHE WEG

Man unterscheidet zwei Grundtypen: Als chemische Lockerungsmittel gelten Backpulver, Ammonium, besser bekannt als Hirschhornsalz, und Pottasche.

Biologische Treibmittel sind Hefe und Sauerteig. Biologisch deshalb, weil es sich bei Hefezellen um Lebewesen handelt, die bei ausreichender Nahrung mit ihrem Stoffwechsel die Gärung bewirken, die den Teig lockert.

BACKPULVER

Besteht aus Natron (genauer doppeltkohlensaurem Natron = Natriumbicarbonat) und einer Säure, zum Beispiel Weinstein. Beides zusammen entwickelt beim Feuchtwerden im Teig durch chemische Reaktion Kohlensäure, die den Teig aufgehen läßt und lockert.

HEFE

Sie muß frisch sein, von hellgrauer Farbe, angenehm säuerlich duftend und fest in der Konsistenz. Alte Hefe, die bereits schmierig, weich geworden ist, hat ihre Triebkraft verloren. Weitere Hefetips rechte Spalte und Seite 118.

INSTANTHEFE

Besonders praktisch, weil man sie immer auf Vorrat haben kann. Sie verliert ihre Treibfähigkeit auch nach Monaten nicht. Allerdings: Ihre Triebwirkung ist etwas geringer als die von frischer Hefe. Das bedeutet, daß man stets etwas mehr davon nehmen muß, als im Rezept verlangt. Deshalb immer an die Packungsvorschrift halten, dann kann nichts schiefgehen.

Mit Mehl, Fett, Zucker, Eiern ist es nicht getan. Wer diese Zutaten einfach zusammenrührt, holt nachher je nach Proportion der einzelnen Bestandteile einen Betonklotz oder den berühmten Klitschkuchen aus dem Ofen. In den Teig muß Luft gelangen, damit ein zarter, krumiger Kuchen daraus wird. Man kann Luft durch tüchtiges Schlagen einarbeiten. Aber das gelingt nicht bei allen Teigarten. Und dann benötigt man sogenannte Treibmittel, chemische oder biologische Mischungen, die im Teig eine Gärung in Gang setzen, ihn dadurch hochtreiben und luftig machen.

WAS PASSIERT, WENN DAS TREIBMITTEL WIRKT?

Grundsätzlich kann man für alle Treibmittel sagen, daß sie nach folgendem Prinzip arbeiten: Im Teig herrscht Feuchtigkeit und Wärme, ein idealer Boden für die chemischen und biologischen Substanzen, die je nach Zusammensetzung Kohlensäure und/oder Alkohol entwickeln. Dadurch entstehen Millionen winziger Bläschen im Teig, die sich mit Luft füllen und die Masse hochtreiben. Damit der Teig an zuviel Luft nicht erstickt, muß man ihn vor dem Bakken, bei manchen Teigarten auch während der Treibphase, wieder energisch durchwalken oder -schlagen. Dadurch wird die Luft verteilt und das Teiggerüst wieder gefestigt.

TIPS ZUM UMGANG MIT HEFE

Vor ihr haben die meisten einen Heidenrespekt. Und das zum Teil mit Recht. Denn Hefe ist tatsächlich das delikateste unter den Treibmitteln. Sofern sie nicht perfekte Lebensbedingungen vorfindet, stellt sie ihre Arbeit unverzüglich ein oder nimmt sie gar nicht erst auf. Das wichtigste ist zunächst die richtige Temperatur — Hefe mag es weder zu kalt, noch schätzt sie es zu warm. Ideal ist eine Verarbeitungstemperatur von etwa 35 Grad. Damit sie sich vermehren kann, braucht sie Zucker — auch im salzigen Teig ist deshalb eine Prise davon nötig! Wie schnell die Hefe arbeitet, hängt von der Raumtemperatur ab. Je wärmer, desto rascher. Das heißt aber auch: Bei kühlen Temperaturen braucht sie einfach nur erheblich längere Zeit. Das kann man sich beim Backen sehr praktisch zunutze machen: Wer am Sonntagmorgen frisches Hefegebäck servieren will, läßt den Teig einfach über Nacht im Kühlschrank gehen.

POTTASCHE

Wird fast nur für bestimmte Weihnachtsbäckereien (Lebkuchen, Honigkuchen) verwendet. Treibt den Teig nicht so sehr in die Höhe, sondern eher in die Breite. Deshalb muß man Portionslebkuchen stets mit Abstand voneinander auf das Blech setzen. Bekommt man am ehesten in der Apotheke.

HIRSCHHORNSALZ

Nimmt man nur für flache würzige Gebäcke, weil beim Gären ein Ammoniakgeschmack entsteht, der sonst noch zu schmecken wäre. Wurde früher tatsächlich aus Hornabfällen hergestellt — daher der Name —, heute ausschließlich auf chemischem Weg. Kann man wie Pottasche in der Apotheke kaufen.

SAUERTEIG

Für Teige aus Roggen- oder Vollkornmehl. Gibt es pulverisiert als Trokkenprodukt oder im Beutel eingeschweißt als Flüssigsauerteig im Handel. Wie man ihn selber ansetzen kann, lesen Sie auf Seite 158.

Auch Teige brauchen ihr Parfum

Wenn das Gebäck auf dem Kaffeetisch verlockenden, geheimnisvollen Duft verströmt, sind weder Mehl, Zucker noch Eier daran schuld — hier tun Gewürze, Essenzen, Aromastoffe ihr verführerisches Werk. Man muß behutsam mit ihnen umgehen, denn jedes Übermaß verkehrt selbst das Beste hier ins Gegenteil.

1. VANILLESCHOTE

Die getrocknete Frucht einer Orchideenart. Sehr delikat und unverwechselbar im Aroma. Man verwendet das herausgekratzte Mark, das dem Teig oder der Creme winzige schwarze Pünktchen gibt — das Erkennungszeichen für echte Vanille, im Gegensatz zum künstlich hergestellten Vanillin.

2. FENCHELSAMEN

Sehr intensives Gewürz, das an Anis erinnert. Wird meist für kräftige Brotteige verwendet oder exotische Bäckereien.

3. PIMENT

Auch Allgewürz oder Nelkenpfeffer genannt. Nimmt man gemahlen für verschiedene Weihnachtsbäckereien. Zum Beispiel für Pfeffernüsse.

4. MUSKATNUSS

Der Samenkern eines tropischen Baums. Sollte man immer frisch gerieben verwenden (Muskatmühle, Muskatreibe), weil sein Aroma rasch verfliegt. Braucht man für Gewürzplätzchen und bestimmte Lebkuchen.

5. MACISBLÜTE

Der getrocknete Blütenmantel, der die Muskatnuß umschließt. Wird in Stücken angeboten und muß im Mörser fein zerstoßen werden.

6. STERNANIS

(Foto Seiten 26/27). Die Samenfrüchte eines tropischen Baumes. Für Bäckereien löst man die kleinen braunen Samen aus ihren Kammern und verwendet sie gemahlen oder zerstoßen. Zum Würzen von Brühen und Ragouts läßt man den ganzen Stern mitziehen.

7. ANISSAMEN

Die Samenkörner einer Doldenpflanze. Süßlich-scharf, von sehr eindeutigem Geschmack. Für Gewürz- und Weihnachtsplätzchen.

8. KARDAMOM

Hocharomatisches Gewürz, der Samen einer tropischen Schilfpflanze. Den strohigen Samenmantel muß man vor Gebrauch entfernen: Man verwendet nur die winzigen dunklen Samenkörnchen, die man im Mörser zu Pulver zerstößt. Kardamom ist teuer!

9. ZIMTSTANGE

Stücke der getrockneten Innenrinde des tropischen Zimtbaumes. Die Stangen verwendet man zum Aromatisieren von Flüssigkeiten, indem man sie mitziehen läßt. Für Teige muß man die Stangen zermahlen oder zerstoßen.

10. SAFRAN

Das teuerste Gewürz der Welt, denn die zarten Blütenfäden einer bestimmten Krokusart müssen in mühsamer Sammelarbeit gewonnen werden. Färbt und duftet intensiv!

11. INGWER

Die Wurzel einer tropischen Schilfpflanze. Mit intensivem fruchtig-scharfen Aroma. Sollte immer frisch verwendet werden. Zum Aufbewahren die Wurzel in einem Blumentopf mit Erde bedecken und nur mäßig feucht halten.

12. KÜMMEL

Das traditionelle Brotgewürz. Sowohl im Teig wie als Schmuck auf der Oberfläche. Wie die meisten Gewürze entwickelt er sein volles Aroma nur frisch zerkleinert.

WÜRZEN MIT GEIST

Ein Schuß Hochprozentiges im Teig, in der Sahne, in der Creme — und schon umweht ein Hauch von Feuer das Gebäck. Am beliebtesten ist dunkler, aromatischer Rum als Kuchengewürz, weil er sich so gut anpaßt, nie dominiert. Auch Arrak (gebrannt aus Reis, Palmwein und Zuckermelasse), Cognac, Armagnac, alle Obstbrände oder Liköre können Backwerk ein unverwechselbares Aroma geben. Aber: Stets nur das verwenden, was man auch mit Vergnügen trinken würde. Mäßige Qualität kann die ganze Mühe umsonst machen.

Für die Bäckerei außerdem wichtig sind Aromastoffe, wie Orangenblütenwasser, Rosenöl oder -wasser und Bittermandelaroma. Sie sind so konzentriert, daß man sie nur tropfenweise verwenden sollte.

AUF DIE DOSIS KOMMT ES AN

Für Gewürze gilt wie für Parfums: Weniger ist oft mehr. Zuviel verschiedene Gewürze in einem Teig können einander erschlagen. Und eine zu großzügige Menge vom selben Gewürz wirkt schließlich nicht mehr reizvoll, sondern penetrant. Man braucht deshalb Fingerspitzengefühl und Gewürze allerbester Qualität. Lieber ein paar Mark mehr dafür ausgeben. Gerade bei Gewürzen ist Qualität teuer! Gewürze, die nicht im Supermarkt angeboten werden, gibt's in der Apotheke.

Haselnuß und Mandelkern
essen nicht nur Kinder gern . . .

NÜSSE

Sie enthalten reichlich Fett. Deshalb sind sie nicht lange haltbar. Vor allem, wenn man sie warm lagert, werden sie leicht ranzig. Und eine verdorbene Nuß schmeckt man aus dem ganzen Kuchen heraus. Deshalb Nüsse immer frisch kaufen. Und, wenn nicht alles verbraucht wird, einfrieren, statt sie im Küchenschrank aufzubewahren.

Nüsse werden im Ganzen in der Schale, geschält, in Blättchen gehobelt, gestiftelt, gehackt oder gemahlen angeboten.

Besser ist jedoch, sie vor Gebrauch selbst zu zerkleinern. Sie trocknen sonst zu leicht aus. Ausnahme: Im Folienbeutel eingeschweißt halten sie auch so ihr Aroma und ihren Saft.

PARANUSS

Stammt aus Brasilien. Wird mit und ohne die harte Schale verkauft. Hat ein ausgeprägtes Aroma, ist reich an Eiweiß und Fett.

BITTERMANDEL UND PINIENKERN

Bittermandeln werden strengstens aussortiert und nur in kleinen Mengen verkauft. (Ihr hoher Blausäureanteil ist nicht ungefährlich.) Die Samenkerne des Pinienzapfens schmecken mild.

WALNUSS

Wächst auch bei uns in milden Gegenden. Solange sie jung ist, läßt sich die bittere Haut abziehen.

PECANNUSS

Die amerikanische Verwandte der Walnuß. Hat im Gegensatz zu ihr eine glatte Schale. Auch die Kerne sind glatter und schlanker.

MANDEL

Gilt als die Universalnuß, weil sie zu fast allem paßt. Mild im Geschmack und sanftknackig in der Konsistenz.

HASELNUSS

Wird geröstet und geschält angeboten, wodurch sie einen nougatartigen Geschmack bekommt. Oder mit Haut und Schale. Wird vielfach auch mit Haut gemahlen verwendet.

PISTAZIE

Mit oder ohne Schale. Geröstet und gesalzen. Behält auch nach dem Backen ihre leuchtend grüne Farbe. Leider ziemlich teuer!

ERDNUSS UND KOKOSNUSS

Erdnüsse geröstet, mit Schale oder ausgelöst, auch gesalzen. Kokosnuß gibt es als ganzes Exemplar, geraspelt oder als getrocknete Chips.

… sie geben dem Kuchen Biß, Aroma, Saft und Kraft.
Unsere Großmütter wußten das und ihre Kuchen strotzten nur so vor
Nüssen, Rosinen, trockenen Früchten. Denn so ein
üppig durchsetzter Kuchen bleibt einfach viel länger saftig und frisch.

KANDIERTE ROSEN-BLÄTTER

Nimmt man nur zur Verzierung fertiger Torten (zum Beispiel Hochzeitstorten), man kann sie nicht im Teig mitbacken, weil sie sich dort auflösen.

TROCKENPFLAUME UND TROCKENBIRNE

Gute Qualität ist nicht geschwefelt. Darauf achten! Auch Kurpflaumen oder -früchte genannt.

KANDIERTE FRÜCHTE

Gibt man feingehackt in Rührteig, zum Beispiel für Englischen Tee- oder Königskuchen.

ROSINEN

Da gibt es die unterschiedlichsten Qualitäten: In jedem Fall sind es an der Luft oder in speziellen Darren getrocknete Weintrauben.

TROCKENOBST

Immer kühl und vor allem natürlich trocken aufbewahren, sonst ziehen die Früchte Saft und beginnen zu schimmeln. Geeignete Behälter sind Vorratsdosen, deren Deckel nur lose aufliegt, damit Luft zirkulieren kann.
Wer Früchte kandieren will, muß sich ein Zuckerthermometer besorgen (im Fachhandel), weil die richtige Zuckerkonzentration genau eingehalten werden muß. Die Früchte müssen so lange in der Zuckerlösung ziehen, bis sie gleichmäßig von außen nach innen davon durchdrungen sind. Einfacher ist das Zuckern von Früchten: das Obst mit Eiweiß einpinseln und dick mit Puderzucker bestreichen. An der Luft trocknen lassen. Und bald verzehren. Der Zuckerüberzug konserviert die Früchte nicht.

GETROCKNETE FEIGEN KANDIERTER INGWER

Beides für exotische Bäckereien oder für englische Kuchen, die dadurch süß, aromatisch und sehr saftig werden.

GETROCKNETE BANANEN UND DATTELN

Für schwere Rührteige, aber auch als Garnitur auf üppigen Torten. Datteln entsteinen und enthäuten! Vorsicht mit Zucker — beides süßt bereits stark.

SUKKADE UND BELEGKIRSCHEN

Zitronat und Orangeat, gemeinsam Sukkade genannt, sind unerläßlich für den Christstollen. Belegkirschen zum Verzieren und Mitbacken.

ROSINEN-SPEZIALITÄTEN

Von oben nach unten: griechische Rosinen, Sultaninen, kalifornische Rosinen und griechische Korinthen.

Wer will
guten Kuchen backen ...

FRISCHES SOLL AUCH FRISCH BLEIBEN

Daß Empfindliches, wie Milch und Milchprodukte (Sahne, Butter, Quark), sofort nach dem Einkauf in den Kühlschrank gehört, ist klar. Das Mindesthaltbarkeitsdatum und die richtige Lagertemperatur sind stets aufgedruckt.

Anders bei Eiern, die man meist aus ihrer Packung nimmt und im entsprechenden Fach in der Kühlschranktür lagert. Das Abpackdatum (= Legetag, muß auf der Packung vermerkt sein) sollten Sie auf einem Zettel dazulegen, damit Sie das Alter der Eier unter Kontrolle haben. Eier, die älter sind als drei Wochen, sollte man nicht mehr zum Backen verwenden.

Hefe muß frisch sein, um ihre volle Treibkraft entwickeln zu können. Sie duftet dann angenehm säuerlich, ist cremig-grau und von fester Konsistenz (Seiten 32/33 und 118). Immer im Kühlschrank, bei längerer Lagerung im Gefrierfach aufbewahren.

Obst, vor allem empfindliche Beeren, möglichst sofort verarbeiten, nicht mehr lagern. Wenn unbedingt nötig, auf einem trockenen Tuch im Gemüsefach des Kühlschranks. Erst vor dem Verarbeiten waschen, putzen und immer absolut trocken tupfen.

TROCKEN-PRODUKTE SIND EMPFINDLICH!

Rosinen und Sukkade sind nie hundertprozentig trocken, deshalb sollte man sie nicht in absolut dicht schließende Vorratsbehälter packen. Dort können sie schimmeln und muffig werden. Damit Luft zirkulieren kann, in Behälter mit nur lose aufsitzendem Deckel geben oder in luftigen Leinensäckchen aufbewahren.

Nüsse enthalten viel Fett, das bei längerer und vor allem zu warmer Lagerung ranzig werden kann. Deshalb möglichst rasch verbrauchen. Was übrigbleibt, nicht im Küchenschrank, sondern im Gefrierfach aufbewahren.

Backpulver und Backaromen trocken und dunkel, am besten in Vorratsdosen im Küchenschrank aufbewahren.

Schokolade hat ebenfalls keine unbegrenzte Lebensdauer. Je nach Qualität (mißt sich an der Höhe des Kakaobutteranteils) zwischen einem halben und einem ganzen Jahr. Auf keinen Fall zu warm lagern (das Kakaofett tritt aus und bildet einen weißlichen Belag), aber auch nicht im Kühlschrank.

WOHIN MIT DEN ÜBRIGEN BACK-ZUTATEN?

Mehl immer trocken und möglichst luftdicht aufbewahren, damit kein Ungeziefer daran kann. Am besten in Blech-, Kunststoff- oder Glasbehältern, die über einen gut schließenden Deckel verfügen.

Zucker ebenfalls kühl und trocken lagern.

Backgewürze scheuen Licht. Sie verlieren dort Farbe und Aroma. Immer in undurchsichtigen Behältern oder im dunklen Küchenschrank lagern.

. . . der muß die sieben Sachen, die er dazu braucht, mit derselben
Sorgfalt, mit der er sie ausgesucht und eingekauft hat,
auch zu Hause verstauen und vor allem pflegen. Denn die besten
Zutaten verlieren ihre (teuer bezahlte) Qualität,
wenn man sie unsachgemäß behandelt. Und: Auch der fertige
Kuchen, die Plätzchen, das Gebäck,
mit Liebe und Mühe hergestellt, verlieren ihren Schmelz und Wohl-
geschmack, wenn sie am falschen Ort, bei der
falschen Temperatur, zu kurz oder zu lange gelagert werden.

SO BLEIBT DAS FERTIGE GEBÄCK AM BESTEN FRISCH

Nicht jedes Gebäck ver-
trägt die gleiche Behand-
lung:
— Kuchen und Gebäcke
aus schweren, fettrei-
chen Teigen, die oben-
drein mit Sukkade, Trok-
kenfrüchten, durch Trän-
ken oder durch eine Fül-
lung saftig gehalten wer-
den, halten sich gut zwei,
drei Tage. Zum Beispiel
Hefezöpfe, Königs- und
Sandkuchen, Butter-
creme- oder Käsetorten,
Savarins und Babas.
Bis dahin in Folie oder
Plastikdosen gut verpak-
ken, damit sie keine Ge-
rüche aus der Umge-
bung aufnehmen kön-

nen. Und im Gemüse-
fach des Kühlschranks
lagern, damit sie nicht
schwitzen.
— Trockenes Gebäck,
zum Beispiel aus Brand-
teig, Biskuit, Makronen-
teig verträgt Zimmertem-
peratur. Allerdings eben-
falls in gut schließenden
Blech- oder Plastikbehäl-
tern lagern.
— Für alle anderen
Kuchen und Gebäcke
gilt: Frisch schmecken
sie einfach am besten!

EIN SONDERTHEMA: PLÄTZCHEN UND KONFEKT

Gerade beim Weih-
nachtsgebäck herrschen
Sonderbedingungen.
Stollen brauchen unbe-
dingt eine drei- bis vier-
wöchige Lagerzeit, um
ihr volles Aroma entfal-
ten zu können. Aber: Im-
mer gut verpacken, am
besten in doppelt gefal-
tete Alufolie, damit er
nicht austrocknet.
Plätzchen, die steinhart
aus dem Ofen kommen,
aber bis Weihnachten
weich werden sollen, wie
Lebkuchen oder Sprin-
gerle, mit einigen Apfel-
schnitzen in gut schlie-
ßende Blechdosen pak-
ken. Alle übrigen Plätz-
chen zwischen Lagen
von Seidenpapier in Kar-
tons oder Dosen packen.

Pralinen in Papierman-
schetten setzen, damit
sie sich nicht gegen-
seitig verletzen. Kühl,
aber auf keinen Fall im
Kühlschrank aufbewah-
ren. Sie fangen sonst zu
schwitzen an und neh-
men leicht einen ande-
ren Geschmack an.
Überhaupt: Konfekt
spätestens nach 10 bis
14 Tagen verspeisen!

TIPS ZUM EINFRIEREN

Bis auf wenige Ausnah-
men, wie Baisers und
alle anderen eiweißrei-
chen Trockengebäck-
stücke, die in der Kälte
zäh werden, kann man
grundsätzlich jedes Ge-
bäck einfrieren. Es
schmeckt tatsächlich wie
frisch, wenn man es
nach kurzer Antauzeit für
kurze Zeit noch einmal in
den Ofen schiebt (ca.
170 Grad). Natürlich Sah-
ne, Schokolade oder
Zuckerglasuren erst
nach dem Auftauen auf-
tragen — sie vertragen
Kälte und Hitze nicht.
Obsttortenböden und
Früchte getrennt einfrie-
ren. Den heißen Guß auf
die gefrorenen Früchte
gießen. Sie tauen so
schneller auf und der
Guß wird rascher fest.
Große Kuchen, auch
vom Blech, am besten
als Portionsstücke ein-
frieren. Sie tauen schneller auf und lassen sich
einzeln entnehmen. Übri-
gens lassen sich auch
die meisten Teige pro-
blemlos einfrieren. Am
besten gleich in der
Backform. Das spart
nachher viel Zeit.

ZUM ANRÜHREN ODER SCHON FIX UND FERTIG: TEIGE

Die Industrie bietet auf diesem Gebiet eine ganze Menge. Das Praktische daran: Fertige oder halbfertige Teige kann man immer im Vorrat haben, sie sind dann relativ schnell zubereitet und gebacken.

Backmischungen (Foto rechts oben) gibt es in vielen verschiedenen Geschmacksrichtungen. Von den einzelnen Grundteigen bis zu bereits gewürzten und aromatisierten Spezialsorten. Meist muß man noch Fett und Eier zufügen. Die entsprechende Backform aus extrastarker Alufolie ist oft der Packung bereits beigelegt.

Teig aus der Dose (Foto links Mitte): Ebenfalls in verschiedenen Sorten. Vom Teig für Frühstücksbrötchen bis zum Croissant, vom Pizzaboden bis zum Auslegeteig. Kinderleicht zu handhaben und im Nu fertig.

Teig aus der Tiefkühltruhe (Foto links oben): Es werden neben Blätterteig (auf dem Foto) oft auch Mürbeteig und Hefeteig (süß und salzig) angeboten. Alle Teigsorten müssen natürlich vor dem Verarbeiten aufgetaut werden, was etwas Zeit beansprucht. Am praktischsten ist immer noch der Blätterteig: meist zu drei oder fünf einzelnen Platten eingefroren, läßt man sie nebeneinanderliegend in etwa zehn Minuten antauen, das genügt. Damit er selbstge-

Die Heinzelmännchen des 20. Jahrhunderts

Es ist wahrlich keine Schande, sich die Heinzelmännchen unserer Zeit zunutze zu machen. Und das sind die Fertigprodukte, ohne Zweifel. Ob es nun der Teig ist, den man aus der Tiefkühltruhe nimmt, aus der Tüte anrührt oder aus der Dose knackt, oder ob man die Sukkade bereits fertig gewürfelt, den Krokant kroß geröstet oder die Mandeln schon gestiftet oder gehackt einkauft — man spart eine Menge Mühe und vor allem Zeit, die wiederum der Familie und den Gästen zugute kommt.

machtem Blätterteig im Geschmack noch näher kommt, ein Trick: die einzelnen Teigplatten, bis auf eine, mit Butter bestreichen, aufeinanderstapeln, die unbestrichene Platte zuoberst. Auf der bemehlten Arbeitsfläche zusammenwalzen und ausrollen. Nach Belieben nochmals buttern und touren (zusammenfalten und erneut auswellen) — so entstehen noch mehr Schichten, die dem Gebäck Fülle und Buttergeschmack geben.

BEREIT ZUM FÜLLEN UND BELEGEN

Schon fertig gebackene Biskuit- oder Mürbeteigböden, auch Portions-Torteletts (Foto Mitte und rechts unten) halten sich, kühl und trocken aufbewahrt, Monate (Mindesthaltbarkeitsdatum ist auf der Packung vermerkt). Sie sind unendlich vielseitig: Man kann sie mit frischen Früchten füllen, die man mit Tortenguß

oder Aprikosenkonfitüre überzieht und mit Sahnetupfern verziert — fertig ist eine prächtige Obsttorte, deren rasches Entstehen man ihr nicht anmerkt.

Biskuitböden (Foto unten) eignen sich nicht nur für Torten aus dem Handgelenk, sondern auch gut für Desserts: Quer in einzelne Böden geschnitten, mit Likör, Obstsaft oder Kaffee getränkt und mit Sahnecreme gefüllt, entsteht daraus ein verführerischer Nachtisch, zum Beispiel eine Zuppa Inglese, ein Trifle oder Tirami su.

Löffelbiskuits (Foto links unten) sind ebenfalls ein idealer Ausgangspunkt für derartige Creme- und Dessertspeisen. Und für eine Charlotte (Seite 64).

Baisers oder Meringen (Foto links Mitte) kann man bei jedem Bäcker kaufen. In Dosen ver-

packt halten sie sich problemlos im Vorrat. Wenn Gäste vor der Tür stehen: In steifgeschlagene Sahne bröckeln und frisches Obst unterziehen, zum Beispiel jede Art von Beeren, auch Kompott oder, falls nichts anderes im Haus ist, Konfitüre. (Baiser auf den Seiten 222/223).

DER RETTER IN ALLERLETZTER NOT: TOASTBROT

(Foto Mitte oben) Natürlich tut's das Brot nicht allein. Aber mit ein paar weiteren Zutaten im Haus, Eiern, Milch, etwas Konfitüre oder Kompott, kann man daraus immer einen süßen Auflauf zaubern (Ideen dazu auf Seite 146). Mit einer Creme aus der Dose oder aus der Tüte angerührt, in eine Form geschichtet, mit Früchten und Sahne garniert, läßt sich sogar ein aufwendiger Nachtisch machen, der dennoch schnell fertig ist.

Und falls es pikant sein soll: Auch da ist Toastbrot praktisch und vielseitig. Gewürfelt und in Butter kroß geröstet als Einlage in Suppen aller Art. In gröberen Stücken, in gut gewürzter Eiermilch gewendet (Paprika, Pfeffer, Salz) und in der Pfanne golden gebraten, wird daraus eine witzige Beilage zum Schnitzel, zu Gemüsegerichten oder einfach zum grünen Salat ein kleiner Imbiß.

WAS SONST NOCH PRAKTISCH IST UND FERTIG ZU KAUFEN

Mandeln und Haselnüsse, bereits gestiftelt, in Blättchen geschnitten, gehackt oder gemahlen. Unbedingt jedoch darauf achten, daß die zerkleinerten Nüsse vakuumverpackt sind — sonst trocknen sie aus und schmecken bald muffig.

Krokant, fix und fertig, ebenfalls vakuumverpackt.

Fertigglasuren, aus Schokolade, Nougat oder Zucker. Zuckerglasuren gibt es sogar in verschiedenen Farben, kleinen Tübchen, mit denen man sie auch in zarten Linien auftragen kann.

Zuckerblümchen, Zuckerstreusel in bunten Farben, in allen Größen — fürs Garnieren ist die Auswahl an fertigem Kuchenschmuck riesig. Es gibt für jeden Geschmack etwas. Sogar Hülsen für Pralinen, fertige Marzipanröschen, Schokoladenblätter, Schokostreusel in verschiedenen Größen.

Bei Tisch — Verführerisches
zu jeder Gelegenheit

Bei Tisch

Vom Neujahrs-Brunch bis zu den Weihnachtsplätzchen, vom Frühstück bis zum Mitter-
nachtsimbiß, von der Vorspeise bis zum Dessert —
Gelegenheiten, Selbstgebackenes zu
reichen, gibt's im Jahreslauf und von früh bis spät
jede Menge. Hier und auf den folgenden
Seiten haben wir eine Auswahl zusammengestellt,
welches Gebäck wann am besten paßt.

Frühstück

Der Tag ist so gut wie das Frühstück! Wenn man sich auch wochentags den Luxus einer ausführlichen Tafelei am Morgen nicht immer gönnt, dann freut man sich erst recht auf das üppige Sonntagsfrühstück, die ganze Woche lang. Hier als Anregung ein paar Ideen, wie man sich ein solches Festtags-Frühstück so richtig versüßen kann.

CROISSANTS
(Foto links oben)
Knusprig, butterzart und möglichst lauwarm, also direkt aus dem Ofen — so gehören Croissants zum Frühstück à la française. Sie werden nicht wie Brötchen aufgeschnitten und bestrichen; man beißt ab und gibt dann auf die Stelle einen Stich Butter und einen Klecks Honig. Oder man stippt das Hörnchen in seinen Milchkaffee. Das Rezept für Croissants ist auf Seite 183.

SANDKUCHEN
(Foto zweite Reihe links)
Sandkuchen kann man gut schon ein paar Tage vorher backen — er hält sich frisch. Schmeckt solo oder mit frischem Kompott zum Frühstück (Seite 87). Nach Belieben mit Zucker- oder Schokoladenguß überziehen.

CHURROS
(Foto dritte Reihe links)
Knuspriges Spritzgebäck aus der Fritüre. Damit stärkt man sich in Spanien nach einer langen, durchzechten Nacht — dazu trinkt man nachtschwarze, bittersüße Schokolade und ist wieder fit für den Tag (Seite 204).

MOHNBRÖTCHEN
(Foto unten links)
Schmecken süß oder salzig belegt, mit Honig oder Konfitüre, mit Leberwurst, Schinken oder Käse. Nach dem Grundrezept für Brötchenkranz (Seiten 150/151) zubereiten.

HEFESCHNECKEN
(Foto oben rechts)
Wunderbar krumig, aus Hefeteig mit vielen Rosinen und Mandeln. Nach dem Grundrezept für Rosenkuchen (Seite 121) gebacken. Mit Zuckerguß überglänzt am besten eben noch lauwarm servieren.

TOAST MIT RÜHREI
(Foto zweite Reihe rechts)
Damit man nicht allzu bald wieder Hunger kriegt, muß zum Frühstück auch was Herzhaftes her: cremiges Rührei und dazu zart gebräunter Toast, natürlich selbstgebacken. Nach dem Rezept auf den Seiten 146/147.

PLUNDERTASCHEN
(Foto dritte Reihe rechts)
Mit Vanillecreme gefüllt und einer Kirsche als fruchtigem Farbklecks. Statt Kirschen kann es auch jedes andere Obst der Saison sein, oder — im Winter — ein Klecks Marmelade. Rezept für Plundergebäck auf den Seiten 183 und 187.

PANETTONE
(Foto unten rechts)
Gehört in Italien zum Weihnachtsfrühstück wie hierzulande der Stollen. Panettone ist wesentlich leichter als unser buttergetränkter Weihnachtsstollen, deshalb darf man ihn ruhig mit Butter bestreichen. Dazu kräftigen Espresso trinken. Rezept für Panettone auf Seite 157.

Statt Butterbrot: Hübsche Kleinigkeiten für den Hunger zwischendurch

Für eine komplette Mahlzeit ist der Hunger nicht groß genug, reicht die Zeit nicht aus, hat man keine Lust, sich lange in die Küche zu stellen: Das ist der Moment für einen Snack. Oder man sitzt mit Freunden bei einem Glas Wein zusammen und merkt, daß ein herzhafter Happen als handfeste Unterlage ganz wohltuend wirken könnte. Hier ein paar Vorschläge, was man in solchen Fällen rasch auf den Tisch bringen kann.

WÜRSTCHEN IM SCHLAFROCK
(Foto oben links)
Läßt sich, in eine Papierserviette gewickelt, sogar aus der Hand essen, bei einer Büroparty beispielsweise, und ist blitzschnell gemacht: Wiener Würstchen in ein Stück Blätterteig (Seite 167) wickeln, mit Eigelb bepinseln und backen.

CANAPEES
(Foto oben Mitte)
Hübsch zum Aperitif oder zum Glas Sekt: Toastbrotscheiben (Seite 146) mit Salatblättern belegen, mit einer Rosettenform gezackte Taler ausstechen. Eine Creme aus hartgekochtem Eigelb und Butter mit dem Spritzbeutel auftragen. Mit frischen Kräutern, Kapern, Schinken oder Kaviarperlen schmücken.

SANDWICH
(Foto oben rechts)
Mit allem belegen, was Ihre Vorräte hergeben. Weitere Ideen dazu auf den Seiten 146/147.

TOAST HAWAII
(Foto Mitte links)
So begreift man erst, wie er einst hatte weltberühmt werden können: aus erstklassigen Zutaten, frisch zubereitet, schmeckt Toast Hawaii wirklich super! Siehe auch Seite 146.

HEISSE BLÄTTERTEIG-TÄSCHCHEN
(Foto Mitte)
Ideal zum Glas Wein, schön zum Aperitif. Läßt sich prima vorbereiten und ohne Besteck und Teller aus der Hand essen. Ideen für verschiedene Füllungen Seite 173.

JOHANNISBEER-AUFLAUF
(Foto Mitte rechts)
Darauf stürzen sich alle Süßschnäbel, nicht nur Kinder. Aus Toastbrot, Früchten und Eiermilch (Seite 146).

ROSINENKRAPFEN
(Foto unten links)
Schmecken am besten lauwarm. Einfach so, aus der Hand, oder mit einem Stich Butter und Marmelade (Seite 143).

ZUPPA PAVESE
(Foto Mitte unten)
Ersetzt an einem heißen Sommertag das Mittagessen. Belebt, aber belastet den Magen nicht (Seite 146).

GEFÜLLTE TORTELETTS
(Foto unten rechts)
Ein Häppchen für den Sektempfang oder eine kleine Vorspeise in einem leichten Menü. Die Torteletts kann man, aus Hefe-, Blätter- oder Salzmürbeteig gebacken, immer auf Vorrat haben. Vor dem Backen werden sie nur noch mit Eiermilch begossen. Vorschläge für die Füllung auf Seite 172.

Die Krönung eines Menüs?

<u>Babas.</u> Als Portionskuchen backen, wie auf Seite 133 beschrieben. Servieren, wie auf dem Foto zu sehen: mit gedünstetem Rhabarber und einer Karamelsauce. Mit Puderzucker bestäuben und mit einem frischen Melissenblatt dekorieren.

<u>Erdbeereistorte</u> (Seite 216). Die Sahnekringel aus dem Spritzbeutel jedoch erst kurz vor dem Servieren aufsetzen und mit gemahlenen Pistazien bestreuen.

<u>Ananastorte à la Tarte Tatin.</u> Nach dem klassischen Rezept (Seite 111) verfahren, statt Äpfeln jedoch dicke Scheiben von frischer Ananas verwenden. Noch warm servieren!

<u>Törtchen aus Blätterteig.</u> Als Portion auf Erdbeersauce angerichtet: Auf knusprig gebackenen Blätterteigboden (Seite 167) frische oder aufgetaute Himbeeren und Brombeeren setzen und mit Johannisbeerguß (Seite 248) überziehen.

Natürlich der Nachtisch!

Baiserschalen mit Johannisbeersahne. Ein superleichtes Sommer-Dessert: Baiserschalen zubereiten (Seiten 222/223) und mit Johannisbeersahne (Seiten 238/239) aus dem Spritzbeutel füllen. Zum Servieren in Papierhütchen setzen.

Gefüllte Mandelhippen. Die Hippentulpe backen und formen, wie im Rezept (Seite 224) beschrieben. Mit einer Vanille-Eiskugel und Himbeeren, füllen, mit Hagelzucker, Mandelblättchen und Puderzucker garnieren.

Savarin mit Johannisbeeren. Nach dem Rezept (Seiten 132/133) kleine Portions-Savarins backen, tränken und glasieren. Mit Vanillesahne (das Mark einer Vanillestange in die noch flüssige Sahne rühren und dann steif schlagen) und frischen Johannisbeeren servieren.

Apfel-Charlotte. Ein üppiges, aber erfrischendes Dessert. Kann an einem warmen Spätsommertag auch mal das Mittagessen ersetzen. Das Rezept steht auf Seite 146.

SMØRREBRØD
(Foto oben links)
Eine Scheibe deftiges
Körnerbrot, zum Beispiel
Gerstenbrot (Seite 161),
dick gebuttert, dann mit
Salatblatt, Eierscheiben
und reichlich frischen
Krabben belegt.

PIZZA
(Foto Mitte links)
Ein herzhaftes Essen für
zwei (Springform) oder
für mehr Personen
(Backblech). Hier eine
farbenprächtige Version,
belegt mit Pizzaiola, Sala-
mi, roten Paprikastreifen,
Brokkoli und Käse. Wei-
tere Ideen auf den Seiten
140/141.

BLÄTTERTEIGTASCHEN
MIT CURRYFÜLLUNG
(Foto unten links)
Ideal auch für Partys
oder als Happen zum
Aperitif. Das Rezept und
Vorschläge für verschie-
dene Füllungen stehen
auf den Seiten 172/173.

QUICHE LORRAINE
(Foto Mitte oben)
Zusammen mit einem
frischen Salat ist sie ein
leichtes Essen für vier
und mehr Personen;
dann aber auf dem
Blech backen! (Seiten
138/139)

PITTA-BROT
(Foto Mitte)
Das berühmte griechi-
sche Brot, das zu allem
paßt: zum griechischen
Bauernsalat, zu Fleisch-
spießchen oder zum
Steak. Vor dem Servieren
immer noch einmal auf-
backen, damit es schön
warm auf den Tisch
kommt (Seite 157).

Herzhaftes aus dem Backofen:

SPINATKUCHEN
(Foto Mitte unten)
Eine der zahllosen Variationen zum Thema „Salzige Kuchen". Ein ideales Partyessen, weil man sie blechweise, sozusagen am Fließband backen kann. Rezept und weitere Ideen: Seite 137.

KNOBLAUCH-CROSTINI
(Foto rechts oben)
Als Beilage zu Suppen, zu gegrilltem Fleisch oder, ganz solo, als würziges Häppchen zum Glas (italienischen) Wein. Baguette (Seiten 148/149) in Scheiben schneiden, mit Butter oder Olivenöl bestreichen, hauchdünne Knoblauchscheiben und feingehackte Petersilie darauf streuen. Im Ofen auf einem Blech knusprig backen. Heiß servieren.

PRAGER SCHINKEN
(Foto rechts Mitte)
Für alle, die nach einer Idee für ein richtiges Festessen in großer Runde suchen. Sieht viel komplizierter aus, als es ist! (Seite 156)

PIE
(Foto rechts unten)
Die feine englische Art, Reste, zum Beispiel von Frikassee, Ragout oder Gulasch, sehr vornehm zu verstecken: Einfach unter einem Teigdeckel aus Salzmürbeteig (Seite 110) in einer feuerfesten Schüssel backen. Da merkt garantiert keiner, daß nicht extra gekocht wurde! (Seiten 174/175)

für Eigenbrötler und für viele Gäste

51

KÖNIGSKUCHEN
(Foto links oben)
Schlichtweg der ideale Teekuchen, weil er saftig ist und nicht zu süß. Der auf dem Foto ist besonders fein und farbenfroh, weil Pistazien mitgebakken worden sind. Königskuchen hält sich gut, man kann ihn also immer parat haben (Seite 97).

ROSINENKÜCHLEIN
(Foto rechts oben)
Ein mit Rosinen und Sukkade angereicherter Rührteig (unter das Rezept von Seite 87 je 50 g von beidem mischen). Als Portionskuchen in Papierförmchen gebakken, damit keiner was abgeben muß.

HAFERFLOCKEN-KEKSE MIT DATTELN
(Foto links unten)
Aus weichem Mürbeteig. Nach dem Rezept von Seite 106, jedoch statt Rosinen, wie dort angegeben, gehackte Datteln unterkneten.

MARMORKUCHEN
(Foto rechts unten)
Ausnahmsweise statt in einer Napfkuchenform, wie im Rezept (Seite 92) angegeben, in einer Kastenform backen. Nach Belieben mit Schokoladenglasur oder Zuckerguß überziehen, oder einfach mit Puderzucker bestäubt servieren.

Für die blaue Stunde:
Tee, auf die feine, englische Art

Blaue Stunde nennt man die Zeit zwischen Nachmittag und frühem Abend,
vorzugsweise an einem Herbst- oder Winternachmittag.
Kurz bevor man drinnen das Licht anmachen muß und draußen die
Landschaft in bläulichen Schatten versinkt. Für
einen wahren Engländer ist jetzt Teatime, die allerwichtigste Zeit des Tages.

SCHWEINSOHREN

(Foto links oben)
Nach dem Muster auf den Seiten 170/171 aus Blätterteig gebacken. Jedoch nicht im Miniformat, wie dort beschrieben, sondern jeweils etwa handtellergroß. Man braucht für zehn Stück die doppelte Menge Teig.

GEFÜLLTE HIPPENHÖRNCHEN

(Foto rechts oben)
Hippenhörnchen nach dem Rezept auf den Seiten 224/225 backen. Mit gesüßter Schlagsahne oder mit frischen Früchten und Creme füllen. Sofort servieren, damit die Hippen knusprig bleiben.

FEINES TEEGEBÄCK

(Foto links unten)
Zartes Gebäck aus Mürbeteig, mit der Gebäckspritze oder dem Spritzbeutel geformt (Seite 114). Mit Nougat oder Marmelade gefüllt und mit Schokoladenguß, Krokant oder Hagelzucker verziert. Ideen zum Verzieren auf den Seiten 246 und 254/255.

BUTTERKUCHEN

(Foto rechts unten)
Aus Toastbrotscheiben, Butter, Zucker und Mandeln ganz schnell gemacht (Seite 146) — wenn man Lust auf was Süßes hat. Die Zutaten sind garantiert immer im Haus.

Ein Lob dem guten, altmodischen Kaffeeklatsch!

Eines ist sicher: Er kommt garantiert niemals aus der Mode (auch wenn man niemals niemals sagen sollte). Aber vielleicht findet sich mal ein anderes Wort dafür?
Denn unter Kaffeeklatsch stellt man sich eher alte Damen vor, ein Kapotthütchen auf dem Kopf, die Backen voller Sahneschnitten und an nichts in der Welt ein gutes Haar lassend — die Karikatur vom Kaffeeklatsch. Wie gut, daß die Wirklichkeit ganz anders aussieht!

FRANKFURTER KRANZ
(Großes Foto links)
Aus zartem Sandteig, in einer Kranzform gebakken, zweimal mit Buttercreme gefüllt, mit Buttercreme überzogen und dick mit Krokant bestreut. Der ideale Kuchen für den Geburtstags-Kaffeeklatsch. Statt der Kirschen als Dekoration kann man Geburtstagskerzen auf die Cremetupfen stecken (Seite 87).

ZITRONENKUCHEN
(Großes Foto rechts)
Ein Rührkuchen nach dem Grundrezept (Seite 87), gewürzt mit der Schale von zwei ungespritzten Zitronen. Saftiger und kerniger wird er, wenn man die Hälfte des Mehls durch Haferflokken ersetzt.

ERDBEERKUCHEN MIT ORANGENFILETS
(Foto mittlere Reihe, ganz links)
Auf einem Tortenboden aus Biskuit (Seite 71) reichlich Erdbeeren häufen. Den äußeren Rand mit geschälten Orangenscheiben belegen (Seiten 256/257). Mit Johannisbeer- oder Aprikosenglasur überziehen. Dazu Schlagsahne!

CREMESCHNITTCHEN
(2. Foto mittlere Reihe von links)
Blätterteigschnitten (Seite 177), gefüllt mit Vanillecreme.

VERSUNKENE-ÄPFEL-KUCHEN
3. Foto mittlere Reihe von links)
Geschälte, an ihrer runden Seite mehrfach eingeschnittene Apfelviertel auf einem Rührteig verteilen (Seite 94). Beim Backen geht der Teig auf, die Äpfel verschwinden fast darin und machen ihn besonders saftig.

BUTTERCREME-SCHNITTE
(Foto mittlere Reihe, ganz rechts)
Zwischen zwei Biskuitböden (Seite 82) sahnige Buttercreme streichen (Seite 240). Gut kühlen und erst dann in Schnitten teilen. Mit Buttercreme und Kirsche garnieren.

BIENENSTICH
(Foto untere Reihe, ganz links)
Aus Hefeteig, gefüllt mit Vanillecreme, mit Mandelkrokantmasse auf der Oberfläche (Seite 121).

QUARK-SAHNE-TORTE MIT APRIKOSEN
(2. Foto untere Reihe von links)
Ein Biskuitboden (Seite 71), mit Aprikosen belegt und einer Quarksahne bestrichen (Seiten 238/239). Ein richtiger Sommerkuchen!

FRISCHKÄSETORTE MIT KRÜMELBODEN
(3. Foto untere Reihe von links)
Der Boden besteht aus zerkrümelten Kräckern und Haferflocken, die mit Butter verknetet werden (Seite 226). Darauf eine Zitronenfüllung (Seite 221). Als Überzug Johannisbeerglasur (Seite 248).

ROSENKUCHEN
Foto untere Reihe, ganz rechts)
Wie auf Seite 121 beschrieben zubereiten, jedoch statt auf einem Blech in einer Springform backen. Dafür die einzelnen Schneckennudeln nicht zentimeterdünn, sondern etwa 3 cm dick abschneiden und, Schnittfläche nach oben, dicht nebeneinander in die Form schichten.

REHRÜCKEN
(Foto oben links)
Sieht stattlich aus, ist aber ganz einfach zu machen. Aus einem normalen Rührteig (Seite 87), der mit 100 g geriebenen Mandeln und 200 g aufgelöster Zartbitterschokolade angereichert wird. In einer speziellen Rehrückenform (Seite 88) backen. Mit Kuvertüre überziehen und mit Mandelstiften verzieren.

MINI-St.-HONORÉ-TORTE
(Foto unten links)
Schön zum Beispiel als kleine Portionstorte, wenn zum Nachmittags-Kaffee nur zwei, drei Gäste erwartet werden. Nur die Hälfte der Zutaten des Grundrezepts (Seiten 206/207) nehmen, einen kleinen Kuchen von nur 18 cm Durchmesser daraus backen. Mit Schlagsahnestreifen, kandierten Orangenscheiben und einer Kirsche verzieren.

MOKKA-SAHNE-TORTE
(Foto oben Mitte)
Ganz klassisch: Der Boden aus zartem Schokoladenbiskuit (Seiten 74/75), mit bittersüßer Mokkasahne (Seiten 238/239) üppig rundum eingestrichen. Zum Schluß mit Sahnetupfen und mit Kakaopulver verziert.

Für die ganz
großen Familienfeste:
Super-Torten

SCHOKOLADEN-ORANGEN-TORTE

(Foto unten Mitte)
Orangenbiskuitböden
(Seiten 74/75) mit Scho-
koladenbuttercreme (Sei-
ten 232/233) aufein-
anderschichten und sehr
akkurat mit Sckoko-But-
tercreme rundum über-
ziehen. Zum Schluß mit
Buttercreme aus dem
Spritzbeutel verzieren.
Die einzelnen Tortenstük-
ke mit Kirschen garnie-
ren. In der Mitte gezuk-
kerte Orangenzesten
häufen.

SCHOKOLADEN-BAUMSTAMM

(Foto oben rechts)
Aus Schokoladenbiskuit
(Seiten 74/75) und Scho-
koladenbuttercreme (Sei-
ten 232/233) eine gefüll-
te Biskuitrolle herstellen
(Seite 82). Die Rolle mit
Buttercreme bestreichen.
Und mit Schokoladen-
bändern (Seiten 250/251)
dekorativ belegen.
Hauchzart mit Puder-
zucker bestäuben.

SAHNEHERZ

(Foto unten rechts)
Rührteig (Seite 87) oder
Biskuit (Seite 71) in einer
Herzform gebacken (Sei-
te 89 oder 19), quer hal-
biert, mit Johannisbeer-
sahne gefüllt (Seite 239)
und kunstvoll mit dem
Spritzbeutel verziert.

Runder Geburtstag, Hochzeitsjubiläum, Taufe,
Konfirmation, Kommunion — zum besonderen
Anlaß braucht's natürlich auch eine besondere Torte.
Wenn sich die gesamte Verwandtschaft um die Kaffeetafel
versammelt, packt sogar den Gleichmütigsten
der Ehrgeiz. Hier ein paar Vorschläge, wie man sich
unvergeßlich machen kann…

Weiß wie die Unschuld, grün wie die Hoffnung, rosarot, wie frisch verliebt: die Hochzeitstorte

Eine Seite nur für Schwiegermütter, Brautmütter, hilfreiche Schwestern, Freundinnen und Tanten — und natürlich alle ihre männlichen Pendants.
Bräute und ihre Bräutigame bitte weiterblättern. Denn seine eigene Hochzeitstorte darf man auf keinen Fall selber backen. Das ist wie mit dem Brautkleid, das immer ein anderer nähen muß, damit es Glück bringt!

Die Tortenböden
Eine Hochzeitstorte muß stabil sein. Vor allem, wenn man mehrere Etagen aufeinandersetzen will. Selbst bei Prachtstücken mit drei und noch mehr Schichten darf der unterste Boden nicht unter seiner Last einsinken. Außerdem muß es ein reichhaltiger Teig sein, der sich lange frisch hält. Denn die Hochzeitstorte kann man nicht in letzter Minute backen — sie muß spätestens am Vortag fix und fertig sein. Am besten geeignet: Der üppige Teig für Englischen Kuchen (Seite 97, mit ⅛ l Rum oder Orangensaft getränkt, damit er lange frisch bleibt).

Das Verzieren
Die Böden, zum Beispiel 24 cm Ø und 18 cm Ø, bereits einen Tag vor dem Fertigstellen der Torte backen.
Die Oberfläche absolut gerade schneiden.
Die Böden mit Aprikosenmarmelade zusammensetzen.
Für die Glasur zwei Eiweiß steif schlagen, dann 2 kg Puderzucker unterrühren. Es muß eine zähe, noch streichfähige Masse entstehen.
Mit der Hälfte davon den zusammengesetzten Kuchen einstreichen, dabei sorgfältig glattziehen. Mit der feinen Sterntülle Girlanden und Tupfenränder auftragen.
Rosa gefärbte Rosen aus Marzipan (Seite 247) auflegen. Mit Blättchen aus grün eingefärbtem Marzipan dekorieren. Und zum Schluß sparsam silberne Liebesperlen in die Tupfen setzen.

Das Anschneiden
Der große Augenblick, der für die Nachkommen im Foto festgehalten werden muß: Dafür ist es besser, ein scharfes, großes Messer mit Zackenschliff zu nehmen, der die getrocknete, sehr harte Eiweißglasur besser schneidet, als eine glattgeschliffene Klinge, unter der die Glasur leicht bricht.

Für die Adventszeit: jede Menge Weihnachtsgebäck

Unsere private, sehr empirisch aufgestellte Statistik weist nach, daß nur ein Bruchteil des für Menschen liebevoll produzierten Backwerks den Festtag überhaupt erlebt. Das Schicksal führt es bereits lange vorher auf den Weg alles Eßbaren. Vor allem in Familien mit findigen Kindern, so haben wir herausgefunden, sind die Keksdosen und Gebäckschachteln am Weihnachtstag bedenklich geleert. Schlimm? Für Mütter, die noch findiger im Verstecken sind, nicht!

FRÜCHTEKUCHEN
(Foto links oben)
Wie einen Stollen bereits einige Zeit vor Weihnachten backen, damit die verschiedenen Gewürze alle anderen Zutaten durchdringen können. Bis dahin in Klarsichtfolie verpacken und zusätzlich in einer gut schließenden Blech- oder Plastikdose aufbewahren, damit der Früchtekuchen nicht austrocknen kann. Das Rezept steht auf Seite 97.

BASLER LECKERLI
(Foto links Mitte)
Lebkuchen auf Baseler Art. Ganz dünn gebacken. Kommen sehr knusprig aus dem Ofen, werden aber in einer Blechdose schön zart und weich, wenn man einen Apfelschnitz mit hineinlegt. Das Rezept steht auf Seite 191.

LIEGNITZER BOMBE
(Foto links unten)
Auch aus einem Lebkuchenteig, deshalb klassisch für Weihnachten. Gefüllt mit Marzipan, Mandeln und Rosinen. Das läßt sie bald nach dem Backen zart und weich werden. Bis Weihnachten kühl und luftig aufbewahren. Am besten zwischen Lagen von Seidenpapier in einer großen Pappschachtel in einem kühlen Raum. Das Rezept steht auf Seite 191.

SPEKULATIUSPFERD

(Foto oben)
Wie im Rezept (Seite 106) angegeben einen Teig herstellen, in ein entsprechendes Model drücken und dann auf gefettetem, bemehltem oder mit Mandelblättchen bestreutem Blech backen.

HEFETEIG-HERZ

(Foto Mitte)
Aus Hefeteig (Seiten 134/135) zwei dünne Rollen formen und zu einer Kordel drehen. Herzförmig auf ein Blech legen, mit Eigelb einpinseln und mit Hagelzucker bestreuen. Wie im Grundrezept angegeben gehen lassen und backen.

DUNDEE CAKE

(Foto Mitte rechts)
Rezept auf Seite 97. Die Oberfläche jedoch mit einer Mischung aus Kakaopulver und Puderzucker einstäuben.

HONIGKUCHEN

(Foto unten Mitte)
Den Grundteig (Seiten 190/191) mit Rosinen, Mandeln, Walnüssen, Orangeat, Zitronat und Hagelzucker bestreut auf einem Blech backen. In Quadrate geschnitten servieren.

GEWÜRZKUCHEN

(Foto unten rechts)
Wie im Rezept (Seite 97) backen, dann mit Aprikosenkonfitüre bestreichen und mit Mandelblättchen bestreuen. Dazu Schlagsahne reichen.

Ganz bunt in Form und Farbe

Fast zu schade zum Aufessen — richtige kleine Kunstwerke aus Mürbeteig und Zuckerguß. Aber einfach wunderschön zum Verschenken, für den bunten Teller oder als süßer — wenn auch leicht vergänglicher — Christbaumschmuck. In diesem Fall übrigens nicht vergessen: In die noch ungebackenen Plätzchen ein Loch stechen, durch das man später das Band zum Aufhängen ziehen kann.

MIT ZUCKERGUSS UND SCHABLONE

Ausgangsmaterial ist ein fester Mürbeteig (Seite 103). Man rollt ihn auf bemehlter Arbeitsfläche dünn (0,2 mm) aus und schneidet dann mit Hilfe von fertigen Ausstechförmchen oder entsprechend zugeschnittenen Papierschablonen die unterschiedlichen Plätzchen aus. Nehmen Sie für die Schablonen die Muster auf diesen Seiten als Vorbild: einfach durchpausen. Die Plätzchen wie angegeben backen. Dann ganz nach Lust und Laune (sowie Kunstfertigkeit) mit Zuckerguß und anderen Verzierungen (Seiten 248/249 und Seiten 254 u. 255) bemalen. Den Guß immer erst völlig trocknen lassen, bevor Sie die Plätzchen in luftdichte Dosen packen — dabei immer Seidenpapier zwischen die Lagen breiten.

Zum Frühstück, als Nachtisch, als Geschenk für liebe Freunde…

1

3

2

1. DAS FESTTAGS-DESSERT: HIMBEER-CHARLOTTE
Biskuits und Creme (Seite 83) bereits am Vortag zubereiten und in einer entsprechenden Form fest werden lassen. Zum Servieren stürzen, mit Staubzucker bepudern und mit den ersten zarten Blättchen von Zitronenmelisse garnieren. Statt Himbeeren (zu Ostern noch aus der Tiefkühltruhe) kann man auch andere Früchte nehmen, zum Beispiel Erdbeeren.

2. ZUM OSTERBRUNCH: EIN HASE AUS HEFETEIG
Dafür aus dem Grundteig (Seiten 118/119) zwei tropfenförmige Stücke formen, jeweils am spitzen Ende zur dicken Seite hin einschneiden und ineinander verschränkt zusammensetzen. Korinthen oder Rosinen als Augen einsetzen. Die Oberfläche mit verquirltem Eigelb einpinseln.

3. ZUM VERSCHENKEN: PRALINÉ-EI
Eine hübsche Schale aus Karton, Keramik, Porzellan oder Glas mit einer bunten Mischung aus selbstgemachten Pralinés (Seiten 262/263), österlich verzierten Petits Fours (Seiten 270/271) und in Klarsicht-Knisterpapier eingepackte Bonbons (Seiten 272/273) füllen.

4. HERB UND SÜSS: ORANGEN-SAHNE-SCHNITTE
Aus einem Orangenbiskuit (Seiten 74/75) auf einem Blech eine flache Platte backen, in Quadrate schneiden und jeweils in der Mitte quer halbieren. Mit Orangenkonfitüre füllen, dick mit Schlagsahne bestreichen und mit hauchfeinen Orangenzesten oder frischen Mandarinen garnieren.

...zu Ostern darf's ruhig was ganz Besonderes sein

5. SCHNELL GEMACHT: OBSTTÖRTCHEN

Aus Mürbeteig (Seiten 102/103) oder Rührteig (Seiten 86/87)
in flachen Obsttörtchen-Formen
Böden backen (Seiten 88/89). Ganz nach Geschmack und
Vorräten mit verschiedenem Obst
belegen und mit Obstglasur überziehen (Seiten 108/109).

6. KNUSPRIG UND ZART: ERDBEERTORTE

Fünf dünne Mürbeteigböden backen (Seiten 102/103). Eine Erdbeersahne herstellen (Seiten 238/239). Die Böden
gleichmäßig damit einstreichen und aufeinandersetzen. Rundum
ebenfalls mit Erdbeersahne überziehen.
Die Tortenoberfläche mit Puderzucker bestäuben und mit halbierten
Erdbeeren verzieren. Sieht besonders
hübsch aus, wenn man die grünen Kelchblätter noch dran läßt.

7. HAT EINFACH TRADITION: DAS OSTERLAMM

Dafür braucht man eine entsprechende Form (Seite 89),
in die man einen ganz normalen
Rührteig (Seiten 86/87) füllt und backt. Erst völlig auskühlen lassen,
dann dick mit Puderzucker bestäuben.

8. GANZ IN WEISS: SCHOKOLADENTORTE

Einen Biskuit (Seiten 70/71)
in einer kleinen Springform (22 cm Ø) backen. Mit Buttercreme (Seiten 230/231) füllen und
überziehen. Mit großen Schokoladenblättern (Seiten 250/251)
aus weißer Schokolade belegen.
Nach Belieben zusätzlich mit hauchfeinen Linien aus dunkler
Schokolade (Seiten 254/255) verzieren.

Wetten —
darüber freut sich jeder!

So was kann man eben nicht kaufen. Denn nicht nur die Pralinen
sind das Geschenk, sondern auch die Zeit
und Liebe, die man auf ihre Herstellung verwandt hat. Und die
Verpackung! Ob Sie die kostbaren Stückchen
im edlen Klarsichtkarton oder in einer hübschen Schale
verschenken, ist Geschmackssache.
Immer sollten Sie sie jedoch in kleine Papierhütchen (die gibt's
in Papier- und Haushaltswarengeschäften) setzen,
damit sie makellos bleiben und
sich nicht gegenseitig beim Transport verletzen.

1. RUMTRÜFFEL

Die Masse nach dem
Grundrezept (Seite 264)
herstellen. Zu Rollen ge-
formt in dunkle Kuvertüre
tauchen und in Kakao
wälzen.

2. COGNACTRÜFFEL

Rezept Seiten 266/267.
Dann aber mit weißer
Kuvertüre überziehen
und in Zucker rollen.
210/211.

3. PETITS FOURS

Rezept Seiten 270/271.
Die Stücke mit Zucker-
glasur überziehen, die
mit Safran leuchtend
gelb gefärbt ist. Mit Walnußhälften, gezuckerten
Veilchen, kandierten
Rosenblättern, Orangen-
stückchen oder Kirschen
garnieren.

4. WILLIAMS-CHRIST-
TRÜFFEL

Rezept Seiten 268/269.
In dunkle Kuvertüre tau-
chen und in Puderzucker
wälzen.

5. MANDELPLÄTZCHEN

Genau wie auf Seite 107
angegeben zubereiten.

6. CROQUEMBOUCHE

Frei übersetzt: Knusprige
Bissen.
Die genaue Anleitung
finden Sie auf den Seiten
210/211.

Biskuit—der Feine
für die feinsten Torten

Der Teig, der gründlich geschlagen gehört

Strenggenommen gibt es keinen Biskuit-Teig — der Fachmann nennt ihn Masse. Denn so bezeichnet man alles, was geschlagen und schaumig gerührt wird, im Unterschied zum gekneteten und gewalkten Teig. Trotzdem darf man diese Fachsprache nicht zu genau untersuchen: Sehr fette und reichhaltige Hefeteige (zum Beispiel für Brioche, auf den Seiten 130/131) werden durchaus kräftig durchgeschlagen, ohne daß dann plötzlich von Hefemasse die Rede ist . . .

TREIBMITTEL: LUFT

Bei Biskuit spielt Luft eine wichtige Rolle: Sie gelangt durch geduldiges Schlagen von Eigelb und Eiweiß in die Masse — dadurch wird der Kuchen besonders zart und leicht. Beim Backen dehnt sich die Luft aus, die Masse vergrößert sich bis auf das Dreifache ihres Volumens, ganz ohne andere Treibmittel, wie etwa Backpulver. Die gebackene Masse ist noch nicht der fertige Kuchen, sondern vielmehr eine Art Rohling, aus dem man Torten, Schnittchen, Petits Fours herstellt, indem man sie mit Marmelade, Sahne oder Creme füllt.

TIPS RUND UM DEN TEIG

1. Wenn Sie die Eier im warmen Wasserbad dick schlagen, schließt sich ihre Bindungsfähigkeit besser auf — die Masse bekommt so ein größeres und festeres Volumen. Aber: Dabei nur warm, nicht heiß werden lassen, damit das Eigelb nicht gerinnt und ausflockt.

2. Feinen Zucker verwenden und so lange mit den Eiern schlagen, bis er sich vollständig aufgelöst hat. Sonst knirscht's nachher.
3. Das Mehl am besten durch ein Sieb auf die Eiercreme streuen, so wird es puderleicht und bildet garantiert keine Klümpchen.
4. Die Biskuitmasse unverzüglich backen, auf keinen Fall auch nur kurz warten lassen. Die Luft entweicht sonst und läßt die Masse sofort zusammenfallen.

TIPS FÜRS BACKEN

1. Die Backform sorgfältig mit Butter ausstreichen und mit Mehl einpudern — so löst sich der Kuchen garantiert wieder heraus.
2. Wer ganz sichergehen will (und sich nachher mit dem Spülen nicht soviel Mühe machen will), legt die Form mit einem exakt zugeschnittenen Blatt Pergament- oder Backpapier aus.

3. Damit die Oberfläche des Kuchens schön glatt bleibt und nicht wieder aufgerissen wird, muß man das Papier sofort nach dem Stürzen vom noch heißen Kuchen abziehen. Dann nur lose wieder auflegen, so schützt es den Kuchen vor dem Trockenwerden.
4. Biskuit im 180 Grad heißen Ofen backen — also immer vorheizen, denn die Masse soll ja auf keinen Fall stehen, bis der Ofen die nötige Temperatur erreicht hat.
5. Ob der Biskuit durchgebacken ist, kann man sehen: Er beginnt sich dann vom Formrand zu lösen.
6. Biskuit immer auf einen Kuchenrost gestürzt auskühlen lassen. So bekommt er von allen Seiten Luft, bleibt außen schön trocken und klebt nicht.

GERÄTE

Zwei Rührschüsseln
Handrührgerät
Ein kleiner Topf und ein
Topf für das Wasserbad
Backpinsel zum Einfetten der Form
Backform
(Springform 22 cm Ø)
Kuchenrost

ZUTATEN

6 Eier

175 g Zucker

150 g Mehl

90 g Butter

BACKZEIT

Vorbereitungszeit:
30 Minuten
Backdauer:
35 Minuten
Backtemperatur:
180 Grad
Auskühlen:
1—2 Stunden

LAGERUNG

Biskuit kann man prima
auf Vorrat backen und
einfrieren. Natürlich erst
gut ausgekühlt in Alufolie packen. Und vor
dem Weiterverwenden
am besten bei Zimmertemperatur, nicht im
Backofen auftauen —
sonst wird er zu trocken.

ZUBEREITUNG

1. Die Zutaten nach Rezept abwiegen und bereitstellen.

2. Die Backform mit Butter ausstreichen und mit Mehl einstäuben.

3. Die Butter in einem kleinen Topf auf sanfter Hitze schmelzen lassen.

4. Eigelb und Eiweiß trennen und in zwei Rührschüsseln geben.

5. Zucker zufügen.

6. Eigelb und Zucker im heißen Wasserbad dick und cremig schlagen.

7. Die dicke, weißliche Creme aus dem Wasserbad heben.

8. Das Mehl durch ein Sieb auf die Eiercreme stäuben. Nicht rühren!

9. Die flüssige, nur lauwarme Butter hinzugießen.

10. Das Eiweiß in einer zweiten Schüssel zu festem Eischnee schlagen.

11. Ein Drittel des Eischnees vorsichtig unter die Eiercreme rühren.

12. Den restlichen Eischnee auf die aufgelockerte Masse geben.

13. Vorsichtig alles mischen, dabei behutsam unterheben.

14. Die Biskuitmasse in die vorbereitete Form füllen und glattstreichen.

15. Die Form auf dem Rost in den 180 Grad heißen Ofen stellen.

16. Nach etwa 35 Minuten ist der Biskuit gar. Aus dem Ofen nehmen.

17. Den Kuchen mit einem Messer lösen. Den Rand abnehmen.

18. Den Kuchenrost auf den noch warmen Kuchen legen.

19. Den Biskuit stürzen. Den Formboden abheben — er löst sich leicht.

20. Den Kuchen auf dem Rost etwa 60 Minuten auskühlen lassen.

1. Den Biskuit quer in drei etwa gleich dicke Böden schneiden.

2. Den untersten Boden dünn mit Marmelade einstreichen.

3. Den zweiten Boden aufsetzen, mit Obst belegen, Sahne daraufstreichen.

TORTEN AUS DEM HANDGELENK

Biskuit ist Grundlage für die feinsten Torten. Wie der Weg vom Rohling zur prächtigen Torte verläuft, zeigen wir hier am Beispiel einer Erdbeertorte. Natürlich kann man ganz nach Vorliebe, Jahreszeit oder Vorrat jedes andere Obst nehmen. In jedem Fall brauchen Sie: Früchte (auch aus der Dose), etwas Marmelade, die dazu paßt, Schlagsahne oder Buttercreme, einen Biskuitboden, wie auf Seite 71 gezeigt — selbstgemacht oder fertig gekauft — und rund eine Viertelstunde Zeit. Denn länger dauert es nicht, bis Sie das Prachtstück Ihren Gästen präsentieren können.

ERDBEERTORTE
Zutaten:

1 Biskuitboden, Ø 22 cm, (Seite 71)

3 EL Marmelade (z. B. Johannisbeergelee)

750 g Erdbeeren

¾ l Schlagsahne (gesüßt, mit Vanille gewürzt)

1 TL gehackte Pistazien

TRICKS FÜR EXAKTE TORTENBÖDEN

Das Schwierigste beim Tortenbauen, nämlich, den Biskuit in gleich dicke Böden schneiden, läßt sich lernen. Profis machen es so: Mit einem Messer, das eine lange, dünne, gut geschärfte Klinge mit winzigen Zähnen haben muß, den Boden an der Seite einschneiden, dann — Klinge immer absolut waagerecht! — weiterschneiden und den Biskuit dabei Stück für Stück um seine eigene Achse drehen. Manche Hausfrauen schwören auf den Bindfadentrick: Dafür muß man den Biskuit rundum einkerben. In diese Kerbe legt man einen festen Faden, der, vorn überkreuz zusammengezogen, den Kuchen glatt durchschneidet.

Ganz einfach:
Wie aus Biskuit eine Torte wird

4. Den letzten Boden ein-schneiden, auflegen, da-bei eine Kuppel formen.

5. Rundum mit Schlag-sahne bestreichen und sie dabei wolkig aufhäufen.

6. Die Torte mit Erdbeeren verzieren und mit Pistazien bestreuen.

TIPS ZUM SCHICHTEN

Torten in der üblichen, flachen Form zu schich-ten, ist schon etwas schwieriger als die hier gezeigte Tortenkuppel. Aber es gelingt, wenn sie folgende Tricks beachten:

1. Die Füllung muß schneidfähig und fest sein, sonst quillt sie beim Aufschneiden her-aus, oder die Torten-stücke fallen ausein-ander.

2. Die Sahnefüllung bekommt mehr Festig-keit durch Sahnepulver oder Gelatine (Seiten 238/239).

3. Die Füllung zwischen den einzelnen Böden sehr akkurat und gleich-mäßig verstreichen. So sitzen die Schichten fest aufeinander, können nicht verrutschen und der Anschnitt ergibt ein hübsches Bild.

4. Zum Auftragen ein langschneidiges Messer verwenden, oder, besser noch, eine Palette, wie sie die Profis benutzen (Seiten 16/17).

5. Beim Zusammenset-zen einer Torte ist ein sogenannter Tortenring sehr nützlich, ein in seinem Durchmesser verstellbarer glatter Reifen aus Kunststoff oder Metall. Man schich-tet die einzelnen Böden in diesen Reifen hinein. Er hält alles zusammen und verhindert, daß die Füllung herausquillt. Vor der endgültigen Fertig-stellung hebt man den Reifen einfach ab.

6. Denn zum Schluß wird der Tortenrand ver-ziert: mit Creme oder Sahne überzogen, glatt-gestrichen, mit gezack-tem Spachtel geriffelt oder mit Krokant, ge-hackten Nüssen oder buntem Zucker bestreut.

Biskuit ist bescheiden. Er entfaltet seine wahren Fähigkeiten nur, wenn er sich unter schmückenden Cremes, Früchten oder Sahne verbergen darf und bringt sie erst richtig zur Geltung. Diese Zurückhaltung macht ihn ideal als Ausgangspunkt für Ausflüge in die hohe Kunst der Patisserie.

Biskuit-Variationen:
Da steckt eine Menge drin

Biskuit kann sich geschmacklich und optisch ganz schön in den Vordergrund spielen. Zum Beispiel, wenn die Masse mit Schokoladenstückchen, geriebenen Nüssen, mehr Butter oder gemahlenem Mohn angereichert wird. Weil diese Zutaten meist auch mehr Fett in die Masse bringen, wird der Kuchen dann saftiger und gehaltvoller. Auch stabiler; so kann man auch mal eine mehrstöckige Torte daraus bauen, ohne daß man befürchten muß, die unterste Schicht sinkt unter ihrer Last ein.

VOM SCHOKO- BIS ZUM WIENER BISKUIT

Die klassischen Biskuit-Variationen sehen Sie hier. Sie werden genau wie im Grundrezept (Seite 71) gezeigt zubereitet, auch mit den dort angegebenen Zutaten. Alle hier aufgeführten zusätzlichen Zutaten rührt man zusammen mit der ersten Eischneeportion in die Masse — also bevor die eigentliche Eischneemenge vorsichtig untergehoben wird (Siehe Phasenfoto 11 auf Seite 71).

NUSSBISKUIT
(Foto rechts oben)
Durch den Fettgehalt der Nüsse wird der Biskuit fester, bekommt sogar etwas Biß, wenn die Nüsse nicht puderfein gemahlen sind. Man braucht auf die Grundrezeptmenge 100 g Nüsse, Walnüsse, Haselnüsse, Pistazien, Krokant oder Mandeln, ganz nach Geschmack.

WIENER BISKUIT
(Rechts, zweites Foto von oben)
Ein besonders schmelzender Biskuit, der edler und intensiver schmeckt als der einfache Biskuit nach Grundrezept. Er bekommt seine gehaltvolle, saftige Konsistenz durch mehr Butter. Zusätzlich zu den 90 g vom Grundrezept fügt man für die Wiener Masse noch 40 bis 60 g Butter hinzu. Sie wird geschmolzen und lauwarm zu den übrigen Zutaten gegeben.

BISKUIT MIT SCHOKO-LADENSTÜCKCHEN
(Foto rechts Mitte)
Zum Grundrezept 100 g Schokolade rechnen. Sie wird auf der Reibe oder im elektrischen Zerhacker grob zerkleinert. Am besten mischt man die Schokoladenstückchen mit dem Mehl, bevor die Masse vermengt wird.

ORANGENBISKUIT
(Rechts, zweites Foto von unten)
Unter die Zutaten des Grundrezepts die fein abgeriebene Schale zweier Orangen mischen. Natürlich ungespritzte Früchte verwenden. Falls Sie nicht sicher sind, ob Sie welche erwischt haben: die Orangen gründlich unter heißem Wasser abwaschen.

SCHOKOLADEN-BISKUIT
(Foto rechts unten)
Am besten hierfür eine gute Zartbitter-Schokolade oder erstklassige Kuvertüre verwenden. Der Biskuit schmeckt intensiv und wirkt auf der Zunge angenehm saftig. Unter die Masse 140 g auf mildem Feuer aufgelöste Schokolade oder Kuvertüre rühren, bevor der Eischnee untergehoben wird.

Das schöne Innenleben von Torten…

KROKANTTORTE

1 Krokantbiskuit (Seiten 74/75)
¾ l Vanille-Butter-Creme (Seite 231)
200 g Krokant (fertig gekauft oder selbst
gemacht (Seiten 272/273).

Den Biskuit in drei Böden schneiden. Von der
Buttercreme vier Eßlöffel zum Verzieren
beiseite stellen, den Rest mit Krokant und Rum
verrühren. Gleichmäßig auf zwei der
Böden streichen. Sie wieder zusammensetzen.
Die Oberfläche mit der beiseite gestellten
Creme bestreichen. Mit Krokant verzieren.

APRIKOSEN-SAHNE-TORTE

1 Wiener Biskuitboden (Seiten 74/75), 500 g Aprikosen, ¾ l steifgeschlagene, gesüßte Sahne,
2 EL Aprikosenkonfitüre, 1 EL fein gehackte Pistazien

Den Biskuitboden einmal durchschneiden.
Die Aprikosen entsteinen, in wenig Wasser oder
Weißwein weich kochen und abkühlen lassen,
ein Drittel davon in grobe
Stücke schneiden und mit der Sahne
vermischen. Auf den unteren Boden streichen.
Den zweiten Boden aufsetzen und
gleichmäßig mit den restlichen Aprikosen belegen.

VORBEREITEN

Unbedingt den Biskuit,
aus dem eine Torte wer-
den soll, bereits am Vor-
tag backen. Zu frischer
Kuchen krümelt beim
Anschneiden und ergibt
keine schön gleichmäßi-
gen Böden.
Übrigens: Es ist normal,
wenn sich der Kuchen
nach dem Backen in
der Mitte hochwölbt.
Diese Kuppel immer
glattschneiden, damit
man die Torte sauber
zusammensetzen kann.
Diese Reste für ein
Dessert, zum Beispiel
englischen Trifle oder
italienisches Tirami su,
verwenden.

FÜLLEN MIT
MARMELADE

Das ist die einfachste
Art, aus einem Biskuit
eine Torte zu machen.
Die Marmelade glatt-
rühren, nach Belieben
mit einem Gläschen
Schnaps aromatisieren.
Frischer und weniger
süß schmeckt eine Mar-
meladenfüllung, wenn
man frische Früchte
darunterrührt (zum Bei-
spiel unter 200 g Him-
beerkonfitüre etwa
100 g frische Him-
beeren).

PREISELBEERTORTE

1 Wiener Biskuit (Seiten 74/75)
400 g Preiselbeerkonfitüre
½ l Schlagrahm, 2 EL Zucker, 2 Blatt
eingeweichte Gelatine

Den Biskuit einmal durchschneiden. Die Hälfte der
Preiselbeeren mit dem Rahm und dem
Zucker vermischen. Die eingeweichte Gelatine
in einem kleinen Topf auf mittlerer
Flamme auflösen, dann mit dem Schneebesen unter
den Preiselbeerrahm rühren. Den unteren
Boden damit dick bestreichen. Den oberen Boden
aufsetzen und die restliche Preiselbeerkonfitüre darauf verteilen.

MOKKATORTE

1 Biskuitboden (Seite 71), 2 EL Instant-
Kaffeepulver, 3 EL Cognac,
¾ l Vanille-Butter-Creme (Seite 231)
100 g geröstete Mandelstifte

Den Biskuit in drei Böden schneiden. Das Kaffeepulver im Cognac auflösen, dann mit
der Buttercreme verrühren. Die Böden dünn damit
bestreichen. Die Oberfläche damit überziehen. Zum Schluß mit Mandelstiften bestreuen.

...Cremes, Früchte und Marzipan

SCHOKOLADENTORTE

1 dünner Mürbeteigboden (mit der Hälfte der auf
Seite 103 angegebenen Zutaten gebacken)
4 EL Johannisbeergelee
1 Schokoladenbiskuit (mit der Hälfte der auf
den Seiten 74/75 angegebenen Zutaten)
¾ l Canache-Creme (Seite 236)
4 EL Schokoladenraspel (Seiten 250/251)

Den Mürbeteigboden mit Johannisbeergelee
bestreichen. Den Schokoladenbiskuit
aufsetzen und die Canache-Creme darauf verteilen.
Mit Schokoladenraspel bestreuen.

HIMBEERTORTE

1 Schokoladenbiskuit-Boden (Seiten 74/75)
¾ l Vanille-Butter-Creme (Seite 231)
4 EL Himbeergeist*, 500 g Himbeeren

Den Biskuit einmal durchschneiden. Mit Buttercreme
füllen und wieder zusammensetzen.
Den oberen Boden mit Himbeergeist beträufeln und
mit Vanille-Butter-Creme bestreichen.
Die Oberfläche dicht mit Himbeeren belegen.

*Für einen Kindergeburtstag
lassen Sie den Himbeergeist natürlich weg!

DOBOSTORTE

1 Biskuitboden (Seite 71) oder 6 dünne Biskuitböden (Seite 82), ¾ l Vanille-Butter-Creme (Seite 231)
100 g im Wasserbad aufgelöstes Nougat
6 EL Zucker, 1 EL Butter

Den Boden in sechs dünne Scheiben schneiden.
Die Vanille-Butter-Creme mit dem
aufgelösten Nougat verrühren. Jeweils auf die Böden
streichen, diese dann exakt aufeinandersetzen.
In einem kleinen Topf den Zucker zu goldenem
Karamel kochen, dann die Butter zufügen,
dabei ständig rühren. Den obersten Boden mit einem
eingeölten Messer mit Karamel bestreichen.
Bevor der Karamel abkühlt und fest wird, mit dem
eingefetteten Messer Portionsstücke
in die Oberfläche einritzen.

SCKOKOLADEN-KIRSCH-TORTE

1 Schokoladenbiskuit (Seiten 74/75)
450 g Sauerkirschkonfitüre
2 EL Kirschwasser (nach Belieben)
3 EL Puderzucker

Den Biskuit in drei Böden schneiden. Die Konfitüre
mit dem Schneebesen gleichmäßig
rühren, dabei das Kirschwasser zufügen. Zwei
der Böden damit bestreichen.
Die Torte wieder zusammensetzen. Die Oberfläche
mit Puderzucker einstäuben.

FÜLLEN MIT KOMPOTT

Dafür werden die Früchte (Sauerkirschen, Stachelbeeren) kurz gekocht, gesüßt und, wenn sie viel Saft enthalten, mit Speisestärke gebunden. Man nimmt für eine Torte etwa 500—700 g Obst, nach Sorte und Geschmack 100—170 g Zucker und knapp 3 EL Speisestärke, die mit wenig Wasser oder Fruchtsaft aufgelöst zum Schluß unter die heißen Früchte gerührt werden. Einmal aufkochen, bis der Saft dicklich wird. Abgekühlt verwenden.

MARZIPANFÜLLUNG

gibt einem normalen Biskuitboden einen Mandelgeschmack: 200 g Marzipanrohmasse mit ⅛ l Milch und 2 EL Rum glattrühren.

Schmuck und Schutz: Torte mit Mantel

Damit eine Torte auch eine hitzige Kaffeeschlacht bis zum
Schluß ansehnlich übersteht, legt man ihr am besten
einen Mantel über. Einen Guß oder Überzug,
der die empfindliche Sahne- oder Cremeoberfläche
vorm Austrocknen schützt.
Das schmeckt und sieht obendrein schön aus!

GLASUR MIT JOHANNISBEEREN

(Erstes Stück von oben)
1. Die Tortenoberfläche
glatt mit Sahne oder
Creme bestreichen.
2. Kurz in den Kühl-
schrank stellen, damit
sie fest wird.
3. ¼ l Tortenguß (Päck-
chen) zubereiten.
4. Johannisbeeren auf
der Oberfläche verteilen.
Den etwas abgekühlten
Guß darübergeben.

SAHNEGUSS MIT BISKUITBRÖSELN

(Zweites Stück)
1. Die Oberfläche mit
Sahne bestreichen.
2. Biskuitreste bei
80 Grad im Ofen trock-
nen.
3. Durch ein grobes Sieb
streichend die Torte da-
mit bestreuen.
4. Mit Sahnetupfen und
Walnußhälften garnieren.

KAKAOPULVER-ÜBERZUG

(Drittes Stück)
1. Die Torte rundum glatt
mit Schokocreme
(Seiten 232/233) oder
Schokosahne (Seite 236)
bestreichen.
2. Kakaopulver durch ein
Sieb gleichmäßig dar-
überpudern.

RAND AUS LÖFFEL-BISKUITS, DECKE AUS SCHOKORASPELN

(Viertes Stück)
1. Die Torte rundum mit
Schlagsahne bestrei-
chen.
2. 10 bis 15 Löffelbiskuits
so zuschneiden (Seiten
82/83), daß sie etwa
3 cm über den Rand
hinausstehen. Rundum
festdrücken.
3. Die Oberfläche dick
mit Schokoraspeln be-
streuen.

KIWIGUSS

(Fünftes Stück)
1. Die Torte mit Sahne
einstreichen.
2. Die Oberfläche dicht
mit dünnen Kiwischei-
ben belegen. Die Torte
kalt stellen.
3. Inzwischen ¼ l Tor-
tenguß (Päckchen) zu-
bereiten. Etwas abge-
kühlt die Oberfläche da-
mit überziehen.
4. Mit Sahnetupfen gar-
nieren.

SCHOKOLADEN-WOLKE

(Sechstes Stück)
1. Die Torte mit Schoko-
creme (Seiten 232/233)
überziehen, dabei mit
einem Löffelrücken
wolkig aufhäufen.
2. Mit Kakaopulver ein-
stäuben.

ERDBEER-SAHNE

(Siebtes Stück)
1. Die Torte glatt mit
Sahne einstreichen.
2. Den Rand mit Sahne-
wolken und Krokant ver-
zieren.
3. Erdbeeren in die Mitte
der Oberfläche setzen
und mit Aprikosenglasur
(Seiten 248/249) über-
ziehen.

ZITRONENGLASUR

(Achtes Stück)
1. 150 g Puderzucker mit
2 EL Zitronensaft glatt-
rühren, mit einer Messer-
spitze Safran gelb färben.
2. Die Torte mit einem
Marzipandeckel belegen.
(Seiten 24/25).
3. Mit der Zitronenglasur
überziehen und mit
Pistazien bestreuen.

SCHOKOLADEN-GLASUR

(Neuntes Stück)
1. 200 g Schokolade auf-
lösen (Seiten 246/247).
2. Die Torte mit einem
Marzipandeckel ver-
sehen (Seiten 24/25).
3. Die flüssige Schoko-
lade in die Mitte gießen
und mit einem großen
Messer (Palette) verstreichen.
4. Sobald die Schokola-
de fest geworden ist, mit
einem erhitzten Messer
Tortenstücke markieren.
5. Die Oberfläche mit
Mandeln, Sahnetupfen
und Schokoplätzchen
dekorieren.

STREUSEL

(Zehntes Stück)
1. Streuselteig zubereiten
(Seite 107). Eine dünne
Schicht auf ein Back-
blech bröseln und
backen.
2. Die abgekühlten
Streusel auf die Torte
streuen.

Das Prachtstück aus dem Schwarzwald

Sieht einfach toll aus und entlockt garantiert jedem Gast neidlose Bewunderung. Dabei ist so eine Torte wirklich keine schwierige Sache. Ein bißchen Geduld gehört natürlich dazu — aber die Mühe wird ja belohnt . . . !

SCHWARZWÄLDER-KIRSCH-TORTE

Zutaten für den Schokoladenbiskuit:

6 Eier

175 g Zucker

150 g Mehl

90 g Butter

140 g Kuvertüre

Zutaten für die Füllung:

750 g entsteinte Sauer-kirschen (Glas)

80 g Zucker

½ TL Zimt

2 gehäufte EL Speise-stärke

1 EL Wasser

6 EL Sauerkirsch-konfitüre

3 EL Kirschwasser

¾ l Sahne

1—2 EL Zucker

1. Den Biskuit, wie im Grundrezept (Seite 71) gezeigt, mit den oben angegebenen Zutaten zubereiten.
2. Die Sauerkirschen mit Zucker und Zimt aufkochen. Die mit Wasser angerührte Stärke zufügen und unter Rühren einmal aufwallen lassen. Vom Herd nehmen.
3. Den Biskuit in vier Böden schneiden.
4. Die Konfitüre mit dem Kirschwasser glattrühren. Einen der Böden damit bestreichen.
5. Den zweiten Boden auflegen und mit Sauerkirschen besetzen. Ein paar zum Garnieren der Torte beiseite legen.
6. Die Sahne steif schlagen, süßen, die Hälfte auf den dritten Boden streichen.
7. Mit dem letzten Boden abdecken. Die Torte rundherum dick mit der restlichen Schlagsahne einstreichen.
8. Die Torte mit Schokoraspeln, Sahnetupfen und den restlichen Sauerkirschen dekorieren.

BISKUITGEBÄCK VOM BLECH

Es muß nicht immer die sahnig gefüllte Schnitte von der Biskuitrolle sein — aus der Teigplatte vom Blech kann man auch andere Teilchen formen. Man schneidet sie dafür ganz nach Belieben in verschiedene Formen. Zum Beispiel:
1. Rauten
2. Rechtecke
3. Quadrate
4. Kreise
5. Dreiecke
6. Herzen

Und diese Stücke werden dann mit Marmelade oder Creme bestrichen und paarweise zusammengesetzt. Die Oberfläche mit Puderzucker bestäuben oder mit einer Glasur aus zwei Eiweiß und 250 g Puderzucker überziehen (siehe auch die Garnituren auf den Seiten 246 – 255 und Petits Fours auf den Seiten 270/271).

BISKUITBÖDEN

Für Tortenböden kann man statt in einer Springform die Masse auch rund auf dem Backblech backen. Die Menge vom Grundrezept (Seite 71) auf zwei Bleche verteilen, dabei mit Hilfe der Palette dünn, im entsprechenden Durchmesser rund aufstreichen. Damit der Kreis exakt wird, ist ein Tortenring (Seiten 16/17) nützlich. Bei 180 Grad etwa 10 Minuten backen.
Für einen Obsttortenboden genügt die halbe Menge des Grundrezepts (Seite 71). Man streicht die Masse in eine gut ausgebutterte, mit Mehl ausgepuderte Obstkuchenform und backt bei 180 Grad etwa 20 bis 25 Minuten.

Biskuit zum Anfassen

Hier geht es um Teilchen, Schnittchen, Petits Fours — Biskuitgebäck in kleinen Stücken. Zum Beispiel die berühmte Biskuitrolle: duftiger Kuchen, süß gefüllt, aufgewickelt und dann wie ein Brot in Scheiben geschnitten.

BISKUITROLLE

Zutaten für die Biskuitmasse:

6 Eier
175 g Zucker
150 g Mehl
90 g Butter
Für die Füllung:
450 g Aprikosenkonfitüre
½ l Schlagsahne
Außerdem:
Butter zum Bestreichen
Zucker zum Bestreuen

(Zu den Phasenfotos von links nach rechts)
1. Ein Backblech mit Back- oder Pergamentpapier auslegen und mit Butter einpinseln.
2. Die nach dem Grundrezept (Seite 71) zubereitete Biskuitmasse darauf glattstreichen.
3. Im auf 180 Grad vorgeheizten Ofen 10 bis 12 Minuten hellbraun backen.
4. Die heiße Teigplatte auf ein mit Zucker bestreutes Küchentuch stürzen.
5. Die gesamte Papierfläche mit kaltem Wasser einpinseln, damit nichts am Teig klebenbleibt.
6. Das Backpapier vorsichtig abziehen.
7. Die Teigplatte sofort aufrollen, weil sie jetzt warm und noch elastisch ist: Das Küchentuch an der Breitseite hochziehen, der Biskuit rollt sich so fast von selbst ein. Die Teigrolle endgültig auskühlen lassen.
8. Zum Füllen die Rolle wieder ausbreiten. Vorsichtig, damit sie dabei nicht zerbricht.
9. Die Teigplatte mit Konfitüre bestreichen, dick Sahne darüber verteilen und alles wieder behutsam einrollen. Mit Puderzucker bestäuben und als dicke Schnitte servieren.

LÖFFELBISKUIT

Zutaten für ca. 50 Stück

5 Eigelb

300 g Zucker

2 EL heißes Wasser

5 Eiweiß

125 g Mehl

(Zu den Phasenfotos von links nach rechts)

1. Das Eigelb mit 120 g Zucker im heißen Wasserbad dick aufschlagen.
2. Bis die Creme weiß und dicklich ist, dauert es etwa 3 bis 4 Minuten.
3. Das Eiweiß zu festem Eischnee schlagen.
4. Den restlichen Zucker einrieseln lassen.
5. Eigelb, Mehl und ein Drittel des Eischnees vermischen.
6. Den restlichen Eischnee unterheben.
7. Die Masse in einen Spritzbeutel mit großer Lochtülle füllen.
8. Löffelbiskuits auf das gebutterte Blech spritzen. Bei 180 Grad in 15 bis 20 Minuten backen.
9. Die Biskuits mit Puderzucker bestäuben.

DESSERT-TIPS

Für Tirami su, die italienische Supercreme, schichtet man Löffelbiskuits, auch Biskuitreste — vorher mit Espresso tränken! — abwechselnd mit einer Creme aus Mascarpone (dreifach dicke Sahne) in eine flache Form, oberste Schicht Creme, die kurz vor dem Servieren dick mit Kakaopulver bepudert wird. In England liebt man Trifle (wörtlich: eine Kleinigkeit): Biskuit mit süßem Sherry tränken, mit Marmelade und Vanillecreme schichten und schön durchziehen lassen.

Biskuit zum Dessert

Man nennt sie auch Katzenzungen, weil sie so zierlich und rund geformt sind. Löffelbiskuits schmecken pur, mit Puderzucker bestäubt, zum Kaffee, zum Eisbecher oder zu cremigen Nachspeisen.

HIMBEER-CHARLOTTE

Für die Creme:

¼ l Milch

½ l Sahne

½ Vanilleschote

4 Eigelb

100 g Zucker

4 Blatt eingeweichte Gelatine

Außerdem:

10 – 15 Löffelbiskuits, je nach Größe

250 g Himbeeren

1 EL Puderzucker

1. Die Milch mit der Hälfte der Sahne aufkochen, dabei die Vanilleschote mitziehen lassen.
2. Eigelb und Zucker dick rühren, die kochende Milch und das ausgekratzte Vanillemark zufügen.
3. Alles zurück in den Topf füllen. Auf kleiner Hitze unter ständigem Rühren langsam erwärmen, bis die Creme dicklich wird. Dabei nicht kochen, weil sie sonst gerinnt.
4. Die Creme durch ein Sieb gießen, im kalten Wasserbad abkühlen. Die eingeweichte Gelatine ausdrücken und in der warmen Creme auflösen.
5. Die restliche Sahne steif schlagen. Sobald die Vanillecreme fest zu werden beginnt, vorsichtig unterheben.
6. Den Rand einer Charlottenform von etwa 1,5 l Inhalt (Seiten 18/19) oder einer halbrunden Schüssel mit Löffelbiskuits dicht auslegen. Am Rand zurechtschneiden.
7. Die Creme abwechselnd mit den Himbeeren in die Form schichten.
8. Zum Festwerden kalt stellen. Nach rund drei Stunden kann man sie stürzen, mit den restlichen Himbeeren belegen und mit Puderzucker bestäuben.

Rührkuchen — so einfach,
aber einfach unwiderstehlich

Wie der Name schon sagt, ist für das Gelingen des Rührkuchens das Rühren wichtig. Das macht ihn zart und saftig, dadurch bekommt er seine feine Krume. Locker wird er durch Eischnee: Dadurch gelangt Luft in die Masse, die sich beim Backen ausdehnt und den Kuchen leichter macht. Für die Lockerheit des Rührkuchens spielt auch eine Rolle, in welcher Reihenfolge gerührt wird: zuerst Eigelb mit Zucker, dann Butter — das ergibt einen besonders luftigen Kuchen, er steigt beim Backen sehr stark hoch. Oder Butter und Zucker, dann erst das Eigelb — so wird der Kuchen sehr feinporig und zart. In jedem Fall wird nicht mehr gerührt, wenn das Mehl untergemischt ist — sonst wird der Teig klebrig. Man kann auch, dritte Möglichkeit, alle Zutaten zusammen nur kurz verrühren — das ergibt einen sehr saftigen, schweren und festen Kuchen. Wenn man sichergehen will, sollte man ihn besser mit einem Teelöffel Backpulver auflockern, dann wird er bestimmt nicht „klitschig".

Der Teig, den
man geduldig rühren muß

Der Rührteig gehört wie der Biskuit zu den sogenannten Massen. Im Gegensatz zu diesem bezeichnet man ihn als eine „schwere", das heißt, er ist dank seines hohen Fettgehalts eine sehr reichhaltige Masse.
Im Hausgebrauch nennt man Rührteig auch Eischwer-Teig — weil sich die Menge der Zutaten nach dem Gewicht der Eier mißt: Auf ein Pfund Eier (das sind etwa

acht Stück) nimmt man je ein Pfund Butter, Zucker und Mehl. Das ist besonders praktisch, weil man sich weder ein Rezept merken muß, noch eine Waage zur Hand zu haben braucht. Es kann mit Rührteig eigentlich auch nie was schiefgehen. Außerdem läßt er sich kinderleicht abwandeln, so daß mit immer wieder anderen Zutaten vollkommen unterschiedliche Kuchen dabei herauskommen.

1. Alle Zutaten sollten Zimmertemperatur haben. Sie verbinden sich dann besser miteinander. Deshalb alles rechtzeitig bereitstellen. Falls Sie das mal vergessen haben:
— die Eier kurz in warmes Wasser legen.
— die Butter in Würfel schneiden und in einer Schüssel in die Nähe der Heizung oder vor den geöffneten Ofen stellen.
2. Das Mehl stets erst zum Schluß zufügen, wenn die Masse ausreichend lange gerührt worden ist. Es entwickelt sonst zu starken Kleber, der, statt das Teiggerüst zu stützen, die Masse klebrig macht.
3. Falls der Rührteig zu zäh wirkt — das kommt vor, wenn die Eier zu klein sind oder das Mehl zuviel Kleber hat —, zwei, drei Eßlöffel Milch unterrühren, bis er wieder geschmeidig ist.
4. Gebacken wird bei 180, höchstens 200 Grad.
5. Um festzustellen, ob der Kuchen gar ist, macht man die Stäbchenprobe: Ein Holzstäbchen in die Kuchenmitte stecken; bleiben Teigreste daran kleben, wenn man es herauszieht, braucht der Kuchen noch ein paar Minuten. Erst wenn das Stäbchen absolut sauber bleibt, den Kuchen herausholen und abkühlen lassen.

GERÄTE

Rührschüssel
Backform (ca. 1½ l
Inhalt)
Handrührgerät oder
Küchenmaschine
Teigschaber
Zeituhr
Kuchenrost

ZUTATEN

für eine Kastenform
1½ l Inhalt

| 4 – 5 Eier (300 g) |
| 300 g Butter |
| 300 g Zucker |
| 300 g Mehl |
| Außerdem: |
| Butter zum Einfetten |
| Mehl zum Bestäuben |

BACKZEIT

Vorbereitungszeit:
35 Minuten
Backdauer: 60 Minuten
Backtemperatur:
180 – 200 Grad
Auskühlen:
10 – 20 Minuten

SANDKUCHEN

Besonders fein, festporig
und schmelzend zart
wird Rührteig, wenn
man das Mehl darin
durch Speisestärke er-
setzt. Weil der Kuchen
dann ein bißchen san-
dig (aber höchst ange-
nehm in der Konsistenz,
keineswegs knirschend)
wirkt, heißt er auch so.
Es ist der Teig aus dem
man Lieblingskuchen
macht: zum Beispiel

FRANKFURTER KRANZ

(Foto Seiten 54/55)

Einen Sandkuchen in
einer Kranzform backen.
Den Kuchen durch-
schneiden, mit Butter-
creme (Seiten 230/231)
füllen und bestreichen.
Mit Krokant, Creme-
tupfen und roten Cock-
tailkirschen verzieren.

ZUBEREITUNG

1. Alle Zutaten bereitstellen. Sie sollten gleiche Temperatur haben.

2. Die Backform mit
Butter auspinseln. Ofen
vorheizen (200 Grad).

3. Die Form mit Mehl
ausstäuben, was zuviel
ist, herausschütteln.

4. Die weiche Butter in
eine ausreichend große
Rührschüssel geben.

5. Die Butter mit dem
Handrührer schaumig
schlagen.

6. Zwei Drittel des
Zuckers darin unter
Rühren auflösen.

7. Die Eier trennen. Das
Eiweiß in einer zweiten
Rührschüssel sammeln.

8. Das Eigelb zur auf-
geschlagenen Butter in
die Schüssel geben.

9. Butter, Zucker und Eigelb nunmehr dick und
goldgelb aufschlagen.

10. Das Mehl darauf-
sieben — so entstehen
keine Klümpchen.

11. Das Mehl mit den
Rührschlägern nur kurz
untermischen.

12. Eiweiß steif schlagen,
dabei den restlichen
Zucker zufügen.

13. Etwas Eischnee unter
die Masse rühren, um sie
zu lockern.

14. Den restlichen Eischnee erst jetzt behut-
sam untermischen.

15. Den Teig in die vorbereitete Form füllen,
dabei glattstreichen.

16. Die Form in den auf
200 Grad vorgeheizten
Backofen stellen.

17. Nach etwa 50 Minuten bereits die erste
Stäbchenprobe machen.

18. Nach rund 60 Minuten ist der Kuchen
endgültig gar.

19. Den fertigen Kuchen
aus der Form auf einen
Rost stürzen.

20. Vor dem Anschnei-
den eine Stunde aus-
kühlen lassen.

TRICKS, DAMIT DER KUCHEN AUCH GUT AUS DER FORM KOMMT

Was nutzt die schönste Form, wenn der Kuchen nach dem Backen in ihren Ecken und Falten so fest sitzt, daß man ihn nicht mehr heil herauslösen kann. Damit das nicht passiert, muß man Backformen sorgfältig vorbereiten, bevor der Teig eingefüllt wird (Seiten 18/21).

Glatte Formen, wie Spring- oder Kastenformen sowie Backbleche kann man einfach mit Backpapier auslegen. Das spart Zeit und Arbeit.

Alle anderen muß man einfetten und am besten zusätzlich noch ausstreuen.

Zum Einfetten nimmt man meist das, womit auch gebacken wird, am besten also Butter, aber auch Margarine oder Öl. Früher hat man — selbst für süße Kuchen — Speckschwarten benutzt, weil man damit gut in alle Ecken gelangen kann.

Auf die Formen kommt es an

Aus ein und demselben Teig können die unterschiedlichsten Kuchen werden, nur weil man ihn in einer anderen Backform backt. Manche Formen geben dem Kuchen dann auch eindeutig ihren Namen. Einen Kranz kann man nun mal ausschließlich in einer Kranzform backen. Und ein Gugelhupf wird zu einem solchen auch nur durch seine Form.

Ausgestreut wird üblicherweise mit Mehl, Grieß oder Paniermehl. Das ist relativ geschmacksneutral und paßt immer. Für feinere Kuchen nimmt man auch gern gehackte Nüsse—je nach Kuchen und Geschmack: Mandeln, Erd-, Hasel- oder Walnüsse, Cashewkerne oder Pistazien.

Zum Schluß noch ein Tip: Kuchen mit besonders langer Backzeit werden durch die Leitfähigkeit der Formen am Rand leicht zu dunkel. Das passiert nicht, wenn man den Rand mit doppelt gefaltetem Backpapier auslegt.

ZU DEN FOTOS

1. Obstbodenform
2. Papiermanschette für Küchlein
3. Tortelettformen
4. Kastenform
5. Frankfurter-Kranz-Form
6. Osterhase
7. Herzform
8. Rehrückenform
9. Springform
10. Gugelhupf-, Napfkuchen oder Rodonkuchenform
11. Backblech (nicht im Foto)

Alle Formen gibt es in verschiedenen Größen und Ausstattungen (Seiten 18/19). Besonders beliebt sind neuerdings kleine Formen für Singles oder die kleine Familie.

Kuchen-Kleider, die schmecken und schmücken

Der fertige Rührkuchen wirkt schön braun gebacken durchaus appetitlich. Verführerisch aber wird er durch einen Überzug. Am einfachsten bestäubt man ihn mit Puderzucker.
Ein Guß aus Glasur, Schokolade oder Marmelade bringt noch einen zweiten Effekt: dadurch wird der Kuchen vor dem Austrocknen geschützt — er bleibt also länger saftig. Hier ein paar Ideen.

1. DUNKLE KUVERTÜRE

Für einen Rührkuchen braucht man insgesamt 300 g Kuvertüre (Seiten 246/247). Damit der Überzug schön glänzend wird und nicht grau und streifig, verfährt man am besten so: zunächst zwei Drittel davon im Wasserbad vorsichtig schmelzen lassen. Dann die restliche, in Stücke gehackte Kuvertüre hinzufügen und neben dem Wasserbad so lange rühren, bis auch sie geschmolzen ist. Die Schokolade darf dann nicht mehr als Handwärme haben. Dann kann man den Kuchen damit einpinseln. Gleichmäßiger wird der Überzug, wenn man den Kuchen mit der Kuvertüre übergießt. Dafür den Kuchen auf einem Rost in eine Auffangschale setzen, damit alle heruntertropfende Kuvertüre aufgefangen wird. Man kann sie natürlich gut wiederverwenden.
Auf den noch feuchten Schokoguß nach Belieben noch zusätzlichen Schmuck streuen: Hagelzucker, ganze oder gehackte Mandeln, Pistazien oder Walnüsse, Liebesperlen oder Schokolinsen.

2. APRIKOSENGLASUR

450 g Aprikosenkonfitüre mit 3 EL Wasser und 1 EL Zucker bei mittlerer Hitze aufkochen. Den Kuchen damit einpinseln. Über die festgewordene Glasur kann man anschließend zusätzlich noch Zuckerguß streichen. Nach Belieben mit kandierten Orangenscheiben garnieren.

3. PUDERZUCKER
Den abgekühlten Kuchen gleichmäßig mit 3 EL Puderzucker einstäuben.

4. ZUCKERGLASUR
250 g Puderzucker mit einem Eiweiß verrühren. Mit Hilfe eines Pinsels auf den Kuchen auftragen. Die Verzierungen (kandierte Kirschen, Nüsse, gezuckerte Veilchen etc.) in den noch feuchten Guß setzen.

Variationen:
Statt des Eiweiß Zitronensaft, Wasser, Rum oder einen anderen aromatischen Alkohol verwenden. Der weiße Guß bekommt Farbe, wenn man ihn mit Rote-Bete-Saft, aufgelöstem Safranpulver oder mit Lebensmittelfarbe anrührt.

5. VOLLMILCH-KUVERTÜRE
Dafür 300 g Vollmilchkuvertüre nehmen und genauso verfahren, wie unter Nummer 1 angegeben. Zum Schluß mit Krokant bestreuen — fertig gekauft oder selbstgemacht (Seiten 274/275).

MARZIPANMANTEL
Rührkuchen, die in einer Kasten- oder Springform gebacken wurden, kann man besonders edel umhüllen: mit einem Mantel aus Marzipan. Dafür den Kuchen zunächst mit einer Konfitürenglasur überziehen, damit der Mantel nachher auch klebenbleibt. Dann 300 g Marzipanrohmasse mit 200 g Puderzucker zu einem festen Teig verkneten, auf einer mit Puderzucker bestäubten Arbeitsfläche dünn (½ cm) ausrollen und den Kuchen damit einwickeln. Alle Kanten sauber abschneiden. Die Oberfläche mit Zuckerblumen, Buttercreme oder Nüssen dekorieren.

Rührkuchen: Nicht wiederzuerkennen!

Mit kaum einem anderen Teig lassen sich so viele verschiedene Kuchen backen — je nachdem, was man alles noch hineintut: Kakao, Nüsse, getrocknetes Obst, Schokolade — da paßt eine Menge!
Der Grundteig bleibt immer gleich. Und es kommt jedesmal ein völlig neuer Kuchen dabei heraus.

MARMORKUCHEN

Zutaten:

4—5 Eier (300 g)

300 g Butter

300 g Zucker

300 g Mehl

3 EL Kakaopulver

1. Nach dem Grundrezept (Seite 87) einen Rührteig herstellen.
2. Unter die Hälfte der Teigmenge das Kakaopulver mischen.
3. Zunächst die helle Teigportion in eine gebutterte, mit Mehl ausgestreute Rodonkuchenform füllen.
4. Die dunkle Teigmenge obenauf geben. Mit einer Gabel von oben nach unten kreisend beides miteinander mischen, damit ein Marmormuster entsteht.
5. Nach dem Grundrezept backen.

ROSINENKUCHEN

Zutaten:

4—5 Eier

300 g Butter

300 g Zucker

300 g Mehl

150 g Rosinen

1 EL Mehl

1. Wie im Grundrezept (Seite 87) gezeigt einen Rührteig herstellen.
2. Die Rosinen waschen, gründlich abtropfen lassen. Noch feucht, aber nicht mehr naß mit dem Mehl mischen — nicht anhaftendes Mehl in einem Sieb wieder abschütteln. Die Rosinen unter den Teig mischen. Das Mehl verhindert, daß die schweren Rosinen in der Form zu Boden sinken.
3. In einer vorbereiteten Rodonkuchenform (eingefettet und bemehlt) wie im Grundrezept angegeben backen.

MAKRONENKUCHEN

Zutaten:

4—5 Eier

300 g Butter

300 g Zucker

300 g Mehl

1 Eiweiß

2 EL Zucker

100 g geriebene Mandeln

1. Nach dem Grundrezept (Seite 87) einen Rührteig herstellen.
2. Das Eiweiß steif schlagen, dabei den Zucker untermischen. Zum Schluß die Mandeln unterrühren.
3. Den Kuchenteig in eine gefettete, bemehlte Rodonkuchenform füllen. Die Mandelmasse obenauf geben. Mit einer Gabel von oben nach unten kreisend alles miteinander mischen.
4. Den Kuchen nach dem Grundrezept (Seite 87) backen.

HASELNUSSKUCHEN

Zutaten:

4—5 Eier

300 g Butter

300 g Zucker

300 g Mehl

150 g geriebene Haselnüsse

1. Nach dem Grundrezept (Seite 87) einen Rührteig zubereiten.
2. Die Haselnüsse in einer trockenen Pfanne ohne jedes Fett bei mittlerer Hitze rösten, bis sie duften.
3. Abgekühlt unter den Teig mischen.
4. In einer vorbereiteten Rodonkuchenform wie im Grundrezept angegeben backen.

Machen den Kuchen saftig: versunkene Früchte

Im Unterschied zu den Obsttorten (frische oder pochierte Früchte auf einem bereits gebackenen Kuchenbett) werden für einen Obstkuchen aus Rührteig die Früchte mitgebacken. Weil das Obst dabei natürlich Saft abgibt, muß man den Teig stabiler halten, indem man ihm mehr Mehl zufügt. Damit er trotzdem schön locker wird, mischt man Backpulver unter das Mehl. Obstkuchen kann man in der Springform oder auf einem Kuchenblech backen. Das Prinzip ist jeweils ganz einfach. Der in die Form oder auf das Blech gestrichene Teig wird dicht mit dem geputzten Obst belegt. Ganz nach Geschmack und Vorrat kann man nun noch alle möglichen Zutaten darüberstreuen und mitbacken.

GRUNDREZEPT SAUERKIRSCHKUCHEN
(Foto Springform)

Zutaten:

250 g Butter
250 g Zucker
4 Eier
400 g Mehl
1 TL Backpulver
1 kg Sauerkirschen, gewaschen und entsteint
2 EL Zucker
1 TL Zimt

1. Eine Springform (24 cm Ø) mit Butter auspinseln und mit Mehl ausstäuben.
2. Die zimmerwarme Butter mit dem Zucker schaumig rühren, dann nach und nach die Eier zufügen.
3. Zum Schluß das Mehl mit dem Backpulver mischen und kurz darunterrühren.
4. Den Teig in die vorbereitete Form füllen. Dicht mit den Sauerkirschen belegen.
5. Die Oberfläche mit Zucker und Zimt bestreuen.
6. Den Kuchen im 190 Grad heißen Ofen etwa 60 Minuten backen.

PFIRSICHKUCHEN
(Foto oben links)

Zutaten:

250 g Butter
250 g Zucker
4 Eier
400 g Mehl
1 TL Backpulver
750 g Pfirsiche, geschält und in schmale Spalten geschnitten
2 EL gestiftete Mandeln
3 EL Rosinen

1. Wie im Grundrezept Sauerkirschkuchen den Teig herstellen und in die vorbereitete Form füllen.
2. Die Oberfläche dicht mit Pfirsichspalten belegen. Alles mit Mandelstiften und Rosinen bestreuen.
3. Wie im Grundrezept angegeben backen.

BIRNENKUCHEN
(Foto oben rechts)

Zutaten:

250 g Butter
250 g Zucker
4 Eier
400 g Mehl
1 TL Backpulver
750 g Birnen, geschält, halbiert und vom Kerngehäuse befreit*
2 EL Hagelzucker
1 EL gehackte Pistazien

1. Wie im Grundrezept Sauerkirschkuchen den Teig herstellen und in die vorbereitete Form füllen.
2. Die Birnenhälften auf das Teigbett legen, die Wölbung nach oben.
3. Mit Hagelzucker und Pistazien bestreuen.
4. Wie im Grundrezept angegeben backen.

* Das Kerngehäuse läßt sich am einfachsten mit einem Kugelbohrer herausschneiden.

MIRABELLENKUCHEN
(Foto links unten)

Zutaten:

250 g Butter
250 g Zucker
4 Eier
400 g Mehl
1 TL Backpulver
750 g Mirabellen, entsteint gewogen
1 EL Puderzucker

1. Nach dem Grundrezept Sauerkirschkuchen den Teig zubereiten und in die vorbereitete Springform füllen.
2. Dicht mit den Mirabellen belegen und wie angegeben backen.
3. Den abgekühlten Kuchen mit Puderzucker bestäuben.

APRIKOSENKUCHEN
(Foto rechts unten)

Zutaten:

250 g Butter
250 g Zucker
4 Eier
400 g Mehl
1 TL Backpulver
750 g frische Aprikosen, entsteint und halbiert
3 EL Mandelblättchen
3 EL Aprikosenkonfitüre

1. Wie für Sauerkirschkuchen den Teig herstellen und in die vorbereitete Form füllen.
2. Die Aprikosen auf dem Teig verteilen und mit Mandeln bestreuen.
3. Den Kuchen bei 190 Grad rund eine Stunde backen.
4. Die Aprikosenkonfitüre erhitzen. Den warmen Kuchen damit gleichmäßig einstreichen.

Die reichen Festtagstorten

Solch üppige Torten, zum Beispiel Hochzeits-, Geburtstags-
oder Weihnachtskuchen, sollte man immer schon
ein bis drei Tage (in manchen Fällen sogar noch früher)
vor dem großen Festtag backen:
Dick in Alufolie gewickelt, die sie vor dem Austrocknen
bewahrt, können sie schön durchziehen, und
die verschiedenen Aromen der einzelnen Zutaten
verbinden sich so besser miteinander. Wir haben
hier in Form einer Tabelle ganz übersichtlich aufgelistet,
von welchen Zutaten man für welche Torte wieviel braucht. Der
Teig wird dann einfach nach dem Grundrezept auf den
Seiten 86/87 zubereitet und gebacken. Alle hier
angeführten Teigvariationen eignen sich sogar für mehrstöckige
Tortenprachtstücke. Sie ergeben stabile Backwerke,
bei denen man keine Angst haben muß, daß die untersten
Etagen unter ihrer Last zusammensinken.

Zutaten / Zubereitung	Englischer Kuchen Springform Ø 22 cm 75 Minuten, 180 Grad	Dundee Cake (Foto Seiten 60/61) Springform Ø 20 cm 60 Minuten, 180 Grad	Königskuchen (Foto Seiten 84/85) Kastenform 20 cm 60 Minuten, 180 Grad	Früchtekuchen (Foto Seiten 60/61) Kastenform 30 cm 70 Minuten, 180 Grad	Gewürzkuchen (Foto Seiten 60/61) Kastenform 60 Minuten, 180 Grad
1. Butter schaumig rühren	300 g	200 g	300 g	300 g	300 g
2. Zucker hinzufügen	300 g (brauner Zucker)	200 g	200 g	200 g	200 g
3. Eigelb dazugeben	6	4	5	6	6
4. Mehl hineingeben	300 g	300 g und 1 TL Backpulver	300 g	300 g	300 g
5. Eiweiß zu Schnee schlagen	6	4	5	6	6
6. Zucker einrieseln lassen	–	–	100 g	100 g	100 g
7. Zusätzliche Zutaten untermischen 8. In die Form füllen 9. Im Ofen backen 10. Garprobe 11. Herausnehmen, stürzen und abkühlen lassen	175 g Orangeat und Zitronat 175 g kandierte Kirschen 400 g Sultanien und Korinthen 300 g Rosinen 125 g Mandeln abgeriebene Schale einer Zitrone und Orange 1 EL Rübensirup je ½ TL Salz, Muskat, Kardamom, Anis, Koriander 6 EL Rum	60 g Mandeln, gemahlen 100 g Korinthen 100 g Sultaninen 100 g Rosinen 60 g Orangeat, Zitronat	125 g Korinthen 125 g Rosinen 100 g Zitronat 50 g rote Beleg-kirschen 50 g gelbe Beleg-kirschen	200 g getrocknete und gehackte Feigen je 100 g getrocknete Aprikosen, Apfel-ringe, Rosinen, Zitronat ½ TL Zimt ½ TL Nelken ½ TL Muskat 100 g Mandeln	½ TL Koriander ½ TL Piment ½ TL Muskat ½ TL Zimt

Die berühmteste Torte der Welt

Das ist keine Übertreibung, Sachertorte ist wirklich überall ein Begriff. In der ganzen Welt versucht man sie zu kopieren. Aber das Originalrezept ist heute noch bestgehütetes Geheimnis des Hauses Sacher in Wien. Der Wiener Hofbäcker Franz Sacher hat sie 1832 dem Fürsten Metternich gewidmet. Auch unser Rezept ist also „nur" der Versuch einer Annäherung. Aber ein besonders wohlschmeckender! So haben wir im Unterschied zur Originalversion die Oberfläche mit einem dünnen Marzipandeckel belegt. Auf dieser glatten Oberfläche läßt sich der Schokoladenguß einfacher verteilen. Und dem Geschmack schadet das keineswegs. Servieren Sie die Sachertorte zu einer Tasse starken Kaffees und dazu mit Vanille gewürzte Schlagsahne.

SACHERTORTE

Zutaten für den Teig:

300 g Butter
300 g Mehl
8 Eigelb
100 g Kuvertüre, aufgelöst
300 g Zucker
2 EL Kakaopulver
50 g Zwiebackbrösel
8 Eiweiß

Für Füllung und Belag:

150 g Aprikosenkonfitüre
200 g dunkle Kuvertüre
50 g Marzipanrohmasse
50 g Puderzucker

1. Eine Springform ausbuttern und mit Mehl einstäuben.
2. Die Butter schaumig schlagen. Eigelb, Kuvertüre und 200 g Zucker zufügen und alles zu einer dicken hellen Creme rühren.
3. Kakaopulver, Mehl und Zwiebackbrösel mischen und auf die Masse sieben.
4. Eiweiß zu steifem Schnee schlagen, dabei den restlichen Zucker zufügen.
5. Ein Drittel davon unter die Masse rühren, um sie aufzulockern. Dann erst den restlichen Eischnee vorsichtig unterheben.
6. Den Teig in die vorbereitete Backform füllen und glattstreichen.
7. Im vorgeheizten Ofen bei 180 Grad rund 70 Minuten backen.

8. Den Kuchen mit einem spitzen Messer rundum vom Rand lösen, dann den Formrand abnehmen und den Kuchen auf einen Kuchenrost stürzen. Etwa eine Stunde lang auskühlen lassen.
9. Unterdessen die Aprikosenkonfitüre mit einem Schneebesen glattrühren.
10. Die Hälfte der Kuvertüre im Wasserbad schmelzen.
11. Die Marzipanrohmasse mit dem Puderzucker verkneten. Auf der mit Puderzucker bestäubten Arbeitsfläche dünn ausrollen. Mit dem Rand der Springform einen Kreis ausstechen.

12. Den Kuchen oben glattschneiden, dann quer halbieren.

13. Beide Böden mit Aprikosenkonfitüre bestreichen und wieder zusammensetzen. Den oberen Boden mit dem Marzipandeckel belegen.

14. Unter die aufgelöste Kuvertüre nunmehr die restliche, in Stücke gehackte Kuvertüre rühren und darin auflösen. Sobald sich alles glatt miteinander verbunden hat, ist die richtige Temperatur erreicht.

15. Etwa die Hälfte davon auf die Oberfläche gießen, dabei sofort mit einem langen Messer gleichmäßig verteilen, dabei die Torte langsam um die eigene Achse drehen.

16. Mit der restlichen Kuvertüre rundum den Rand überziehen.

17. Bevor der Schokoladenguß endgültig fest wird, mit einem langen Messer, das über der Herdplatte oder in heißem Wasser erhitzt wurde (gut abtrocknen!), eine Tortenstückeinteilung einkerben, damit nachher, beim Aufschneiden, die Schokoladenglasur nicht springt.

Mürbeteig – der solide Boden für kapriziöse Kunststücke

Der Name sagt bereits alles.
Gebäck aus Mürbeteig ist eben mürbe: trocken und
trotzdem schmelzend. Es ist knusprig und
trotzdem zart. Man braucht Mürbeteig für die unterschiedlichsten
Gebäcke, vom feinen Vanillekipferl, das auf
der Zunge zergeht, bis zum festen Tortenboden, der
robust genug ist, eine üppige Füllung zu tragen — zum Beispiel
die mächtige Creme einer Käsetorte.

TIPS RUND UM DEN TEIG

1. Zutaten, Hände und Arbeitsfläche sollten gut gekühlt sein. Am besten auf einer Marmorplatte arbeiten. Die sorgt für ideale Temperaturen.
2. Möglichst feinen Zucker verwenden. Grober Zucker bildet im Gebäck braune Punkte. Besonders zart und mürbe wird das Gebäck mit feinem Puderzucker.
3. Es macht nichts, wenn im Teig noch Butterstücke sichtbar bleiben. Lieber zu wenig kneten, als zu lange!
4. Unbedingt dem Teig vor dem Backen Ruhe gönnen. Natürlich im Kühlschrank! Er läßt sich dann auch viel einfacher verarbeiten.
5. Je mehr Zucker der Teig enthält, desto knuspriger wird das Gebäck. (Schön zum Beispiel für Kuchen- und Tortenböden.) Aber den Kuchen möglichst bald aufessen: Durch den Zucker zieht er die Feuchtigkeit aus der Luft oder vom Belag an und weicht auf.
6. Den Teig zum Ruhen zu einer Kugel formen (verkleinert die Oberfläche) und in Klarsicht- oder Alufolie wickeln (schützt vorm Austrocknen).

Der Teig, der kühle Hände braucht!

Man nennt den Mürbeteig auch Knetteig — denn
im Gegensatz zu den gerührten Massen, wie Biskuit oder
Rührteig, braucht man für Mürbeteig die
Hände. Wichtig ist nur, daß man sie vorher, am besten
unter fließendem kalten Wasser, abkühlt.
Denn Mürbeteig nimmt Wärme (auch Handwärme) übel. Er wird
dann klebrig und weich. Und wehe dem, der die
Paste dann mit Hilfe von zusätzlichem Mehl zu retten versucht.
Der Kuchen kommt als Betonbrocken aus dem Ofen!
Profis lassen deshalb zunächst die Hände aus dem Spiel. Sie nehmen
statt dessen ein großes Messer und hacken die auf
dem Arbeitsbrett aufgehäuften Zutaten gründlich durch. So
entstehen grobe Brösel, die sich schon
durch kurzes Durchwalken zu einem festen Teig verbinden.
Daher heißt Mürbeteig auch manchmal Hackteig.

MÜRBETEIG IST BLITZSCHNELL GEMACHT

Man muß ihm vor dem Backen lediglich rund eine halbe Stunde Ruhe gönnen (im Kühlschrank), damit er wieder schön fest werden kann und das Mehl Zeit hat, seinen Kleber zu entwickeln. Mürbeteig hat noch einen vierten Namen: der 1-2-3-Teig. Das ist auch gleich die Eselsbrücke für das Grundrezept: 100 g Zucker, 200 g Butter, 300 g Mehl, dazu ein Ei.

TIPS FÜRS BACKEN

1. Mürbeteig enthält so viel Fett, daß es nicht nötig ist, das Blech zusätzlich zu buttern. Auch das Auslegen mit Backpapier kann man sich sparen.
2. Mürbeteig wird bei guter Hitze gebacken, bei ca. 200 bis 220 Grad, damit der Zucker karamelisiert und das Gebäck schön braun und knusprig macht.
3. Für Kuchen mit saftiger Füllung (Obst, Cremes usw.) ist es gut, den Boden vorher blindzubacken (Seiten 24/25). Er wird dann knuspriger und kann auch unter saftigem Belag nicht so leicht aufweichen.

ZUBEREITUNG

1. Die Zutaten abmessen und rechtzeitig kalt stellen.

2. Das Mehl auf die Arbeitsfläche sieben, dabei aufhäufen.

3. Mit dem Eßlöffel eine Mulde in den Mehlberg drücken.

4. Den Zucker in diese Mulde streuen.

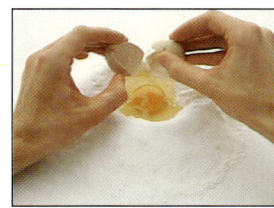

5. Das Ei aufschlagen und in die Mulde gleiten lassen.

6. Die gut durchgekühlte Butter in Stücke schneiden.

7. Die Butterstückchen rundum auf den Mehlrand setzen.

8. Alle Zutaten mit dem Messer gründlich durchhacken.

9. Die so entstandenen Brösel rasch mit kühlen Händen durchwalken.

10. Den Teig zu einer Kugel formen, in Folie packen und kalt stellen.

11. Inzwischen das Backblech mit Butter auspinseln.

12. Die Fläche gleichmäßig mit Mehl einstäuben.

13. Die Teigkugel zart mit Mehl bestäuben und nochmal durchwalken.

14. Auf der bemehlten Arbeitsfläche dünn (ca. 0,3 cm) ausrollen.

15. Ausstechform in Mehl tauchen, so klebt der Teig nicht fest.

16. Den ausgerollten Teig ausstechen.

17. Die ausgestochenen Plätzchen nebeneinander auf das Blech legen.

18. Im vorgeheizten Ofen bei 220 Grad 10 Minuten backen.

GRUNDREZEPT MÜRBETEIG-PLÄTZCHEN

GERÄTE
Handsieb
Eßlöffel
großes Messer
Backblech
Küchenpinsel
Wellholz
Ausstechförmchen
Kuchenrost

ZUTATEN
100 g Zucker
200 g Butter
300 g Mehl
1 Ei

LAGERUNG
Mürbeteig hält sich im Kühlschrank gut eine Woche. Zum Einfrieren (sehr gut geeignet!) zusätzlich in Folie packen. Und möglichst im Kühlschrank wieder auftauen, damit er nicht wieder zu weich wird.

GRUNDREZEPT OBSTKUCHENBODEN
Dafür brauchen Sie nur die Hälfte der im Grundrezept für Mürbeteig-Plätzchen aufgeführten Zutaten. Statt des ganzen Eis genügt ein Eigelb.

1. Den wie nebenan beschrieben zubereiteten Teig dünn (0,3—0,5 cm) ausrollen. Den Springformboden auflegen und ausschneiden.
2. Die Teigplatte in die gefettete und bemehlte Springform legen. Damit sie beim Backen keine Blasen bekommt, mit einer Gabel ein paar Mal einstechen.
3. Aus den Teigresten eine Rolle formen und entlang des Formrandes festdrücken.
4. Wie angegeben backen und auskühlen lassen.

Tip: Einen solchen Boden kann man auch als Unterlage für eine festliche große Torte nehmen. Das macht die Torte stabiler. Und außerdem bildet der knusprige Boden einen reizvollen Kontrast zu den weiteren, luftigen Biskuit-Creme-Schichten.

Von Sonne, Mond und Sternen

Mürbeteig ist der ideale Stoff, aus dem man Plätzchen macht. Das Prinzip ist ganz einfach und immer dasselbe: den Teig dünn ausrollen, beliebige Formen ausstechen, Glasur oder Verzierung je nach Sorte vor dem Backen oder hinterher auftragen. So kann man Plätzchen nach Herzenslust, Laune und jeweils passend zum Anlaß herstellen: rosa Herzen zum trauten Tee zu zweit, Sterne zu Weihnachten, Häschen zu Ostern. Mit sanft gefärbtem Zuckerguß vornehm und zart oder lieber poppig bunt und knallig. Mit Schoko- oder Zuckerstreuseln, mit Nüssen, Krokant, kandierten Früchten geschmückt — Ihnen fällt sicher auch noch vieles dazu ein . . .

1. KIRSCH-STREUSEL-PLÄTZCHEN

Zutaten für den Teig:

100 g Zucker
200 g Butter
300 g Mehl
1 Ei

Für die Streusel:

100 g Mehl
50 g Zucker
50 g Butter

Außerdem:

1 Eigelb
20 kandierte Kirschen, halbiert

1. Teig und Streusel nach dem Grundrezept (Seite 103 und Seite 107) zubereiten.
2. Den Teig sehr dünn (2 mm) ausrollen, Kreise mit gezacktem Rand ausstechen.
3. Auf ein Blech setzen, mit Eigelb bepinseln und mit Streuseln bestreuen. In die Mitte eine Kirschhälfte setzen.
4. Bei 220 Grad 10 Minuten backen.

2. ROSA HERZEN

Zutaten:
Grundrezept Mürbeteig (linke Spalte)
Außerdem:

250 g Puderzucker
⅛ l Kirsch- oder Rote-Bete-Saft

1. Den nach dem Grundrezept (Seite 103) zubereiteten Teig dünn (2 mm) ausrollen. Herzen beliebiger, auch unterschiedlicher Größe ausstechen.
2. Die Herzen im 225 Grad heißen Ofen etwa 10 Minuten backen.
3. Für die Glasur den Saft (Keine Angst, der Rote-Bete-Saft schmeckt nicht vor!) auf 3 bis 4 Eßlöffel einkochen, damit die Farbe kräftiger wird.
4. Puderzucker damit anrühren. Die Herzen damit bestreichen.

3. ZUCKER- UND SCHOKOBREZELN

Zutaten:
Grundrezept Mürbeteig (linke Spalte)
Außerdem:

1 Eigelb
100 g Hagelzucker
100 g Schokoladenglasur

1. Den nach Grundrezept (Seite 103) zubereiteten Teig dünn (2 mm) ausrollen und Brezeln ausstechen.
2. Die Hälfte davon mit Eigelb bepinseln und mit Hagelzucker bestreuen.
3. Beide Sorten im 225 Grad heißen Ofen 10 Minuten backen.
4. Die ungezuckerten Brezeln mit aufgelöster Schokoladenglasur bestreichen.

4. JOHANNISBEER-KRÄNZCHEN

Zutaten:
Grundrezept Mürbeteig (linke Spalte)
Außerdem:

5 EL Johannisbeergelee
3 EL Puderzucker

1. Den nach Grund-rezept (Seite 103) zube-reiteten Mürbeteig dünn (2 mm) ausrollen, Kreise mit gezacktem Rand ausstechen.
2. Aus der Hälfte der Kreise in der Mitte einen kleinen, gezackten Kreis ausstechen.
3. Kreise und Ringe bei 225 Grad 10 Minuten backen.
4. Die Kreise mit Johan-nisbeergelee bestrei-chen. Die Ringe mit Puderzucker bestäuben und obenauf setzen.

5. GLASIERTE STERNE

Zutaten:
Grundrezept Mürbeteig (linke Spalte)
Außerdem:

1 Eigelb
3 EL Mandelblättchen
Zuckerperlen
250 g Puderzucker
1 EL Wasser
½ TL Zimt

1. Den nach Grundre-zept (Seite 103) zube-reiteten Mürbeteig dünn (2 mm) ausrollen, Sterne ausstechen.
2. Ein Drittel davon mit Eigelb bepinseln und mit Mandeln bestreuen.
3. Alle Plätzchen bei 225 Grad 10 Minuten backen.
4. Ein zweites Drittel mit einer Glasur aus Puder-zucker und Wasser be-pinseln und mit Zucker-perlen bestreuen.
5. Die restliche Glasur mit Zimt würzen und die übrigen Plätzchen damit bestreichen.

6. MANDELRAUTEN

Zutaten:
Grundrezept Mürbeteig (linke Spalte)
Außerdem:

2 Eigelb
200 g geschälte und halbierte Mandeln

1. Den nach Grundre-zept (Seite 103) zube-reiteten Teig dünn (2 mm) ausrollen, mit dem Teigrädchen schmale Rauten ausschneiden (2 x 5 cm).
2. Mit verquirltem Eigelb einpinseln, je eine Mandelhälfte in die Mitte setzen.
3. Bei 225 Grad 10 Minu-ten backen.

7. KAKAOMONDE

Zutaten:
Grundrezept Mürbeteig (linke Spalte)
Außerdem:

3 EL Puderzucker
1 EL Kakao

1. Den nach Grund-rezept (Seite 103) zubereiteten Teig dünn (2 mm) ausrollen, Monde ausstechen.
2. Bei 225 Grad 10 Minu-ten backen.
3. Puderzucker und Kakao mischen, die Plätzchen damit einpudern.

8. PISTAZIENBÄUME UND MORGENSTERNE

Zutaten:
Grundrezept Mürbeteig (linke Spalte)
Außerdem:

250 g Puderzucker
3 EL Wasser
1 Msp Safranpulver
je 1 Tube rote und grüne Zuckerglasur
100 g gehackte Pistazien

1. Den nach Grund-rezept (Seite 103) zube-reiteten Mürbeteig dünn (2 mm) ausrollen. Mor-gensterne und Tannen-bäume ausstechen.
2. Im 225 Grad heißen Ofen 10 Minuten backen.
3. Puderzucker mit Was-ser glattrühren, die Tan-nenbäume damit be-streichen. Mit grüner Zuckerglasur (Tube) und Pistazien verzieren.
4. Die restliche Zucker-glasur mit Safran färben, die Kometen einpinseln, mit Glasur schmücken.

Verwandte. Der Familienname: Mürbeteig

Alle Variationen zum Thema Mürbe- oder Knetteig ergeben eine stattliche Familie. Die schlichteren Mitglieder begnügen sich mit einer Würzzutat, die ihnen dann den Vornamen gibt: Muskat, Nelken, Zimt, Kardamom, Piment, Koriander oder Vanille. Andere nehmen nicht nur einen anderen Geschmack, sondern durch Kakao oder fein gehackte Sukkade (Zitronat oder Orangeat), fein geriebene Zitronenschale sogar eine andere Farbe an. Die feinsten Mitglieder der großen Mürbeteigfamilie sind angereichert mit mehr Eigelb oder Butter, was sie zarter macht, mit mehr Zucker, wodurch sie knuspriger werden, oder statt profanen Mehls mit geriebenen Mandeln oder anderen Nüssen — das gibt ihnen einen unvergleichlichen Geschmack. Übrigens sind die beliebten Streusel auf dem Streuselkuchen auch nichts anderes als ein Mitglied dieser Familie.

HAFERFLOCKEN-PLÄTZCHEN

Zutaten:

250 g Butter
300 g Zucker
2 Eier
300 g Haferflocken
150 g Weizenmehl
½ Päckchen Backpulver
100 g Rosinen

1. Alle Zutaten zu einem weichen Teig verkneten.
2. Mit einem Teelöffel kleine Portionen abstechen und als Häufchen auf ein gebuttertes Backblech setzen.
3. Im vorgeheizten Backofen bei 200 Grad 15 Minuten backen.

SPEKULATIUS

Zutaten:

500 g Mehl
200 g brauner Zucker
1 Msp gemahlene Nelken
1 Msp gemahlener Kardamom
1 TL Zimt
2 Eier
200 g Butter
100 g gemahlene Haselnüsse

1. Wie im Grundrezept (Seite 103) gezeigt, einen Mürbeteig kneten.
2. Spekulatiusmodel in Mehl tauchen, überschüssiges Mehl abschütteln.
3. Den Teig in das Model drücken, rundum abschneiden.
4. Die Spekulatius aus dem Model klopfen und auf ein Backblech legen.
5. Im vorgeheizten Ofen bei 200 Grad 15 Minuten backen.

VANILLEKIPFERLN

Zutaten für den Teig:

125 g Zucker
200 g Butter
250 g Mehl
200 g gemahlene
Mandeln
2 Eigelb

Außerdem:

das ausgekratzte Mark
einer Vanilleschote
(oder 1 Tütchen echter
Vanillezucker)
3 EL Puderzucker

1. Wie im Grundrezept (Seite 103) gezeigt einen Mürbeteig zubereiten.
2. Rollen von etwa 2 cm Durchmesser formen, davon knapp 1 cm schmale Scheiben schneiden.
3. Aus den Scheiben kleine Kipferln (Hörnchen) formen. Im 220 Grad heißen Ofen 10 Minuten sehr blaß backen.
4. Das ausgekratzte Vanillemark mit dem Puderzucker gut vermischen und auf einen Teller geben.
5. Die Kipferln noch lauwarm im Vanillezucker wälzen.

HEIDESAND

Zutaten für den Teig:

250 g Butter
200 g Zucker
1 Prise Salz
2 EL Milch
400 g Mehl

Außerdem:

100 g Zucker

1. Die Butter zerlassen, dabei zart bräunen. In eine Rührschüssel gießen und abkühlen lassen. Sobald sie wieder fest ist, schaumig rühren, dabei Zucker, Salz und Milch zufügen.
2. Zum Schluß das Mehl unterkneten. Den Teig kalt stellen.
3. Rollen mit 2 cm Durchmesser formen, im Zucker wälzen und erneut für etwa 20 Minuten kalt stellen.
4. Dann Scheiben davon abschneiden, bei 200 Grad 10 Minuten backen.

STREUSEL

300 g Mehl
150 g Zucker
1 Eigelb
1 Msp Zimt
150 g Butter

Man verknetet alles mit der Hand zu groben Bröseln und streut sie als Belag auf Kuchen oder Plätzchen.

SCHWARZ-WEISS-GEBÄCK

Zutaten für den Teig:

150 g Zucker
150 g Butter
300 g Mehl
1 Ei

Außerdem:

1 TL Kakao
1 Eiweiß

1. Nach dem Grundrezept (Seite 103) einen Mürbeteig herstellen. Eine Handvoll davon beiseite stellen.
2. Die Hälfte des restlichen Teigs mit Kakao verkneten.
3. Den hellen wie den dunklen Teig zu einem Rechteck dünn (0,5 cm) ausrollen.
4. Das helle Rechteck mit Eiweiß einpinseln, das dunkle auflegen.
5. Exakte Streifen (0,5 cm) abschneiden (am besten ein Lineal zu Hilfe nehmen).
6. Das zu Beginn zurückgelegte Teigstück dünn ausrollen. Die braun-hellen Teigstreifen darauf so zusammensetzen, daß ein Schachbrettmuster entsteht — immer mit Eiweiß festkleben.
7. Den Teigblock in den hellen Teigmantel einwickeln. In Folie gepackt nochmals kalt stellen.
8. Scheiben (0,5 cm) schneiden. Bei 200 Grad 10 Minuten backen.

MANDELPLÄTZCHEN

Zutaten für den Teig:

100 g Zucker
200 g Butter
300 g Mehl
1 Ei

Außerdem:

100 g Zucker
2 EL Butter
1/8 l Sahne
100 g gestiftelte oder
gehobelte Mandeln
2 EL gehackte Beleg-
kirschen

1. Den Teig dünn (2 mm) ausrollen, auf ein Backblech breiten und mit einer Gabel einstechen.
2. Für den Belag den Zucker in einem Topf langsam bräunen, vom Herd nehmen, Butter und Sahne unterrühren.
3. Mandeln und Kirschen zufügen. Auf dem Mürbeteigboden verteilen.
4. Bei 200 Grad 15 Minuten backen.
5. Noch warm in Rauten schneiden.

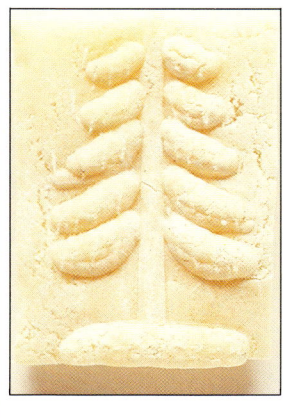

SPRINGERLE

Zutaten für den Teig:

200 g Puderzucker
2 Eier
250 g Mehl
1 Msp Hirschhornsalz
1 — 2 EL Anissamen

1. Wie im Grundrezept (Seite 103) einen festen Mürbeteig kneten.
2. Den Teig einen Zentimeter dick ausrollen.
3. Springerlemodel in Mehl drücken, gut ausschütteln, dann in die Teigplatte drücken. Rundum ausschneiden.
4. Ein gebuttertes Backblech mit Anissamen bestreuen. Die Springerle daraufsetzen.
5. 24 Stunden in einem warmen Raum trocknen lassen.
6. Im vorgeheizten Ofen bei 120 bis 130 Grad mehr trocknen als backen. Die Springerle müssen weiß bleiben.

Verführerisch: ein Bett für Cremes und Früchte

So was schmeckt doch immer zum Kaffee.
Und Torteletts sind wirklich rasch gemacht: Die knusprigen
handtellergroßen, flachen oder schiffchenschmalen
Böden kann man auf Vorrat backen. In gut schließenden Blechdosen
halten sie sich mehrere Wochen. Und eine Sahne-,
Vanille- oder Schokocreme ist rasch gerührt. Mit frischem
oder eingemachtem Obst belegt, dann
— des schöneren Glanzes wegen — mit Aprikosenkonfitüre
oder Tortenguß überzogen, — plötzlicher
Besuch vor der Tür verliert so seinen Schrecken!

TORTELETTS

Zutaten für 8 — 10 Stück:

100 g Zucker
200 g Butter
300 g Mehl
1 Ei
Außerdem:
Butter zum Einfetten
Mehl zum Ausstreuen
Hülsenfrüchte zum
Blindbacken
(Seiten 24/25)

1. Den Teig nach dem Grundrezept (Seite 103) zubereiten.
2. Tortelettförmchen einfetten und mit Mehl ausstäuben.
3. Den Teig dünn (2 mm) ausrollen. Die Förmchen damit auskleiden (Seiten 24/25).
4. Mit Backpapier oder Alufolie auslegen. Mit Hülsenfrüchten beschweren.
5. Im 200 Grad heißen Ofen 15 Minuten backen. Die Hülsenfrüchte auskippen, das Papier abnehmen. Die Torteletts aus den Förmchen lösen und auf einem Kuchenrost abkühlen.

ZUM FOTO:

Eine Auswahl der verschiedensten Törtchen — nur als Anregung (von links im Uhrzeigersinn): Kiwitörtchen mit Vanillecreme. Mandarinentörtchen mit Canache-Creme (Seite 236) und Krokrant. Mango- oder Papaya-Schiffchen mit Kirschen und Sahne. Erdbeerschiffchen mit Vanillecreme. Orangentörtchen mit Vanillecreme und Cocktailkirschen.

Grundrezept:
APFEL-TARTE
Zutaten für den Teig:

300 g Mehl
1 EL Zucker
1 TL Salz
200 g Butter
1 Ei
Außerdem:
1 kg säuerliche Äpfel
(z. B. Boskop, Herbst-
reinetten, Berlepsch)
2 EL Puderzucker zum
Bestäuben

1. Den Mürbeteig nach dem Grundrezept (Seite 103) zubereiten.
2. Eine Tarte-,Spring- oder Obstkuchenform damit auskleiden. Den Boden mehrmals mit einer Gabel einstechen.
3. Die Äpfel nach Belieben schälen, halbieren, vom Kerngehäuse befreien. Die Hälften in schmale Spalten schneiden.
4. Dachziegelartig auf dem Teigboden anordnen, darauf achten, daß sich ein hübsches Bild ergibt.
5. Mit Zucker bestreuen. Bei 250 Grad 15 bis 20 Minuten backen.
6. Mit Puderzucker bestäubt noch warm servieren.

Obstkuchen,
wie sie die Franzosen lieben

Sie sind schon ganz besonders delikat, die weltberühmten Tartes: ein hauchdünner, knuspriger, sehr buttriger Teig, darauf in Spalten geschnittenes Obst, bei mutiger Hitze gebacken — der Boden darf ruhig etwas dunkel werden, die Obstkanten färben sich dabei zum Teil sogar fast schwarz. Zum Schluß wird der Kuchen mit einem Puderzucker- hauch aufgehellt und sofort, noch warm, serviert. Als Nachtisch nach einem leichten Essen mögen ihn die Franzosen am liebsten. (Siehe auch Blätterteig-Tarte, Seiten 176/177).

TARTE TATIN

Besonders raffiniert und immer eindrucksvoll ist eine gestürzte Tarte. Eine Idee der Schwestern Tatin aus Nordfrankreich, nach denen der Kuchen auch heißt: Tarte Tatin.

Man backt sie in einer Pfanne, sofern man keine geschlossene Tarte-Form besitzt — denn zwischen den Ritzen der Springform liefe aller Saft heraus. Zunächst 4 EL Zucker in ebensoviel Butter karamelisieren. Die geschälten, entkernten Äpfel geviertelt nebeneinander in die Pfanne setzen, Rundung nach unten. Auf dem Herd andünsten. Mit einer dünn ausgerollten Mürbeteigplatte zudecken. Im 190 Grad heißen Ofen 30 bis 35 Minuten backen. Sofort stürzen und warm essen!

Nach dem gleichen Prinzip kann man auch gestürzte Tartes mit Birnen, Pfirsichen, Aprikosen usw. backen.

VARIATIONEN:

Es eignen sich alle Früchte dafür, die es vertragen, mitgebacken zu werden: Statt der Äpfel kann man zum Beispiel auch Birnen, Pfirsiche, Aprikosen, Pflaumen oder Mirabellen nehmen.

Schmeckt gut und sieht hübsch aus: Die Früchte vor dem Backen mit Mandelblättchen oder -stiften bestreuen, oder nach dem Backen mit lauwarmer Aprikosenkonfitüre überglänzen.

Üppiger wird die Tarte, wenn man den Früchten ein Bett aus Vanillecreme bereitet.

Dafür wird man geheiratet!

Wer eine gute Käsetorte backen kann,
wird geliebt — das ist ganz sicher. Kaum ein Gebäck
hat so viele uneingeschränkte Fans!
Es ist — zugegeben — nicht ganz einfach, eine
Käsetorte perfekt hinzukriegen:
meist geht sie im Ofen zwar märchenhaft auf,
sinkt aber wieder mutlos in sich
zusammen, wenn sie ihn verlassen hat. Deshalb
hier ein Trick, der sie garantiert
oben hält: nach genau der Hälfte der Backzeit
die Torte herausholen, mit einem
spitzen Messer zwischen Rand und Füllung rundum
entlangfahren, nach fünf Minuten Ruhen
zu Ende backen. Nicht weiter-
sagen, sondern sich lieber in der Bewunderung
der anderen sonnen!

KÄSETORTE

Zutaten für den Teig:

100 g Zucker

200 g Butter

300 g Mehl

1 Ei

Außerdem:

Butter und Mehl für
die Form

Hülsenfrüchte zum
Blindbacken

Für die Füllung:

500 g Quark

150 g Zucker

3 TL Vanillezucker

abgeriebene Schale
einer Zitrone

je 1 gehäufter EL Mehl
und Speisestärke

7 Eigelb

7 Eiweiß

50 g Zucker

50 g zerlassene Butter

1. Nach dem Grundrezept (Seite 103) den Teig zubereiten.
2. Eine gefettete, bemehlte Springform damit auskleiden.
3. Den Boden 15 Minuten blindbacken (Seiten 24/25), damit die Füllung ihn nicht aufweicht, sondern er schön knusprig wird.
4. Für die Füllung Quark, Zucker, Vanillezucker, Zitronenschale, Mehl, Stärke und Eigelb verrühren.
5. Das Eiweiß mit dem restlichen Zucker steif schlagen und vorsichtig zusammen mit der flüssigen Butter unterheben.
6. Auf den vorgebackenen Boden füllen. Bei 180 Grad insgesamt 40 Minuten backen.
7. Den Kuchen warm aus der Form lösen, auf ein Kuchengitter stürzen und endgültig abkühlen lassen.

KIRSCH-KÄSETORTE

Sauerkirschen zu Kompott kochen (Seite 77), mit Stärke binden und auf dem blindgebackenen Boden verteilen. Die Käsecreme darübergeben und backen.

Ein Mürbeteig, der kein Knetteig ist

SPRITZGEBÄCK

Zutaten für den Teig:

200 g weiche Butter

100 g Zucker

1 Ei

8 EL Milch

200 g Mehl

100 g Speisestärke

Außerdem:

Butter und Mehl für

das Blech

1. Butter, Zucker, Ei und Milch schaumig rühren.
2. Mehl und Stärke untermischen, dabei nicht zu lange rühren, damit das Mehl nicht klebrig wird. 30 Minuten kühl stellen.
3. Den Teig in einen Spritzbeutel (auch Fleischwolf mit Spritzvorsatz oder eine Gebäckspritze) füllen, die Sternentülle vorsetzen und direkt auf das gefettete und bemehlte Blech spritzen.
4. Bei 190 Grad etwa 10 Minuten backen.

Die berühmte Ausnahme von der Regel:
Spritzgebäck. Wirkt zwar auf der Zunge deutlich mürbe,
der Teig läßt sich aber nicht kneten. Er wird nämlich
mit so viel Milch geschmeidig gemacht, daß sich zum Verarbeiten
eher der Handrührer empfiehlt. Und statt ihn
auszurollen, nimmt man lieber den Spritzbeutel zu Hilfe.
Die Sterntülle gibt den Teigstreifen hübsche
Zacken, man kann damit je nach Geschick Kringel, S-Schleifen,
Rosetten oder schlichte Streifen spritzen.

TIPS ZUM VERZIEREN

Hübscher wird Spritzgebäck, wenn man es vor oder nach dem Backen schmückt, füllt oder glasiert.

Vor dem Backen:

— Mit Stückchen von Belegkirschen, halbierten Mandeln oder Pistazien oder grobem Hagelzucker besetzen.

Nach dem Backen:

— Ganz, nur an einem oder auch an beiden Enden in Schokoladen-, Haselnuß- oder Nougatglasur tauchen.

— Die noch feuchte Glasur mit Liebesperlen, buntem Hagelzucker oder gehackten Nüssen bestreuen.

— Zwei Kekse mit aufgelöstem Nougat oder Konfitüre bestreichen und zusammensetzen. Nach Belieben zusätzlich in Glasur tauchen.

Hefekuchen — Erinnerung an Sommerzeit und Kinderträume

Der Teig, der gehen muß, damit er nicht sitzen bleibt

DIE HEFE

Sie muß frisch sein! Man erkennt das an der seidig schimmernden Oberfläche, am frisch-säuerlichen Duft und daran, daß man sie mit glatten Bruchstellen auseinanderbröckeln kann. Hefe kauft man zu kleinen Würfeln gepreßt (40 g). Was nicht sofort verbraucht wird, kann man bis zu drei Monate lang einfrieren. Praktisch, weil bis zu einem Jahr haltbar, ist Trocken- oder Instant-Hefe in Tütchen.

WIE DIE HEFE ARBEITET

Hefezellen sind winzige Lebewesen, Pilze, die Luft, Wärme, Feuchtigkeit und Nahrung brauchen, um sich zu vermehren. Es entsteht dabei eine Gärung, weil Kohlensäure und Alkohol frei werden, sichtbar an den vielen kleinen Poren, die den Teig in die Höhe treiben und sein Volumen um mehr als das Doppelte vergrößern. Kälte und Hitze bedeuten für die Hefebakterien den Tod. Die Milch zum Anrühren muß daher exakt Handwärme (35 Grad) haben. Salz, Zucker und Butter dürfen nicht direkt auf die Hefe gegeben werden — das bremst ihre Entwicklung.

Die meisten haben vor Hefeteig einen Heidenrespekt. Er gilt nun mal als besonders heikel und launisch.
Dabei ist es in Wirklichkeit kinderleicht, sofern man über Dreierlei verfügt: ausreichend Zeit, eine gut geheizte Küche und Kenntnis über die Lebensbedingungen von Hefebakterien.
Die beiden ersten Punkte lassen sich einfach erfüllen. Und letzteres bekommen Sie hier.

HEFETEIG-VARIATIONEN

Für die unterschiedlichen Gebäcke aus Hefeteig braucht man jeweils andere Mengen an Hefe, Butter, Eiern und Mehl. Hier ein Überblick zum Merken.

	Zopf	Stollen	Brioche	süßer Hefeteig	Savarin
Mehl	500 g	375 g	500 g	475 g	500 g
Hefe	40 g	40 g	20 g	30 g	40 g
Zucker	50 g	75 g	60 g	90 g	60 g
Eier	2	1	6	2	5
Milch	¼ l	⅛ l	4 EL	8 EL	¼ l
Butter	—	150 g	400 g	90 g	150 g

TIPS, BEVOR SIE ANFANGEN

— Als erstes: Heizung auf, Tür und Fenster zu! Ideal ist eine gleichmäßige Raumtemperatur von 21 Grad.
— Sämtliche Zutaten beizeiten aus dem Kühlschrank nehmen. Sie müssen Zimmertemperatur bekommen.
— Statt auf der Marmorplatte auf einem Backbrett arbeiten. Der kühle Stein läßt die Hefebakterien erschrecken und hindert sie daran, sich zu entwickeln.

ZWEIERLEI METHODEN

Die klassische Art, Hefeteig zuzubereiten, zeigen wir auf den Fotos rechts. Die zweite Möglichkeit ist die Verwendung von Trockenbackhefe. Dabei entfällt das Ansetzen eines Vorteiges. Man vermischt die Hefe mit dem Mehl, gibt dann alle übrigen Zutaten hinzu und läßt den fertig gekneteten Teig zugedeckt an einem warmen Ort wie auf der rechten Seite beschrieben gehen. Die weitere Verarbeitung des Teiges ist mit der klassischen Zubereitung identisch.

GERÄTE

Handsieb
Topf
Eßlöffel
Wellholz
Backblech

ZUTATEN

500 g Mehl	
40 g Hefe	
60 g Zucker	
1 Prise Salz	
2 Eier	
¼ l Milch	
50 g Butter	
Außerdem für	
Zuckerkuchen:	
40 g Zucker	
50 g Butter	

BACKZEIT

Vorbereitungszeit:
20 Minuten
Ruhezeit: 3—4 Stunden
Backzeit: 20 Minuten
Backtemperatur:
180—200 Grad
Auskühlen:
10—20 Minuten

LAGERUNG

Hefeteig übersteht einen
Tag im Kühlschrank und
je nach Fettgehalt zwei
bis fünf Monate im Ge-
friergerät unbeschadet.
Hefegebäck immer
frisch essen. Für den
Vorrat noch eben lau-
warm einfrieren. Dann
bei Zimmertemperatur
auftauen und nur noch
kurz im heißen Ofen er-
wärmen.

ZUBEREITUNG

1. Die Zutaten abmessen
und auf Zimmer-
temperatur erwärmen.

2. Das Mehl in eine
ausreichend große
Rührschüssel sieben.

3. Die Milch in einem
Topf auf kleiner Flamme
erwärmen.

4. Die Hefe in die lauwarme Milch bröckeln.

5. 4 EL Mehl zufügen,
alles zu einem
dicken Brei verrühren.

6. Eine Prise Zucker
hinzufügen.

7. Hefebrei unter einem
Tuch 30 Minuten gehen
lassen.

8. Das Mehl mit Zucker
und Salz mischen, eine
Mulde hineindrücken.

9. Die Eier aufschlagen
und dort hineingleiten
lassen.

10. Die Butter in Flöckchen schneiden und
obenauf geben.

11. Den Hefebrei aus
dem Topf hinzugießen.

12. Alles miteinander zu
einem glatten Teig ver-
arbeiten.

13. Mit einem Tuch abdecken, etwa eine Stun-
de gehen lassen.

14. Den Teig nochmals
energisch durchkneten.

15. Auf der bemehlten
Arbeitsfläche dünn aus-
rollen.

16. Behutsam auf ein
eingefettetes Backblech
breiten.

17. Mit Butterflöckchen
belegen und erneut
15 Minuten gehen lassen.

18. Die Oberfläche
gleichmäßig mit Zucker
bestreuen.

19. Das Blech in den
vorgeheizten Backofen
schieben.

20. Nach 20 Minuten
wieder herausholen. Den
Kuchen auskühlen.

Kuchen vom laufenden Meter

Da werden Kindheitserinnerungen wieder wach: ein duftender Hefekuchen vom Blech, mit süßen Streuseln, karamelisierten Mandeln — man denkt unwillkürlich an einen turbulenten Kindergeburtstag mit Topfschlagen und der Reise nach Jerusalem. Denn Blechkuchen sind immer dann ideal, wenn viele hungrige Mäuler gefüttert werden wollen. Was natürlich keineswegs heißt, daß diese Köstlichkeit Kindern vorbehalten ist . . .

BUTTERKUCHEN
(Foto oben)
Zutaten:

1 Grundrezept Hefeteig
(Seite 119)

Außerdem:

250 g Butter
5 EL Zucker
3 EL Mandelblättchen

1. Nach dem Grundrezept einen Hefeteig herstellen. Den Teig ausrollen und auf ein eingefettetes Backblech legen.
2. Die Butter in Flöckchen schneiden und gleichmäßig auf der Teigfläche verteilen. Den Teig 10 Minuten gehen lassen.
3. Zucker und Mandelblättchen darüberstreuen.
4. Im vorgeheizten Ofen bei 180 bis 200 Grad 30 Minuten backen.

STREUSELKUCHEN
(Foto unten)
Zutaten:

1 Grundrezept Hefeteig
(Seite 119)

Außerdem:

300 g Mehl
150 g Butter
150 g Zucker
1 Eigelb
1 Msp Zimt

1. Nach dem Grundrezept einen Hefeteig herstellen. Den Teig ausrollen und auf ein gefettetes Backblech legen.
2. Alle anderen Zutaten vermischen, so daß krümelige Streusel entstehen.
3. Auf der Teigplatte gleichmäßig verteilen. Den Teig 10 Minuten gehen lassen.
4. Bei 180 bis 200 Grad im vorgeheizten Ofen 25 Minuten backen.

BIENENSTICH

(Foto Seiten 54/55)

Zutaten:

1 Grundrezept Hefeteig

(Seite 119)

Außerdem:

150 g Butter

100 g Zucker

¼ l Sahne

300 g gestiftelte oder gehobelte Mandeln

1. Nach dem Grundrezept den Teig herstellen, ausrollen und auf ein gefettetes Backblech legen.
2. Die Butter in einem Topf auf mildem Feuer schmelzen.
3. Den Zucker darin auflösen, aber nicht bräunen.
4. Die Sahne angießen und aufkochen.
5. Die Mandeln zufügen. Alles abkühlen. Erst dann auf der Teigfläche verteilen.
6. Den Kuchen bei 180 Grad 30 Minuten backen.

Variation:

Besonders gut schmeckt der Bienenstich mit Buttercreme (Seite 231) oder Vanillecreme (Seite 236) gefüllt. Dafür schneidet man den Blechkuchen in Portionsstücke. Diese wiederum quer in zwei Hälften. Die untere Hälfte mit Creme bestreichen, die obere wieder aufsetzen.

ROSENKUCHEN

(Foto Seiten 54/55)

Zutaten:

1 Grundrezept Hefeteig

(Seite 119)

Außerdem:

250 g Marzipan

⅛ l Milch

100 g Rosinen

50 g feingewürfelte Sukkade (Zitronat und Orangeat)

1 Eigelb zum Bestreichen

1. Den Hefeteig nach dem Grundrezept zubereiten.
2. Das Marzipan mit der Milch auflösen und zu einem glatten Brei verrühren.
3. Den Teig rechteckig, etwa einen Zentimeter dick ausrollen. Die Marzipancreme darauf verstreichen.
4. Rosinen und Sukkade darauf verteilen.
5. Die Teigfläche von einer Seite her aufrollen.
6. Von der Rolle Scheiben von einem Zentimeter Stärke schneiden, nebeneinander auf ein gefettetes Backblech setzen.
7. Die Hefeschnecken mit Eigelb einpinseln. Das Blech für 15 bis 20 Minuten in den auf 180 Grad vorgeheizten Ofen schieben.

Heißgeliebt!
Nicht nur in Bayern

Wenn es den ersten Zwetschgenkuchen gibt — Datschi, wie man zärtlich in Bayern sagt, oder Prumme-Taart in Köln —, dann ist der Sommer fast schon wieder vorbei. Und trotzdem gibt es Leute, die sich das ganze Jahr auf diesen Tag freuen. Und sie teilen es ein, in die Zeit vor und die nach dem ersten Stück. Dabei kann man auch mit anderen Früchten herrliche Obstkuchen backen!

TIPS RUND UM DEN TEIG

— Wer statt eines weichen krumigen Bodens ihn lieber dünn und knusprig haben will, macht den Hefeteig aus der Hälfte der im Grundrezept angegebenen Zutaten.
— Damit der Boden vom saftigen Obst nicht zu sehr aufgeweicht wird, bestreut man ihn vor dem Belegen mit Semmelbröseln oder gemahlenen Nüssen.
— Auch eine Vanillecreme, vor dem Belegen auf den Teigboden gestrichen, verhindert ein Aufweichen.

ZWETSCHGENKUCHEN

Zutaten:
1 Grundrezept Hefeteig (Seite 119)
Außerdem:
4 EL Semmelbrösel
2 kg Zwetschgen
6 EL Zucker
½ TL Zimt

1. Den Teig nach dem Grundrezept herstellen, ausrollen und auf ein gefettetes Backblech legen.
2. Die Fläche mit Semmelbröseln bestreuen. Den Teig erneut 10 Minuten gehen lassen.
3. Inzwischen die Zwetschgen aufschneiden, den Stein auslösen und, blaue Seite nach unten, dicht nebeneinander auf die Teigfläche setzen.
4. Zucker und Zimt mischen und das Obst damit bestreuen.
5. Den Kuchen bei 180 Grad 45 Minuten backen.

OBSTKUCHEN-SCHMUCK

Zusätzliches Make-up kann die Appetitlichkeit eines frisch gebackenen Obstkuchens nur noch unterstreichen. Zur Abwechslung können Sie den fertigen Kuchen
— mit Hagelzucker (Foto 1), Zimt oder Puderzucker bestreuen,
— mit Tortenguß (Foto 7) überglänzen (½ l nach Packungsanweisung),
— mit Zuckerguß (Foto 5) überziehen (aus 250 g Puderzucker und 4 EL Wasser),
— mit einem Obst-Überzug aromatisieren: Dafür 400 g Johannisbeergelee (Foto 2) oder Aprikosenkonfitüre (Foto 9) mit 2 EL Zucker und 3 EL Wasser vier Minuten kochen. Noch warm auf dem frischen Kuchen verstreichen.

SCHMUCK, DER MITGEBACKEN WIRD

Vor dem Backen auf die Früchte streuen:
— in Rum eingeweichte Rosinen (Foto 3)
— Mandelblättchen (Foto 8)
— Kokosflocken (Foto 6)
— Streusel (Seite 107), Foto 4)
— Baiser (Seiten 222/223)
— Erdnüsse
— Pistazien
— Pinienkerne
— mit Zucker in Butter geröstete Haferflocken

APFELKUCHEN

Zutaten:
1 Grundrezept Hefeteig (Seite 119)
Außerdem:
2,5 kg Äpfel (Boskop, Golden Delicious oder Herbstreinetten)
Zitronensaft
2 EL Zucker
½ TL Zimt
4 EL Rum
100 g Rosinen
50 g gestiftelte Mandeln

1. Den Teig nach dem Grundrezept zubereiten, dünn ausrollen und auf ein gefettetes Backblech legen. 10 Minuten gehenlassen.
2. Inzwischen die Äpfel schälen, vierteln, das Kerngehäuse herausschneiden. Die Apfelviertel in schmale Spalten schneiden. Damit sie sich nicht braun färben, in Zitronensaft wenden.
3. Die Spalten auf dem Teigboden verteilen, mit Zucker und Zimt bestreuen.
4. Zum Schluß in Rum eingeweichte Rosinen und Mandelstifte dazwischen verteilen.
5. Den Kuchen nochmals 30 Minuten gehen lassen, erst dann bei 180 Grad im vorgeheizten Ofen 30 Minuten backen.

Eine währschafte Sache
aus der Schweiz

**GRUNDREZEPT
KIRSCHWÄHE**

(Erstes Foto)

Zutaten:

*½ Grundrezept Hefeteig
(Seite 119)*

Außerdem:

*1 TL Butter zum Aus-
streichen der Form*

*400 g Sauerkirschen,
entsteint gewogen*

4 Eier

¼ l Sahne

4 EL Zucker

½ TL Zimt

*50 g Puderzucker zum
Bestäuben*

1. Den Teig nach dem
Grundrezept Hefeteig
zubereiten, etwa einen
Zentimeter dick ausrollen.
2. Eine flache, runde
Form (Wähenform, Pizza-
oder Pie-Form) mit Butter
einstreichen und mit
dem Teig auskleiden.
3. Inzwischen die Kir-
schen entsteinen und
auf dem Teigboden ver-
teilen.

4. Eier, Sahne, Zucker
und Zimt verquirlen und
darübergießen.
5. Die Wähe bei 180 Grad
40 Minuten backen.
Noch warm mit Puder-
zucker bestreuen und
sofort aufessen!

Währschaft — damit bezeichnen die Schweizer alles, was
handfest, bodenständig, auch mächtig ist.
Zum Beispiel wie diese Wähen (ebenfalls ein Schweizer Begriff),
die auch einen Schwerarbeiter sättigen können.
So etwas kann zur Leibspeise werden. Probieren Sie mal!

PREISELBEERWÄHE
(Zweites Foto)
Dafür frische Preisel-
beeren nehmen (kein
Kompott), waschen, ver-
lesen und gut abtrock-
nen. Auf dem Teigboden
verteilen und mit der
Eiersahne übergießen.
Nach Belieben zusätzlich
mit Zucker bestreuen,
bevor die Eiersahne dar-
übergegeben wird.

BIRNENWÄHE
(Drittes Foto)
Birnen schälen, längs
halbieren, mit einem Kar-
toffelbohrer das Kernge-
häuse herausschneiden.
Die Birnenhälften stern-
förmig, Wölbung nach
oben, auf den Teigboden
setzen. Nach Belieben in
die Sternmitte ein paar
Preisel- oder Johannis-
beeren setzen. Mit der
Eiersahne übergießen
und wie im Grundrezept
angegeben backen.

HEIDELBEERWÄHE
(Viertes Foto)
Heidelbeeren sorgfältig
verlesen, alle Stielchen
und Blätter aussondern.
Die Beeren waschen, ab-
tropfen lassen und mög-
lichst noch zusätzlich auf
Küchenpapier trocken-
tupfen.
Dann wie im Grundrezept
angegeben mit Eiersahne
übergießen und backen.

Der Kuchen mit dem putzigen Namen

Gugelhupf oder -hopf, Kugelhopf,
Kuglhupf oder französisch Kougel- oder Gougelhof — die Verwirrung
um die korrekte Schreibweise ist komplett,
weil niemand weiß, woher der Name eigentlich stammt. Sicher ist nur,
daß es sich dabei um einen Hefekuchen
handelt, der in einer speziellen Form gebacken wird: rund,
hoch, seitlich gerippt, in der Mitte
mit einem Schornstein versehen, der dem Teig auch im Innern
gleichmäßig die Hitze mitteilt.

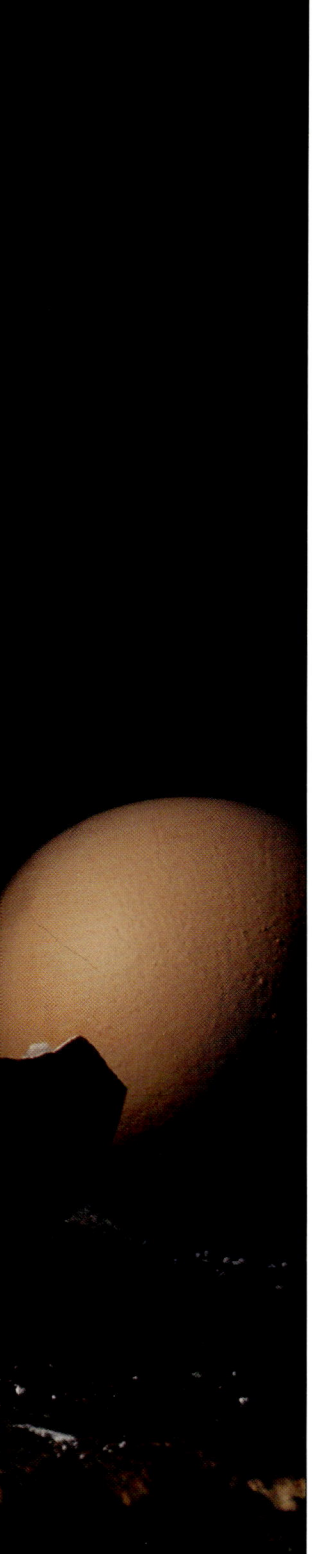

WOHER DER GUGELHUPF STAMMT

Auf jeden Fall aus dem süddeutschen Raum, wozu in diesem Fall ausnahmsweise das Elsaß zählt. Nach Frankreich gelangte er übrigens nicht von dort, sondern, wie der Larousse gastronomique berichtet, durch die Freundschaft zwischen Carème und dem Leibkoch des damaligen österreichischen Botschafters Schwarzenberg.

Anzunehmen ist, daß sich der Name von der Form ableitet: rund und hoch, wie ein Kegel — auf süddeutsch nennt man einen so geformten Berg Kogel. Das Hüpfen in -hopf oder -hupf bezieht sich möglicherweise auf das Gehen des Hefeteiges — für die gemächlichen Süddeutschen offenbar so geschwind, daß man ein „rascheres" Wort dafür benötigte . . .

GUGELHUPF

Zutaten für den Teig:

500 g Mehl
40 g Hefe
60 g Zucker
1 Prise Salz
3 Eier, 250 g Butter
¼ l Milch

Außerdem:

200 g Rosinen
⅛ l Rum
100 g geschälte Mandeln
50 g Puderzucker

1. Aus den oben angegebenen Zutaten, wie auf Seite 119 gezeigt, einen Hefeteig herstellen.
2. Die Rosinen im Rum einweichen.
3. Die Mandeln grob hacken.
4. Den Teig auf der bemehlten Arbeitsfläche zwei Zentimeter dick zu einem Rechteck ausrollen. Die Rosinen und Mandeln darauf verteilen. Den Teig von der Längsseite her locker aufrollen.
5. Die Teigrolle ringförmig in die ausgebutterte Form legen. Mit einem Tuch zugedeckt eine Stunde gehen lassen.
6. Im 180 Grad heißen Ofen 50 bis 60 Minuten backen.
7. Noch warm auf eine Platte stürzen, mit Puderzucker bestäuben. Am besten noch lauwarm servieren — dann schmeckt der Gugelhupf am allerbesten.

GUGELHUPF-VARIATIONEN

Der im Grundrezept beschriebene Gugelhupf ist neutral, man kann ihn mit Butter und einem Klecks Marmelade zum Frühstück oder zum Kaffee servieren, aber auch pur zum Wein. Im Elsaß trinkt man am liebsten ein Glas frischen Sylvaner oder blumigen Gewürztraminer dazu. Das paßt blendend zusammen, auch wenn's ungewöhnlich klingt.
Wer Gugelhupf lieber richtig süß mag, kann ihn noch anders füllen. Hier drei Ideen dazu: Wie im Grundrezept verfahren, statt Rosinen und Mandeln folgende Zutaten verwenden:

1. Sukkade-Füllung
100 g Rosinen
je 50 g Zitronat und Orangeat

2. Marzipanfüllung
200 g Marzipanrohmasse in ⅛ l Milch auflösen, 100 g grob gehackte Mandeln unterrühren.

3. Nußfüllung
200 g gehackte Walnüsse mit 2 TL gemahlenem Ingwer, 5 EL Rum und 4 EL Zucker verrühren.

Weihnachten ohne Christstollen?
Wie ein Winter ohne Schnee!

Ob man der Stollen oder, wie an seiner
Geburtstätte in Sachsen, die Stolle sagt, muß keine Streitfrage sein.
In jedem Fall gehört er oder sie zu Weihnachten,
wie zu Ostern der Osterhase. Denn die typische Form ist
Sinnbild für das in Windeln gewickelte Christkind
in der Krippe. Mit dem Stollenbacken sollte man bereits Anfang
Dezember fertig sein. Dicht in Folie verpackt, hat das
Gebäck dann genügend Zeit, sein volles Aroma zu entwickeln
und durch und durch saftig zu werden.

CHRISTSTOLLEN

Zutaten für zwei Stück:

1000 g Mehl

80 g Hefe (2 Würfel oder
2 Tütchen Trockenhefe)

100 g Zucker

1 Prise Salz

2 Eier

³⁄₈ l Milch

500 g Butter

Außerdem:

½ TL Zimt

½ TL Kardamom

300 g Rosinen

⅛ l Rum

200 g gehackte Mandeln

100 g Zitronat

100 g Orangeat

100 g Butter zum
Bestreichen

100 g Puderzucker zum
Bestäuben

1. Nach dem Grundrezept (Seite 119) einen Hefeteig zubereiten. Zimt und Kardamom hineinkneten.
2. Die Rosinen im Rum einweichen.
3. Den Teig 2 cm dick ausrollen. Abgetropfte Rosinen, Mandeln, Zitronat und Orangeat darauf verteilen. Aufrollen, den Teig nur kurz durchkneten, damit die Rosinen nicht abfärben, die Zutaten aber gleichmäßig verteilt werden. In zwei Hälften teilen. Jeweils einen Laib formen und zugedeckt 20 Minuten ruhen lassen.

4. Dem Laib dann die typische Stollenform geben: mit einem Holzstab in der Mitte längs eindrücken, nach einer Seite flach rollen. Dieses vordere Teigstück nach oben klappen und festdrücken.
5. Die beiden Stollen auf ein Blech setzen und nochmals zugedeckt 3 bis 4 Stunden gehen lassen.
6. Im 180 Grad heißen Ofen 75 Minuten backen.
7. Die Stollen noch warm mit flüssiger Butter bepinseln. Dick mit Puderzucker einstäuben. In Alufolie dicht verpackt zwei bis vier Wochen duchziehen lassen.
8. Vor dem Anschneiden frisch mit Puderzucker bepudern.

DIE BRIOCHE UND IHRE FORM

Ganz typisch dafür ist der relativ kleine Körper, der sich hoch über die Form hinauswölbt und obenauf ein kleines rundes Köpfchen trägt. Dank der Form, in der er gebacken wurde, ist er rundum stark gerippt. Die entsprechenden Backformen gibt es in verschiedenen Größen. Wichtig dafür ist ihr steil nach außen gestellter Rand. Falls Sie keine solche Form haben: Natürlich kann man den Teig auch in einer Kastenform backen, dann aber ohne Köpfchen. Statt dessen in die Oberfläche längs einen tiefen Schnitt setzen, damit die Brioche schön üppig aufbrechen kann.

TIPS RUND UM DEN TEIG

— Nur absolut frische Butter verwenden. Am besten Süßrahmbutter — sie bringt das beste Ergebnis für die Konsistenz der Krume und den Geschmack.
— Die schönste Porung bekommt die Brioche, wenn man sie möglichst langsam gehen läßt: am besten über Nacht im Kühlschrank.
— Der Teig läßt sich hervorragend einfrieren, wegen des hohen Butteranteils aber nicht länger als einen Monat aufbewahren. Im Kühlschrank 24 Stunden vor Gebrauch langsam auftauen. Dann erneut durchwalken und wie angegeben backen.
— Fertige Brioche lauwarm einfrieren. Langsam auftauen und nur kurz aufbacken.

Der Hefeteig, der geadelt wurde

Eine Brioche hebt sich vom normalen Hefeteig in gleicher Weise ab wie eine Königin von ihren Landeskindern in alter Zeit: weit darüber erhaben, weil reicher, eleganter, nobler. Für Königinnen mag sich das Verhältnis mittlerweile geändert haben. Für Brioches gilt es erfreulicherweise immer noch. Ein Gebäck, das einfach unübertrefflich ist: reich an Butter und Eiern, zart, krumig und von unvergleichlichem Geschmack.

DAS DEMOKRATISCHE AN DER NOBLEN BRIOCHE

Sie ist weder auf süß noch auf salzig festgelegt. Sie paßt sich an: Mit einem Stich Butter und einem Klecks Marmelade zum Frühstück. Mit Obst oder Kompott zum Kaffee. Oder „nature" zur Gänseleber, zu einem eleganten Salat oder feinen Ragout — statt Toast. Als Mantel um eine herzhafte Wurst geschlagen, macht sie aus ihr ein edles Häppchen zum Aperitif.

BRIOCHE

Zutaten für 12 Portionsbrioches oder 1 große Brioche-Form:

500 g Mehl	
20 g Hefe	
60 g Zucker	
4 EL Milch	
6 kleine Eier	
1 Prise Salz	
400 g Butter	
1 Eigelb zum Bestreichen	

1. Aus Mehl, Hefe, Zucker, Milch, Eiern und Salz wie im Grundrezept (Seite 119) einen Hefeteig zubereiten.
2. Die Butter (rechtzeitig aus dem Kühlschrank nehmen!) auf der Arbeitsfläche mit dem Handballen geschmeidig kneten.
3. Dann stückchenweise unter den Teig arbeiten, ihn dabei heftig schlagen, damit genügend Luft hineingelangt.
4. Den Teig, zu einer Kugel geformt, in einer bemehlten Schüssel unter einem Tuch eine Stunde gehen lassen.
5. Den Teig auf der dick mit Mehl bestäubten Arbeitsfläche erneut durchwalken. Ein Viertel davon abschneiden.
6. Für die große Brioche-Form aus den beiden Teigstücken je eine Kugel rollen. Für Portionsförmchen aus dem großen Teigstück zwölf kleine Kugeln rollen, aus dem restlichen Teig zwölf murmelgroße Bällchen.
7. Die größere Kugel jeweils in die gebutterte Form legen. In die Mitte mit dem Finger eine Mulde stupfen.
8. Die kleine Kugel tropfenförmig rollen und in die Mulde setzen — das ergibt das für die Brioche typische Köpfchen.
9. Unter einem Tuch eine weitere Stunde gehen lassen. Mit verquirltem Eigelb einpinseln.
10. Bei 180 Grad 45 bis 50 Minuten goldbraun backen. Portions-Brioche sind bereits in 20 Minuten gar.
11. Die Brioches aus der Form nehmen, am besten noch lauwarm servieren.

DEBRECZINER IM BRIOCHE-MANTEL

(großes Foto)
Warm, in Scheiben geschnitten serviert, ist dies eine originelle Vorspeise oder ein Häppchen zum Aperitif.
Debrecziner oder eine andere Brühwurst, Lyoner oder Krakauer in eine Hülle von Brioche-Teig wickeln. In einer passenden Kastenform bei 180 Grad 50 Minuten backen.

Was Raffiniertes zum Dessert. Praktisch aus dem Handgelenk

SAVARIN

Wird in einer großen runden, glattwandigen Kranzform gebacken.

Zutaten für den Teig:

500 g Mehl
40 g Hefe
60 g Zucker
¼ l Milch
1 Prise Salz
5 Eier
150 g Butter
Außerdem:
100 g Zucker
¼ l Wasser
¼ l Kirschwasser
oder Rum
100 g Aprikosenkonfitüre
⅛ l Wasser
1 EL Zucker
500 g Erdbeeren
1 EL Puderzucker

1. Den nach dem Grundrezept (Seite 119) hergestellten Teig in der gebutterten Form bei 200 Grad 40 Minuten backen.
2. Inzwischen aus Zucker und Wasser einen Sirup kochen, den Alkohol zufügen.
3. Den heißen Savarin damit tränken. Mit Aprikosenkonfitüre einstreichen, die mit Wasser und Zucker einmal aufgekocht wurde.
4. Vor dem Servieren das Obst einfüllen und mit Puderzucker bestäuben.

Als Gastgeber muß man sparsam sein. Nicht mit den
Zutaten, versteht sich, sondern mit seiner Zeit.
Wichtigster Punkt bei diesem Sparprogramm ist der Nachtisch.
Deshalb sollte er zwei Bedingungen erfüllen.
Man muß ihn bequem vorbereiten können. Und er muß so
wirkungsvoll sein, daß die Gäste unwillkürlich
„Ahhh" rufen, wenn er hereingetragen wird. Probieren
Sie's doch einfach mal hiermit:

BABAS

(Foto Seiten 48/49)
Sie werden wie Savarins
hergestellt, aber in glattwandigen, zylindrischen
Portionsförmchen (soge-
nannten Timbales) ge-
backen.

Zutaten für 10 Stück:
wie im Rezept für
Savarin (linke Spalte)
angegeben.
Außerdem:
150 g Rosinen
⅛ l Rum

1. Die in Rum
eingeweichten Rosinen
unter den Teig arbeiten.
In gebutterten Förmchen
bei 180 Grad 30 Minuten
backen.
2. Die Babas wie einen
Savarin tränken und
aprikotieren.
3. Mit Erdbeeren oder
anderen Früchten, nach
Geschmack, und mit
Sahne servieren.

Variationen zum Füllen
und Verzieren
— Die frisch mit Konfitüre
glasierten Gebäckstücke
mit Puderzucker, geho-
belten Mandeln, grob ge-
hackten Pistazien oder
Walnüssen bestreuen.
— Statt mit Erdbeeren
kann man den Savarin
auch mit anderen Früch-
ten füllen: mit Himbee-
ren, Heidelbeeren, Brom-
beeren, Johannisbeeren,
gedünstetem Rhabarber,
Ananas, Pfirsichen oder
Aprikosen.

Gewickelt, gerollt, geflochten: Kuchen zum Kaffee

Der klassische Nachmittagskaffee-Kuchen,
einer, den man sich alle Tage leisten kann. Weil man sich davon
immer eine Scheibe abschneiden kann, wenn
man Lust darauf hat: Sein üppiges Innenleben erhält ihn lange saftig.

EIN ZOPF WILL RECHT GEFLOCHTEN SEIN
Das ist nicht weiter schwer, auch wenn Zöpfe als Haartracht aus
der Mode sind und man deshalb aus der
Übung ist. Die Teigstränge müssen dafür nur gleich stark sein und,
damit sie nicht kleben, zart mit Mehl überhaucht.

HEFEZOPF

Zutaten für den Teig:

500 g Mehl

40 g Hefe

50 g Zucker

1 Prise Salz

2 Eier

⅛ l Milch

50 g Butter

Außerdem:

50 g Zitronat

50 g Orangeat

1 Eigelb zum Bestreichen

1. Wie im Grundrezept (Seite 119) den Hefeteig herstellen, dabei Zitronat und Orangeat einarbeiten.
2. Den Teig in drei Portionen teilen und je 20 cm lange Stränge formen.
3. Aus den Strängen einen Zopf flechten. Auf dem gefetteten, bemehlten Backblech 90 Minuten unter einem Tuch gehen lassen.
4. Die Oberfläche mit Eigelb einpinseln. Den Zopf bei 180 Grad 40 Minuten backen.
Variationen:
Die mit Eigelb bestrichene Oberfläche kann man noch mit verschiedenen Zutaten verzieren, z. B. mit Mohn, Pistazien, Mandelblättchen, Sesam oder Hagelzucker.

MOHNROLLE

Zutaten:

1 Rezept Hefeteig, wie für Hefezopf

Außerdem:

⅜ l Milch

100 g Zucker

180 g Mohn, gemahlen

3 EL Rosinen

3 Eigelb

50 g Puderzucker zum Bestreuen

1. Den Hefeteig, wie im Grundrezept (Seite 119) beschrieben, zubereiten.
2. Für die Füllung die Milch mit dem Zucker aufkochen, den Mohn einstreuen. Einmal aufwallen lassen, bis die Masse dick wird. Rosinen und Eigelb zufügen und abkühlen lassen.
3. Den Teig 25 mal 35 cm groß ausrollen, längs halbieren.
4. Die Mohnmasse auf beiden Teigstücken verstreichen. Diese jeweils von der Längsseite her aufrollen.
5. Die Teigrollen zu einer Spirale miteinander verdrehen. Zugedeckt eine Stunde gehen lassen.
6. Bei 180 Grad 45 Minuten backen. Vor dem Servieren mit Puderzucker einstäuben.

NUSSZOPF

Zutaten:

1 Rezept Hefeteig, wie für Hefezopf

Außerdem:

300 g grob gehackte Haselnüsse

50 g gehackte Walnüsse

50 g Semmelbrösel

100 g Zucker

⅛ l Rum

100 g Puderzucker für die Glasur

2 EL Wasser

1. Wie im Grundrezept (Seite 119) gezeigt einen Hefeteig herstellen.
2. Für die Füllung die übrigen Zutaten mischen.
3. Den Hefeteig 25 mal 30 cm groß auswellen.
4. Die Füllung darauf verteilen. Den Teig aufrollen und auf ein Blech setzen. Die Oberfläche mit einer Schere im Zick-zack einschneiden.
5. Zugedeckt eine Stunde gehen lassen. Erst dann bei 180 Grad 45 Minuten backen.
6. Zucker mit Wasser glattrühren. Den Zopf damit einstreichen.

ZWIEBELKUCHEN
(Foto links)
Zutaten für den Teig:

500 g Mehl
¼ l Milch
40 g Hefe
1 Prise Zucker
1 Prise Salz
2 Eier
5 EL Öl

Außerdem:

1 kg Zwiebeln
4 EL Öl
½ l saure Sahne
¼ l Milch
4 Eier
1 TL Kümmel
Salz
schwarzer Pfeffer

1. Den nach dem Grundrezept (Seite 119) zubereiteten Teig einen halben Zentimeter dünn ausrollen, auf ein gefettetes Blech breiten und mit einer Gabel ein paarmal einstechen. Rundum einen kleinen Rand formen, damit die Füllung nicht herauslaufen kann. Zugedeckt eine Stunde gehen lassen.
2. Inzwischen die Zwiebeln auf dem Gurkenhobel in feine Ringe schneiden, in heißem Öl andünsten, aber nicht bräunen. Abgekühlt auf dem Teigboden verteilen.
3. Die restlichen Zutaten verquirlt darübergießen.
4. Den Kuchen bei 190 Grad 45 Minuten backen.

Damit ist man immer
fein raus . . .

Sobald das erste Blech den Ofen
heiß und duftend verlassen hat, schiebt man sofort das nächste
hinterher. Man muß nur für genügend
Vorrat sorgen und sollte nicht den Appetit auf so einen Zwiebelkuchen
unterschätzen! Davon kriegt man nämlich
nie genug — vor allem, wenn der Abend lang ist. Also, bei
Freunden reichlich Bleche leihen!

Variationen:

Je nach Jahreszeit und Vorrat kann man mit anderen Gemüsen und Zutaten herzhafte Kuchen backen. Hier drei Vorschläge dafür:

LAUCHKUCHEN

(Foto rechts)

1 kg Lauch, in Ringe geschnitten, mit 100 g hauchfeinen Speckstreifchen auf dem Teigboden verteilen. Mit einer Eiermilch, wie im Zwiebelkuchenrezept angegeben, übergießen und ebenso backen. Nach Belieben in die Eiermilch noch geriebenen Käse mischen.

SPINATKUCHEN

700 g Spinat, blanchiert und ausgedrückt, mit fünf feingehackten Zwiebeln und 100 g winzigen Speckwürfeln auf dem Teigboden verteilen. Mit 100 g geriebenem Käse bestreuen, salzen, pfeffern und mit Muskat würzen. Wie den Zwiebelkuchen backen.

SPECKKUCHEN

400 g Speck, in hauchfeine Scheiben geschnitten, in einer trockenen Pfanne auf starker Hitze kurz anbraten und abgetropft auf dem Teigboden verteilen. 2 Eigelbe mit ¼ l Sahne und 100 g geriebenem Käse (Gruyère oder Schweizer Emmentaler) verquirlen und darübergießen. Wie den Zwiebelkuchen backen.

... wenn viele Gäste zu bewirten sind

Zu Trinken gibt's bei diesem Fest am liebsten neuen Wein (Federweißen oder Heurigen). Zumindest ist er zum Zwiebelkuchen klassisch. Falls das die Jahreszeit nicht erlauben sollte, ist natürlich auch ein schon auf Flaschen abgefüllter Tropfen recht. Hauptsache trocken, leicht und frisch. Und nicht immer nur weiß: Zum Speckkuchen paßt ein junger Beaujolais ganz ausgezeichnet.

Quiche Lorraine —
Speckkuchen auf französisch

Einst die schlichte Mahlzeit für
schwer arbeitende Bergleute — heute ein elegantes Häppchen
zum Aperitif im feinsten Restaurant.
Als schmales Tortenstück oder — zur Vorspeise — eine im
Tortelettförmchen gebackene Portion.

1. Den nach dem Grundrezept (Seite 119) zubereiteten Teig dünn ausrollen. Eine Springform (26 cm Ø) damit auskleiden. Den Boden mit einer Gabel mehrmals einstechen. Den Teig unter einem Tuch eine halbe Stunde gehen lassen.
2. Inzwischen den Speck blanchieren: 2 Minuten in kochendes Wasser legen, dann abtropfen lassen.
3. Die Zwiebeln fein hacken und in der Butter andünsten.
4. Milch und Eier, Muskat und Salz verquirlen.
5. Zuerst die Speckscheiben auf dem Teigboden verteilen. Die Zwiebeln darüberstreuen und zuletzt die Eiermilch darübergießen.
6. Bei 190 Grad 50 Minuten backen, bis die Eiermilch gestockt ist.
Variationen:
— Gehackte Kräuter und/oder geriebenen Käse in die Eiermilch rühren.
— Statt eines Hefeteigs für den Boden salzigen Mürbeteig (Seite 110) oder Blätterteig (Seiten 166/167) verwenden.

QUICHE LORRAINE

Zutaten:

300 g Mehl	
20 g Hefe	
⅛ l Milch	
1 Prise Zucker	
1 Ei	
2 EL Öl	
1 Prise Salz	

Für den Belag:

200 g durchwachsener Speck in dünnen Scheiben
6 Zwiebeln
1 EL Butter
⅜ l Milch
3 Eier
Muskat
Salz

Kaum zu glauben: Das haben die Italiener nicht erfunden!

Zumindest nicht in ihrem eigenen Land. Dort kannte man jahrhundertelang nur die sogenannte Pizza napoletana: ein handtellergroßer, dicker Teigfladen, mit einem sparsamen Klecks Tomatensauce verziert, der berühmten Pizzaiola. Als gegen Ende der fünfziger Jahre Italiener auch außerhalb ihres Landes in Europa Restaurants eröffneten, erwies sich eine dünnere, üppiger belegte Variante als der absolute Renner. Und sie ist es noch — auch in ihrer Heimat.

PIZZABODEN

Zutaten:

500 g Mehl
40 g Hefe
1 Prise Zucker
1 Prise Salz
¼ l Wasser
5 EL Olivenöl

Aus den Zutaten wie im Grundrezept (Seite 119) einen Hefeteig zubereiten. Ausrollen, auf ein Blech oder in vier Pizzaformen mit 20 cm Ø legen und mit einer Gabel mehrmals einstechen.

PIZZAIOLA

Zutaten:

2 feingehackte Zwiebeln
2 gehackte Knoblauchzehen
3 EL Olivenöl
1 Dose geschälte Tomaten (ca. 430 g)
1 TL Oregano
1 Lorbeerblatt
Salz, Pfeffer

1. Zwiebeln und Knoblauch im Öl andünsten. Tomaten zufügen, ebenso die Gewürze.
2. Ohne Deckel auf mildem Feuer leise köcheln lassen, bis eine dicke aromatische Sauce entstanden ist.

Tip:
Besonders saftig bleibt der Pizzabelag, wenn man ihn vor dem Backen mit etwas Olivenöl beträufelt — das schützt obendrein die Zutaten davor, zu dunkel zu werden.

PIZZA MARGHERITA

Auf dem Teigboden Pizzaiola verstreichen. Scheiben von Mozzarella oder mildem Tilsiter verteilen. Alles mit gerebeltem Oregano, Salz, Pfeffer und nach Belieben mit feingeschnittenem Basilikum bestreuen. Mit Olivenöl beträufeln. Die Pizza bei 200 Grad 10 bis 15 Minuten backen.

PIZZA FUNGHI

Wie Margherita. Zusätzlich blättrig geschnittene Champignons auf der Pizzaiola verteilen.

PIZZA SALAMI

Wie Margherita. Zerzupfte, hauchdünne Salamischeiben auflegen.

PIZZA SICILIANA

Wie Margherita. Zusätzlich gewässerte Anchovis und halbierte schwarze Oliven auflegen. Statt Mozzarella Pecorino verwenden. Und statt Basilikum glattblättrige Petersilie.

PIZZA TONNO

Wie Pizza Siciliana. Zusätzlich zerpflückte Stücke vom Thunfisch aus der Dose — darauf achten, daß er in Olivenöl eingelegt ist. Zum Schluß mit diesem Öl beträufeln.

PIZZA MILANO

Wie Margherita. Großzügig hauchfein geschnittenen, gekochten Schinken auflegen. Nach Belieben zusätzlich Scheiben von gekochten Eiern.

PIZZA QUATTRO STAGIONI

Wie Pizza Milano. Zusätzlich jedoch geviertelte Artischockenherzen und blättrig geschnittene Pilze.

PIZZA FRUTTI DI MARE

Wie Margherita. Zusätzlich alles, was es gerade an Meeresfrüchten gibt: Tiefseekrabben, Garnelenschwänze, Tintenfischringe, Miesmuscheln, Vongole (Herzmuscheln) — alles frisch, kurz in Weißwein gedünstet, oder aus der Dose. Statt Basilikum glattblättrige Petersilie verwenden.

Wie sagte doch der Krapfen? „Ich bin ein Berliner!"

Dabei heißt das knusprig-duftige Gebäck in Berlin schlicht Pfannkuchen. Andernorts nennt man es Püfferchen, Kräppelchen oder einfach Schmalzgebackenes. Letzteres als Hinweis auf das beste Fett für diesen Zweck: Butterschmalz — weil es die Vorzüge von Pflanzenfett (hoch erhitzbar) und Butter (gutes Aroma) in sich vereint.

KRAPFEN-TIPS

— Damit die Berliner schön luftig und krumig werden, wirklich nur Eigelb für den Teig verwenden, kein Eiweiß — das macht sie trocken.
— Der weiße „Gürtel" um den Krapfenbauch ist Beweis, daß korrekt gebacken wurde: bei der richtigen Temperatur (siehe Hinweise dazu auf Seite 189), in makellos sauberem Fett (Verunreinigungen lassen das Fett zu stark schäumen, was den Gürtelstreifen verhindert) und nach ausreichendem Gehen (also genügender Luft im Teig).
— Damit im Fettopf Dampf entstehen kann, der die Krapfen schön hochtreibt, wird er zunächst mit einem Deckel verschlossen. Erst wenn die Krapfen gewendet sind, ohne Deckel zu Ende backen.

BERLINER PFANNKUCHEN

Zutaten für den Teig:

500 g Mehl
¼ l Milch
40 g Hefe
60 g Zucker
1 Prise Salz
4 Eigelb
50 g Butter
Außerdem:
5 EL Marmelade
1 Eiweiß (zum Einstreichen)
3 EL Zucker

1. Nach dem Grundrezept (Seite 119) einen Hefeteig zubereiten.
2. Auf der bemehlten Arbeitsfläche 2 cm dick ausrollen. Mit einem Glas oder Förmchen Kreise von 5 cm Durchmesser ausstechen.
3. Auf die Hälfte der Teigkreise je einen Teelöffel Marmelade setzen, die Teigränder mit Eiweiß einstreichen.
4. Mit einem zweiten Teigkreis abdecken, die Ränder gut zusammendrücken. Unter einem Tuch eine Stunde gehen lassen.
5. Die Teigstücke in heißem Fett schwimmend portionsweise auf beiden Seiten ausbacken.
6. Noch warm in Zucker wälzen.

APFELKRAPFEN

Dafür säuerliche Äpfel (Boskop, Glockenapfel) schälen, ihr Kerngehäuse ausstechen, sie dann quer in dünne Scheiben schneiden. Den Hefeteig wie für Berliner ausrollen und ausstechen. Je eine Apfelscheibe zwischen zwei Teigkreise packen. Gut zusammendrücken, gehen lassen und ausbacken.

ROSINENKRAPFEN

In den Hefeteig 200 g gewaschene Rosinen kneten, auf der bemehlten Arbeitsfläche zu einer 3 cm dicken Rolle formen. Scheiben von 1 cm abschneiden, jeweils zu Kugeln rollen. Auf dem bemehlten Blech gehen lassen. In heißem Fett ausbacken. Gut abgetropft, noch heiß, in Zukker und Zimt wenden.

143

Unser täglich Brot
— mitnichten alltäglich!

GRUNDREZEPT TOASTBROT

Zutaten:

500 g Mehl, Type 405
20 g Hefe
1 Prise Zucker
⅜ l lauwarmes Wasser
½ TL Salz

1. 5 EL Mehl, zerbröckelte Hefe, Zucker und bis zu ⅜ l Wasser in einer Schüssel rühren. An einem warmen Ort 30 Minuten gehen lassen.
2. Das restliche Mehl mit dem Salz vermischt darübersieben. Alles zu einem festen Teig kneten.
3. Zu einer Kugel geformt unter einem Tuch eine weitere halbe Stunde gehen lassen.
4. Den Teig erneut durchwalken. Zu einem länglichen Laib formen und in eine ausgebutterte Kastenform (1,5 l Inhalt) legen.
5. Nunmehr eine Stunde zugedeckt gehen lassen.
6. Mit einem spitzen Messer die Oberfläche längs einschneiden, damit das Brot schön aufbrechen kann.
7. Im 200 Grad heißen Ofen 40 bis 50 Minuten backen.

TIPS RUND UM DEN TEIG

— Falls mit den oben angegebenen Zutaten der Teig zu fest oder zu weich wird, einfach mehr Flüssigkeit oder etwas zusätzliches Mehl zufügen. Wie immer kann man keine absolut exakten Mengen angeben, weil sich nicht jedes Mehl gleich verhält.

Das Feinste unter den Broten: ganz schön vielseitig!

Leider, man muß das einmal deutlich sagen, sind sowohl das Toastbrot wie der Zwieback ein bißchen heruntergekommen. Denn das, was man üblicherweise unter dieser Bezeichnung kauft, hat mit der köstlichen Sache, die sie früher mal war, nicht mehr allzuviel zu tun. Eine Übertreibung? Die Richtigkeit dieser Behauptung läßt sich ganz leicht nachprüfen, wenn man das folgende Rezept befolgt . . .

— Wer ein noch krumigeres, weicheres Brot wünscht, kann den Teig mit etwas Butter (50 g) anreichern oder statt Wasser (fetthaltige) Milch verwenden.
— Weichen Teig immer in einer Form backen, weil er sonst auf dem Blech auseinanderläuft.
— Festen Teig kann man ohne Form zum Laib gerollt zum Weißbrot backen.
— Das Gehen läßt sich beschleunigen, wenn man die Teigschüssel in den 50 Grad warmen Ofen stellt.

TIPS ZUM BACKEN

— Das Brot bekommt eine schöne glänzende Oberfläche, wenn man sie vor und unmittelbar nach dem Backen mit Wasser einpinselt.
— Dampf im Ofen verhindert, daß das Brot austrocknet: Deshalb stellt man entweder in einem feuerfesten Schüsselchen Wasser auf den Ofenboden, läßt eine Tasse Wasser im Ofen verzischen oder besprüht die Ofenwände mit Wasser aus einem Wäschesprüher.
— Das fertige Kastenbrot sofort aus der Form kippen und auf einem Rost etwas auskühlen lassen, damit es nicht „schwitzt" und knusprig bleibt.

BUTTERWEISSBROT

(Foto links oben)
Dafür den Laib noch warm in nicht zu dünne Scheiben schneiden und dick mit Butter bestreichen. Mit ein paar Salzkörnchen würzen.

TOAST

(Foto rechts oben)
Gute Verwendung für Weißbrot vom Vortag, so schmeckt es (fast) wie frisch: in Scheiben schneiden und toasten.

ANIS-ZWIEBACK

(Foto links unten)
Zweimal gebackenes Brot (zwiefach gebacken): die Scheiben mit flüssiger Butter bestreichen, mit Anissamen und grobem Zucker bestreuen und auf einem Blech bei 200 Grad 15 Minuten backen. Mit Marmelade essen.

ARME RITTER

(Foto rechts unten)
Toastbrotscheiben in verquirltem Ei wenden, in Butter auf beiden Seiten braten. Mit Zimtzucker und Kompott servieren.

WAS MAN ALLES MIT TOASTBROT MACHEN KANN . . .

. . . wenn es zum pur Essen nicht mehr frisch genug ist.

Zuppa pavese
(Seiten 46/47) Klare Brühe, ein Eigelb als Einlage, eine dick mit geriebenem Parmesan bestreute Toastscheibe obenauf und überbacken.

Butterkuchen
(Seiten 52/53) Toastbrotscheiben auf einem Blech mit gehobelten Mandeln, Zucker und geschmolzener Butter dick bedecken. 15 Minuten bei 200 Grad backen. Mit Rum beträufeln.

Johannisbeerauflauf
(Seiten 46/47) Toastbrotscheiben in eine gebutterte Form legen, Johannisbeeren dazwischen verteilen, mit Eiermilch übergießen, 30 Minuten bei 200 Grad backen.

Sandwich
(Seiten 46/47) Halbierte Toastbrotscheiben mit Butter bestreichen, mit Salat, Schweinebraten, Remouladensauce und Mais belegen.

Apfel-Charlotte
(Seiten 48/49) 1,5 kg Äpfel (Boskop) mit 150 g Zucker und ¼ l Wasser weichkochen. Toastbrotscheiben in Stäbchen schneiden, in der Pfanne von einer Seite mit 50 g Butter anrösten. Die Wand einer Charlottenform damit auskleiden, Apfelkompott hineinfüllen und 30 Minuten bei 200 Grad backen. Erkalten lassen und stürzen.

Toast Hawaii
(Seiten 46/47) Eine geröstete Toastscheibe mit gekochtem Schinken, Ananas und Käse belegen und im Backofen bei 250 Grad 10 Minuten überbacken.

Hier wird Brot
zur Schnecke gemacht

Dann bringt es nämlich Glück und verheißt ein langes Leben.
Brot war immer schon mehr als nur
ein Lebensmittel, galt, und gilt heute noch, als Symbol. So ist die
Brezel Sinnbild für die verschlungenen Wege
des Geschicks. Und Brot und Salz zum Einzug als Geschenk
versprechen, daß man niemals Hunger leiden muß.

GRUNDREZEPT
FÜR HEFEWEISSBROT

Den Teig wie für Toast-
brot (Seite 146) angege-
ben zubereiten. Zu belie-
bigen Formen drehen
oder rollen. Die fertig geformten Brote auf dem
bemehlten Blech etwa
eine halbe Stunde gehen
lassen. Mit Wasser ein-
pinseln und bei 200 Grad
zwischen 20 und 40 Mi-
nuten backen (je nach
Größe). Dafür sorgen,
daß genügend Dampf im
Ofen entsteht (Seite 146).

SPIRALBROT
Zentimeterstarke Stränge spiralförmig auf das Blech legen. In die Mitte eine kleine Teigkugel drücken.

BREZEL
Dünne Teigstränge formen, zu Brezeln biegen. Vor dem Backen mit grobem Salz bestreuen.

HÖRNCHEN
Teigstränge rollen, daß sie sich an den Enden verjüngen, und zu Hörnchen biegen.

DOPPELHÖRNCHEN
Zwei kleinere Hörnchen an ihrer dicksten Stelle mit einem dünnen Teigstrang verbinden.

DREIECKSBRÖTCHEN
Von einem etwa 2 cm dicken Teigstrang Scheiben abschneiden, an den Seiten stauchen, damit Dreiecke entstehen.

RUNDER BROTLAIB
Aus dem Teig eine Kugel formen, etwas flach stauchen und einschneiden.

BAGUETTE-BRÖTCHEN
10 cm lange Teigstränge an den Enden rund formen.

BAGUETTE
Etwa 5 cm dicke Stränge an der Oberfläche mehrfach schräg einschneiden.

KLEEBLATTBRÖTCHEN
Jeweils drei kleine Teigkugeln ganz dicht nebeneinander aufs Blech setzen. Jede Kugel mit einer Schere oben kreuzweise einschneiden.

GRISSINI
Sehr dünne, lange Stränge formen. Möglichst gerade aufs Blech legen.

ÄHRE
Wie Baguette. Nicht an der Oberfläche, sondern rechts und links seitlich mit einer Schere einschneiden.

FLADEN
Flache ovale oder runde Teigstücke formen, zusätzlich mit der Teigrolle dünn rollen.

FRÜHSTÜCKSSTANGEN
Je zwei dünne Teigstränge zur Kordel zusammendrehen.

SCHNECKEN
Dünne Teigstränge schneckenförmig aufrollen, dabei etwas flachdrücken.

Einfach und bildschön: Mit Sesam, Meersalz, Kümmel und Pistazien

HEFEBRÖTCHENKRANZ

Zutaten für einen Kranz aus 7 — 8 Brötchen:

500 g Mehl
20 g Hefe
1 Prise Zucker
³⁄₈ l lauwarmes Wasser
½ TL Salz

Außerdem:

1 EL geraspelter Käse
1 TL Leinsamen
1 TL Weizenkleie
1 TL grobes Meersalz
1 TL Kümmel
1 TL Sesam
1 TL gehackte Pistazien

1. Nach dem Grundrezept (Seite 146) einen Hefeteig zubereiten.
2. Eine Rolle mit 3 — 4 cm Durchmesser formen. 3 cm dicke Scheiben davon abschneiden.
3. Aus den Scheiben Kugeln formen, indem ihre Außenseite nach innen gedrückt wird, so daß die glatte Schnittfläche eine makellose Oberseite bildet.
4. Sechs oder sieben Kugeln zu einem Kreis auf ein bemehltes Blech setzen. Die letzte Kugel in die Mitte geben.
5. Mit Wasser einpinseln und mit den verschiedenen Zutaten bestreuen.
6. 45 Minuten gehen lassen.
7. Bei 220 Grad etwa 35 Minuten backen. Sofort erneut einpinseln.

Nicht im, sondern auf dem Brötchen erfüllen Gewürze
gleich mehrere Zwecke: Sie geben ihm mehr Biß und Pfiff, machen es
unverwechselbar und schmücken ungemein. Das können sie
nicht, wenn man sie — wie üblich — im Teig versteckt, wo sie nur eines
leisten, nämlich würzen. Auf die Oberfläche also damit!
So wird aus blassen Brötchen ein witziger bunter Kranz und
aus einem schlichten Laib ein schmuckes Knusperbrot.

VARIATIONEN

Mit immer wieder anderen Zutaten kann man nach diesem Prinzip immer wieder neue Effekte erzielen — nicht nur fürs Auge, auch für den Geschmack. Hier ein paar Beispiele:

— Mohn, in diesem Falle ungemahlen. Damit die winzigen Kügelchen nicht von ihrer glatten Unterlage rollen, mit der Handfläche behutsam festdrücken.

— Walnüsse, grob gehackt oder auch nur in Stücke zerbrochen. Besonders gut im frühen Herbst, wenn die Nüsse ganz frisch geerntet sind (sogenannte Schälnüsse): aus der Schale knacken, die Nußkerne vollkommen von ihrer braunen Haut befreien. So gut schmecken Walnüsse sonst nie!

— Haselnüsse. Am besten in ihrer Schale auf dem Blech im heißen Ofen geröstet. Erst dann knacken, auslösen und zwischen zwei Tüchern rubbeln — die braune Haut löst sich spielend. Die Nüsse im Mörser oder mit dem Nudelholz grob zerdrücken.

— Cashew-Kerne, ebenfalls gehackt.

— Mandeln, gestiftelt, blättrig oder gehackt.

— Getreidekörner oder einfach Mehl.

Da steckt wirklich eine Menge drin

Brot ist in der Tat ein Thema mit unzähligen Variationen. Beispiel:
ein schlichter Hefebrotteig, gewürzt und
eingefärbt mit den verschiedensten Zutaten. Kaum wiederzuerkennen!
Und es spart oft sogar jeglichen Belag.
Vor allem, wenn Frisches beigemengt wird. Denn das hält
das Brot obendrein schön saftig.

ROSINENBROT

(Foto links oben)
Zutaten für den Grundteig:

500 g Mehl

20 g Hefe

1 Prise Zucker

3/8 l lauwarmes Wasser

1/2 TL Salz

Außerdem:

100 g Rosinen

1. Wie im Grundrezept (Seite 146) beschrieben, einen Hefeteig zubereiten. Dann die gewaschenen, gut abgetrockneten Rosinen einarbeiten.
2. Den Teig zugedeckt eine Stunde gehen lassen. Erneut durchwalken und zu einem Laib formen.
3. In eine gefettete Kastenform (1,5 l Inhalt) legen. Unter einem Tuch knapp eine weitere Stunde gehen lassen.
4. Mit Wasser bestreichen und bei 200 Grad 50 bis 60 Minuten backen.
5. Aus der Form kippen und auf einem Kuchenrost etwas auskühlen lassen, bevor man das Brot anschneidet.

TOMATENBROT

(Foto rechts oben)
Den Teig wie fürs Hefebrot herstellen, das Wasser mit 2 EL Tomatenmark einfärben und würzen.

KRÄUTERBROT

(Foto 2. Reihe links)
Unter den Grundteig 4 EL fein gehackte frische Kräuter mischen. Zum Beispiel: Petersilie, Schnittlauch, Dill, Basilikum, Thymian, Estragon.

BACKPFLAUMENBROT

(Foto 2. Reihe rechts)
200 g entsteinte, gehackte Backpflaumen unter den Grundteig kneten.

MOHNBROT

(Foto 3. Reihe links)
180 g gemahlenen Mohn mit dem Mehl vermischen. Daraus wie im Grundrezept Rosinenbrot einen Teig kneten.

MÖHRENBROT

(Foto 3. Reihe rechts)
100 g geschälte, geraspelte Möhren unter den Grundteig kneten.

ZWIEBELBROT

(Foto unten links)
150 g fein gehackte, in Butter geröstete Zwiebeln (oder fertige Röstzwiebeln) unter den Grundteig kneten.

PAPRIKABROT

(Foto unten rechts)
Je eine halbe rote, grüne und gelbe Paprikaschote, in kleine Würfel geschnitten, unter den Grundteig kneten.

TIPS RUND UM DEN TEIG

Man kann den Teig mit unzähligen weiteren Zutaten abwandeln. Wichtig ist dabei immer nur:
— Weder die trockene Substanz noch die Flüssigkeitsmenge sollte sich zu stark verändern, damit ein krumiges, lockeres Brot daraus wird.
— Pikante Teige kräftiger salzen als im süßen Grundteig angegeben: 1 TL Salz mehr nehmen.
— Den Teig gründlich durchwalken, damit sich die Zutaten gleichmäßig darin verteilen können. Wenn sie sich an einer Stelle ballen, schafft die Hefe es nicht mehr, den Teig schön porig gehen zu lassen.
— Um für Abwechslung zu sorgen: die doppelte Teigmenge zubereiten, in Portionen teilen und verschiedene Varianten ausprobieren.

Gut versteckt: Weißbrot mit Körnern und Samen

WICHTIG:

Nach dem folgenden Prinzip kann man seine eigene Mischung zusammenstellen. Falls dabei ganzes oder grobes Korn verwendet wird, muß man es unbedingt über Nacht einweichen, damit es später dem Teig kein Wasser mehr entziehen kann. Sonst wird der Teig zu trocken und bröselig, kann kein Gerüst mehr bilden und bricht beim Backen auseinander.

1. WEIZENFLOCKEN-BROT

Zutaten für den Grundteig:

300 g Weizenmehl
20 g Hefe
1 Prise Zucker
3/8 l lauwarmes Wasser
1/2 TL Salz
Außerdem:
200 g Weizenvollkorn-flocken

1. Nach dem Grundrezept (Seite 146) einen Hefeteig zubereiten, dabei die Weizenvollkornflocken unterkneten.
2. Einen Laib daraus formen. In eine gefettete Kastenform (1,5 l Inhalt) legen und zugedeckt etwa eine Stunde gehen lassen.
3. Die Oberfläche mit Wasser einstreichen. Das Brot bei 225 Grad 50 bis 60 Minuten backen. Danach erneut mit Wasser bepinseln.

Dieses Brot werden selbst ausgepichte Gesundheitsapostel nicht
zurückweisen, die sonst bei dem Wort „Weißmehl"
pikiert den Mund verziehen. Denn daß der Ausgangspunkt für diese herz-
haften und kernigen Brote ein in ihren Augen charakterloser
Weißbrotteig ist, erkennt man selbst mit schärfstem Auge nicht.

2. MAISBROT

Statt der Weizenvollkorn-
flocken 200 g Maismehl
unter den Grundteig
(linke Seite) arbeiten.
Das Brot bekommt da-
durch eine strahlend gel-
be Farbe.

3. KLEIEBROT

Statt der Weizenvollkorn-
flocken die gleiche Men-
ge Weizenkleie zum
Grundteig geben. Ergibt
ein festes, kräftiges Wei-
zenbrot mit grober Struk-
tur.

4. GRAHAMBROT

Statt der Weizenvollkorn-
flocken 200 g Graham-
mehl zum Grundteig ge-
ben. Das Brot wird so
sehr saftig.

5. BUCHWEIZENBROT

Statt Weizenvollkornflok-
ken 200 g Buchweizen,
über Nacht eingeweicht,
zum Grundteig geben:
Daraus wird ein grob-
poriges, kräftiges Brot.

SCHINKEN IM BROTTEIG

(Prager Schinken)
Dafür muß man beim
Metzger ein Stück
Schweinefleisch pökeln
lassen. Mindestens eine
Woche vorbestellen. Es
empfiehlt sich dafür die
Oberschale, weil sie eine
geschlossene Form und
keinen Knochen hat, die
Unterschale oder das
Schinkenspeckstück.

Zutaten für
6 — 8 Personen:

2 – 3 l Wasser

ca. 3 kg Schweinefleisch,
wie oben erklärt

3 Lorbeerblätter

2 Zwiebeln

2 EL schwarze Pfeffer-
körner

Für den Brotteig:

1 Würfel Hefe (42 g)

½ l lauwarmes Wasser

800 g Weizenmehl,
Type 405

150 g Weizenvollkorn-
schrot, Type 1700

1 TL Zucker

2 TL Salz

1. Das Wasser aufkochen,
das Fleisch mit Lorbeer-
blättern, Zwiebeln und
Pfefferkörnern auf milder
Hitze fast 1½ Stunden leise
ziehen lassen.
2. Für den Teig die Hefe im
Wasser auflösen.
3. Beide Mehlsorten mit
Salz und Zucker in einer
Rührschüssel mischen.
4. Die aufgelöste Hefe
zufügen, alles zu einem
festen Teig verkneten.
5. Den Teig unter einem
Tuch gehen lassen, bis
der Schinken gar ist.
6. Den Schinken aus dem
Sud nehmen, mit Küchen-
papier abtrocknen.
7. Den Hefeteig nochmal
durchwalken und einen
Zentimeter dick ausrollen.
8. Den Schinken in die Mitte setzen, den Teig dar-
über zusammenschlagen.
Die Ränder mit Wasser
einstreichen und fest
aneinanderdrücken. Den
Teig unter einem Tuch
nochmals 10 Minuten ge-
hen lassen.
9. Auf einem gefetteten
und bemehlten Back-
blech bei 180 Grad 60 Mi-
nuten backen.
10. Die letzten zehn Minuten die Oberfläche mit kaltem Wasser einpinseln.

Für Feste, Partys und zum Tee: Brot von unseren Nachbarn

Wir Deutschen glauben immer, wir haben das Brot
erfunden. Wenn man die belegten Schnittchen
auch tatsächlich nur bei uns kennt, so können wir uns vom Brot
anderer Völker durchaus eine Scheibe abschneiden.
Hier nur eine kleine Auswahl: Aus Prag stammt der Gedanke,
saftigen Schinken in Brotteig zu packen.
In Italien liebt man krumig-lockeres Hefebrot mit Sukkade und
Rosinen zu Weihnachten. In England reicht man
zierlich-kleine Hefebrötchen zum Tee. Und für die Griechen gilt
Pitta-Brot als unabdingbar zu nahezu jedem Essen.
Sozusagen statt Kartoffeln.

ANDERE LÄNDER, ANDERE BACKSITTEN

Was bei uns die Butter zum Backen, ist für südliche Breiten
das Öl. Olivenöl natürlich. Und dann, weil es mehr
als Gewürz denn als Fett verwendet wird, ein Olivenöl
allerbester Qualität. Extra vergine oder extra
vierge (extra feines Jungfernöl) muß auf dem Etikett stehen,
dann ist es dunkel, grünlich-gelb und voller Aroma.

PANETTONE
(Italienisches Weihnachtsbrot)
Zutaten für eine Soufflé-form von 16 cm Ø:

¼ l lauwarme Milch
30 g Hefe
1 Ei
2 Eigelb
500 g Mehl, Type 405
100 g Zucker
1 Prise Salz
100 g zimmerwarme Butter
40 g gewürfelte Sukkade (Orangeat und Zitronat)
80 g Rosinen
3 EL Butter zum Aus-streichen der Form und zum Bestreichen

1. Milch und Hefe verrüh-ren, Ei und Eigelb zu-fügen.
2. Mehl, Zucker und Salz vermischen. Mit der an-gerührten Hefe sowie den übrigen Zutaten zu einem geschmeidigen Teig kneten. Eine Stunde gehen lassen.

3. Inzwischen die Soufflé-form ausbuttern. Den Rand mit Pergament- oder Backpapier so aus-legen, daß das Papier gut vier Zentimeter über den Formrand hinausragt.
4. Den Teig nochmals durchwalken, zu einer Kugel formen und in die vorbereitete Form legen. Die Oberfläche mit einem Messer kreuzweise ein-kerben.
5. Vor dem Backen noch einmal eine Stunde gehen lassen.
6. Mit zerlassener, abge-kühlter Butter einpinseln. Bei 190 Grad im vorge-heizten Ofen 40 Minuten backen.

MUFFINS
(Englische Teebrötchen)
Zutaten für 24 Stück:

15 g Hefe
½ l lauwarme Milch
500 g Mehl, Type 405
½ TL Salz
1 EL Öl

1. Die Hefe in der Milch auflösen.
2. Das Mehl mit dem Salz in einer Schüssel mischen. Die Hefemilch angießen. Zu einem wei-chen Teig verarbeiten. Unter einem Tuch an einem warmen Ort eine Stunde gehen lassen.
3. Eine Muffin-Form (siehe Foto) oder eine Pfitzauf-Form (wie man sie in Schwaben kennt) mit Öl auspinseln.
4. Vom Teig mit zwei Eß-löffeln Bällchen abste-chen und in die Mulden setzen.
5. Die Form wieder an einen warmen Ort stel-len, den Teig erneut gehen lassen.
6. Die Muffins bei 180 Grad 20 Minuten backen.

Tip: Die Muffins noch warm zum Tee reichen. Man bricht sie auf, gibt ein Löffelchen frischer Butter auf die Bruchstelle und fügt sie zum Essen wieder zusammen.

PITTA-BROT
(Griechisches Fladenbrot)
Zutaten für 10 Stück:

15 g Hefe
⅜ l lauwarme Milch
500 g Mehl
1 TL Salz
3 EL Olivenöl, extra vergine

1. Die Hefe in der Milch auflösen. Dann die übri-gen Zutaten zufügen und alles zu einem festen Teig verkneten. Unter einem Tuch eine Stunde gehen lassen.
2. Den Teig zu einer 2 cm dicken Rolle formen. Jeweils zentimeter-schmale Scheiben ab-schneiden. Die Scheiben zu kleinen Kugeln rollen. Zugedeckt weitere 10 Minuten gehen lassen.
3. Jede Kugel mit dem Nudelholz zu einer ova-len Scheibe ausrollen. Auf einem gefetteten, bemehlten Blech im 250 Grad heißen Ofen 8 bis 10 Minuten backen, bis die Pitta-Brote sich aufblähen.

Tip: Pitta-Brote nimmt man zum Aufstippen von Saucen und Ragouts. Oder man füllt sie mit gegrillten Fleischstreifen, Salatblättern und Sauce und ißt sie aus der Hand.

Der Teig, der Brote frisch erhält

Wer dunkle Brote backen will, braucht Sauerteig.
Mit Hefe geht bei Roggenmehl oder Vollkornschrot gar nichts.
Denn das darin reichlich enthaltene Eiweiß macht
den Teig so zäh und klebrig, daß er die empfindlichen Bakterien
erdrückt. Sauerteig dagegen schließt das Eiweiß auf und
bewirkt so außerdem, daß das Brot viel länger saftig bleibt.

TIPS RUND UM DEN TEIG

— Man kann fertigen Sauerteig beim Bäcker kaufen. Im Reformhaus und in guten Lebensmittelgeschäften gibt es Instant-Sauerteigansatz oder Flüssig-Sauerteig. Man verwendet beides wie den selbst angesetzten.
— Vom fertigen Teig stets eine kleine Handvoll abnehmen und im Kühlschrank aufbewahren. Dem nächsten Teig wieder zusetzen, das beschleunigt das Gehen.
— Den fertig geformten Teig nie länger als drei, vier Stunden aufs Backen warten lassen, er fällt sonst wieder zusammen.

SAUERTEIGANSATZ

Zutaten:

20 g Hefe
½ l handwarmes Wasser
300 g Mehl

Zu den oberen sechs Phasenfotos:
1. Die Hefe in eine Schüssel bröckeln.
2. Das Wasser hinzugießen.
3. Die Hefe darin mit dem Schneebesen rührend auflösen.
4. Das Mehl hinzuschütten.
5. Alles gut miteinander verrühren.
6. Den Sauerteigansatz drei Tage bei Zimmertemperatur stehenlassen.

GRUNDREZEPT ROGGENBROT

Zutaten:

300 g Roggenvollkornschrot, Type 1800
300 g Roggenmehl, Type 1370
300 g Weizenmehl, Type 405
1 TL Salz
300 g Sauerteigansatz
⅜ l warmes Wasser

Vorbereitungszeit:
20 — 30 Minuten
Ruhezeit: 9 Stunden
Backtemperatur:
190 Grad
Backzeit: 60 Minuten
Auskühlen:
15 — 30 Minuten

Zubereitung:
Zu den unteren sechs Phasenfotos:
1. Die Mehlsorten mit dem Salz in einer Rührschüssel vermischen.
2. Den Sauerteigansatz sowie das warme Wasser zufügen.
3. Alles gründlich miteinander verkneten.
4. Den Teig unter einem Tuch mindestens drei, besser länger, bis zu 24 Stunden ruhen lassen.
5. Den nunmehr aufgegangenen Teig nochmals durchkneten. Zu einem Laib formen.
6. Den Laib mit einem Messer an der Oberseite kreuzweise einkerben. Auf ein bemehltes Blech legen. Nochmals drei bis vier Stunden gehen lassen. Erst dann backen.

Und hier noch zwei Tips:
— Ob das Brot gar ist, kann man hören: Es klingt dumpf und hohl, wenn man auf die Unterseite klopft.
— Wenn man ein Glas Wasser auf dem Ofenboden verzischen läßt, bewahrt der aufsteigende Dampf das Brot vor dem Austrocknen.

Kräftig, herzhaft und gesund: Vollkornbrote

BAUERNBROT
(ganz links)
Zutaten:

600 g Weißmehl

300 g Roggenmehl

1 TL Salz

100 g Sauerteigansatz

20 g Hefe

3/8 l warmes Wasser

1. Die beiden Mehlsorten mit dem Salz vermischen.
2. Sauerteig, Hefe und Wasser miteinander verrühren.
3. Alles wie im Grundrezept (Seite 158) gezeigt zu einem festen Teig verarbeiten und gehen lassen.
4. Zu einem Laib formen, mit einem Messer schräg einkerben. Laut Grundrezept backen.

SCHWARZBROT
(rundes Brot, Mitte)
Zutaten:

300 g Roggenvollkornschrot

300 g Roggenmehl

300 g Weizenkleie

1 TL Salz

300 g Sauerteigansatz

20 g Hefe

3/8 l warmes Wasser
Außerdem:

2 EL Weizenkleie zum Wälzen

1. Aus den Zutaten (Sauerteig, Hefe und Wasser verrühren), wie im Grundrezept (Seite 158) gezeigt einen Brotteig kneten.
2. Den Teig zu einer Rolle formen, in Kleie wälzen.
3. Zu einem Laib formen oder in eine Kastenform füllen. Man kann auch, wie im Foto, eine einfache Blechbüchse als Backform benutzen.
4. Wie im Grundrezept erneut gehen lassen und backen.

DREIKORNBROT
(Kastenbrot, Mitte)
Zutaten:

300 g Weizenvollkornschrot

300 g Hafervollkornmehl

300 g Roggenmehl

1 TL Salz

300 g Sauerteigansatz

30 g Hefe

3/8 l warmes Wasser
Weizenvollkornschrot zum Bestreuen

Grobes Schrot und Korn, dunkles Mehl und Kleie, daraus werden
Brote von besonderem Geschmack. Da hat man was
zu kauen und zu beißen. Solches Brot schmeckt auch pur, ganz
ohne was drauf. Dick mit frischer Butter bestrichen
und ein paar Körnchen Salz ist es ein Gedicht.

1. Wie im Grundrezept
(Seite 158) gezeigt einen
Brotteig herstellen (Sau-
erteig, Hefe und Wasser
verrühren).
2. Den Teig in eine gefettete, mit Vollkornschrot
ausgestreute Kastenform
(2 l Inhalt) geben, auch
die Oberfläche mit Schrot
bestreuen.
3. Den Teig nochmals
gehen lassen und wie im
Grundrezept backen.

MISCHBROT
(Runder Laib oben rechts)
Zutaten:

20 g Hefe
⅜ l warmes Wasser
750 g Weizenmehl
150 g Roggenmehl
1 TL Salz
100 g Sauerteigansatz

1. Die Hefe im Wasser
auflösen, stehenlassen,
bis sie zu schäumen be-
ginnt.
2. Dann mit den übrigen
Zutaten wie im Grund-
rezept (Seite 158) gezeigt
einen Brotteig zubereiten.
3. Einen runden Laib
daraus formen, gehen
lassen, und, wie angege-
ben, backen.

**GERSTENVOLLKORN-
BROT**
(runder Laib, rechts)
Zutaten:

20 g Hefe
⅜ l warmes Wasser
300 g Gerstengrütze
*300 g Roggenvollkorn-
schrot*
300 g Roggenmehl
150 g Sauerteigansatz

1. Die Hefe im Wasser
auflösen, stehenlassen,
bis sie zu schäumen be-
ginnt.
2. Dann mit den übrigen
Zutaten einen festen
Brotteig kneten.
3. Einen Laib daraus for-
men, mit einem Messer
einkerben. Nochmals
gehen lassen und, wie
im Grundrezept (Seite
158) gezeigt, backen.

SALAMIBROT

Mit Salami-, Tomaten- und Gurkenscheiben. Garniert mit Chilischoten.

BIRNEN-ROQUEFORT-BROT

Dafür eine Birnenhälfte (Dose) fächerig auf-schneiden. Auf dem Brot mit Roquefortbröckeln und Walnüssen be-streuen.

SCHINKENBROT

Geräucherten oder luft-getrockneten Schinken hauchdünn aufschnei-den. Großzügig auf das Brot drapieren. Mit Gewürzgurke garnieren.

ÜPPIGES WURSTBROT

Mit Waldorfsalat und Möhrenstreifen gefüllte Fleischwursttüten auf das Brot legen. Mit Ei und Petersilie garnieren.

ROASTBEEFBROT

Dünne Roastbeefschei-ben. Als Garnitur: Mixed Pickles.

KRABBENBROT

Rührei auf das Brot ge-ben, Krabben darüber-häufen. Mit Schnittlauch-röllchen garnieren.

LEBERPASTETENBROT

Dünne Scheiben von Leberpastete. Mit Champignonscheiben und Thymianblättchen garnieren.

METTBROT

Mett dick aufstreichen. Mit Zwiebelringen und Kapern garnieren.

Wie mögen Sie sie lieber?
Eher herzhaft…

Belegte Brote als Imbiß. Das ist ein bißchen in Vergessenheit geraten. Dabei sind sie so praktisch, wenn es nur rasch eine Kleinigkeit zum Bier oder Glas Wein geben soll. Wir wollen ihnen deshalb hier wieder zu verdientem Glanz verhelfen — nur als Anregung, die Sie auf viele weitere Ideen bringen soll.

BANANENBROT
Das Brot mit Nougatcreme bestreichen. Dicht mit Bananenscheiben belegen. Mit Kokosraspeln bestreuen.

BUNTES OBSTBROT
Das Brot mit Kiwischeiben und halbierten Erdbeeren belegen.

SÜSSES QUARKBROT
Glattgerührten, nach Geschmack gesüßten Quark aufstreichen. Mit Orangenspalten belegen und mit Minzeblättchen garnieren.

APFELBROT
In wenig Weißwein oder Wasser mit ein paar Rosinen und etwas Zucker gedünstete Apfelspalten abgetropft auf das Brot legen.

JOHANNISBEERGELEE-BROT

ERDNUSSBROT
Dick Erdnußbutter aufstreichen. Mit grob gehackten Erdnüssen garnieren.

PFLAUMENMUSBROT

HONIGBROT
Das Brot vorher dick buttern!

… warum nicht auch mal süß?

Ob zum Frühstück, als Pausenbrot für die Kinder, zum Nachmittags-Tee oder — für unverbesserliche Süßschnäbel — natürlich auch zum Abendbrot: Man kann die Schnitten ebensogut mal süß belegen. Nehmen Sie dafür helles Weizen- oder dunkles Roggenbrot — ganz nach Belieben.

Blätterteig — nobel und kühl,
ein Aristokrat

Unvergleichlich knusprig und zart: der Tausendblättrige

In Frankreich heißt er wirklich so:
mille feuille, tausend Blätter. Das ist zwar eine charmante Übertreibung. Aber auf gut 100 einzelne Schichten bringt ein guter Blätterteig es leicht. Daher ist Blätterteiggebäck duftig wie ein Hauch.
Vorausgesetzt, man ißt es ganz frisch, am besten noch lauwarm!

WAS DEM TEIG DIE BLÄTTER GIBT
Akkuratesse ist die Hauptsache dabei:
Auf dem Bett vom Grundteig wird ein Butterziegel eingeschlagen, und in der Folge ist das Wichtigste, daß beim Ausrollen immer ein exaktes, längliches Rechteck entsteht. Dann immer wieder von rechts und links je ein Drittel auf die Mitte klappen und erneut ausrollen — je öfter, desto besser. „Touren geben" nennt das der Fachmann. Auf diese Weise gelangt zwischen jedes Teigblatt eine dünne Butterschicht, die verhindert, daß der Teig zusammenklebt. Beim Backen verdampft das Wasser, das in der Butter enthalten ist und treibt Schicht für Schicht den Teig in die Höhe.

VERWANDLUNGSKÜNSTLER BLÄTTERTEIG
Blätterteig ist unendlich wandelbar.
Bösartige könnten ihn der Charakterlosigkeit zeihen, weil er nicht eindeutig Partei für süß oder salzig nimmt.
Das läßt sich aber auch liebenswürdiger ausdrücken: Er paßt sich eben an, und das perfekt! Mal ist er Boden für eine üppige Torte mit Sahne, Creme und Früchten, mal Mantel für eine herzhafte Farce, oder er zeigt sich fast pur, als knuspriges Käsegebäck zum Wein oder als süßes Schweinsöhrchen zum Tee.

ZUBEREITUNG

1. Die Zutaten genau abmessen und bereitstellen.

2. Das Mehl in eine ausreichend große Rührschüssel sieben.

3. 50 g Butter zufügen. Sie sollte unbedingt zimmerwarm sein.

4. Beides zwischen den Händen zu groben Bröseln zerkrümeln.

5. Das Salz zu den Mehl-Butter-Bröseln streuen.

6. Den Essig hinzuträufeln.

7. Das Wasser zugießen, langsam, nicht alles auf einmal.

8. Alle Zutaten miteinander gut vermischen.

9. Mit den Händen zu einem festen Teig kneten.

10. Zu einer Kugel formen, in Folie packen und kalt stellen.

11. Die gut gekühlte Butter zwischen Folienblätter legen.

12. Mit dem Wellholz zu einem gleichmäßigen Rechteck formen.

13. Den Teig rechteckig ausrollen. Das Butterstück aufsetzen.

14. Den Teig über der Butter zusammenschlagen.

15. Rundherum die Teigränder gut zusammendrücken.

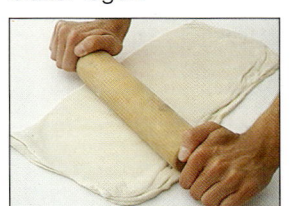

16. Den Teig zu einem schmalen Rechteck ausrollen.

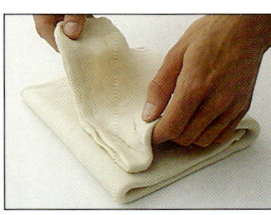

17. Möglichst exakt zu drei Schichten übereinanderklappen.

18. Den Teig erneut zu einem schmalen Rechteck ausrollen.

19. Wiederum dreifach zusammenklappen. 10 Minuten kalt legen.

20. Den Teig mit Mehl einstäuben und wieder ausrollen.

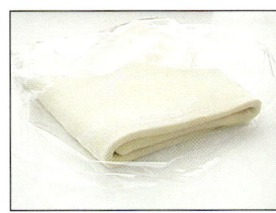

21. Erneut dreifach übereinanderklappen.

22. Für den Tortenboden den bemehlten Teig 2 bis 4 mm ausrollen.

23. An den Ecken hochheben, damit der Teig die Spannung verliert.

24. Die Form, z.B. einen Springformrand, auflegen und ausschneiden.

25. Das Backblech großzügig mit Wasser einpinseln.

26. Die ausgeschnittene Teigplatte auf das Blech legen.

27. Mit einer Gabel ein paar Mal rundum einstechen.

28. Das Blech in den 225 Grad heißen Ofen schieben.

29. Die Teigplatte 15 Minuten backen, bis sie goldbraun ist.

30. Den Blätterteigboden herausnehmen und auskühlen lassen.

167

Glänzende Erscheinung:
Erdbeertorte

Für die Gäste wirkt das fast wie Zauberei:
Gut eine Viertelstunde nach ihrer (unangemeldeten) Ankunft steht
dieses verführerische Prachtexemplar auf dem
Tisch. Hoffentlich arbeitet die Kaffeemaschine auch so schnell!

ERDBEERTORTE

Zutaten:

200 g Blätterteig nach dem Grundrezept Seite 167

500 g frische, makellose Erdbeeren

350 g Johannisbeergelee

1 EL Zucker

1. Den Blätterteig dünn ausrollen, mit einem Springformrand ausstechen und auf einem mit Wasser benetzten Blech wie im Grundrezept (Seite 167) angegeben backen.

2. Die Erdbeeren waschen, entstielen und einzeln auf Küchenpapier sorgfältig abtrocknen. Dicht nebeneinander auf den fast abgekühlten Tortenboden setzen.

3. Das Johannisbeergelee mit dem Zucker in einem Töpfchen auf mittlerer Hitze eine Minute köcheln. Etwas abkühlen lassen.

4. Die Erdbeeren dick damit einpinseln.

OBSTTORTEN-VARIATIONEN

Je nach Jahreszeit, Vorrat oder Vorliebe kann man nach demselben Prinzip mit immer wieder anderen Früchten immer wieder neue Torten backen. Zum Beispiel mit allen Arten von Beeren, auch mal verschiedene Sorten gemischt, Aprikosen oder Pfirsichen, frisch oder als Kompott, Exotischem, wie Mangos oder Kiwis — kurz, allem, was gut schmeckt und schön aussieht. Wer mag, kann das Obst auch auf ein Bett von Vanillecreme setzen, gehackte oder gestiftelte Nüsse dazwischenstreuen oder statt Johannisbeergelee zum Überziehen Aprikosenkonfitüre oder schlichten Tortenguß verwenden. Aber: immer sofort essen, denn die saftigen Früchte weichen den Boden auf — und dann hat er seine Duftigkeit verloren.

Paßt zum Frühstück und zum Aperitif

Zwischen Morgen und Abend gibt es natürlich
noch jede Menge anderer Gelegenheiten, zu denen Käsegebäck
oder süße Teilchen schmecken. Wer klug ist,
backt deshalb auf Vorrat und friert ein. Bei Bedarf braucht man
das Gebäck nur noch kurz in den Ofen zu schieben.

KÄSESTANGEN

(Fotos obere Reihe)
Zutaten:

*300 g Blätterteig nach
dem Grundrezept
Seite 167*
*200 g frisch geriebener
Käse (z. B. Gruyère)*
1 TL Delikateßpaprika

1. Den Teig zu einem
Rechteck von 20 x 25 cm
etwa 2 mm dünn aus-
rollen.
Die eine Hälfte der Teig-
fläche mit Käse und
Paprika bestreuen.
2. Die leere Hälfte
darüberklappen, mit der
Nudelrolle einmal leicht
darüberfahren und fest-
drücken.
3. Streifen von etwa 1 cm
Breite abschneiden, um
ihre eigene Achse ge-
dreht auf ein nasses
Backblech legen, dabei
die Enden leicht zusam-
mendrücken.
4. Bei 225 Grad im vor-
geheizten Backofen 10
bis 15 Minuten golden
backen.

APRIKOSEN-
WINDRÄDER

(Fotos mittlere Reihe)
Zutaten:

*300 g Blätterteig nach
dem Grundrezept
Seite 167*
*450 g halbierte Apri-
kosen (aus der Dose)*
5 EL Aprikosenkonfitüre
1 EL Zucker

1. Den Teig zu einem
Quadrat von 30 x 30 cm
ausrollen. Daraus neun
Quadrate von 10 x 10 cm
schneiden. Wie auf dem
ersten Foto gezeigt, die
Ecken schräg einschnei-
den.
2. Je eine Ecke zur Mitte
klappen.
3. Das Obst gut abtrop-
fen lassen. Je eine Apri-
kosenhälfte in die Mitte
setzen.
4. Bei 225 Grad im vor-
geheizten Backofen 15
bis 20 Minuten backen.
Die Aprikosenkonfitüre
mit dem Zucker auf-
kochen. Die Windräder
damit einpinseln.

VARIATIONEN

Man kann die Wind-
räder auch mit anderen
Früchten füllen. Zum
Beispiel mit Sauerkir-
schen, Preiselbeeren,
Pfirsichen.

SCHWEINSÖHRCHEN

(Fotos untere Reihe)
Zutaten:

*300 g Blätterteig nach
dem Grundrezept
Seite 167*
*80 g Zucker oder
Vanillezucker*

1. Den Teig zu einem
Rechteck von 16 x 30 cm
2 mm dünn ausrollen.
Die Fläche mit Wasser
einpinseln und gleich-
mäßig mit Zucker be-
streuen.
2. Die Längsseiten zur
Mitte einschlagen, so
daß eine flache Rolle
entsteht.
3. Die Rolle eine halbe
Stunde kalt stellen. Erst
dann halbzentimeter-
dünne Scheiben ab-
schneiden.
4. Die Scheiben neben-
einander auf ein nasses
Blech legen.
Bei 225 Grad im vorge-
heizten Ofen 20 Minu-
ten backen.

Knusprige Hülle . . .

Was so ein schlichter Mantel aus Teig nicht alles kann: vorm Austrocknen schützen, zusammenhalten, die Aromen bewahren, gnädig verstecken, was offen präsentiert längst nicht so eindrucksvoll wäre, und zaubern — indem er zum Beispiel aus einem einfachen Würstchen ein witziges Häppchen macht.

Ideen dafür findet man in den Rezeptbüchern aus aller Welt. Denn das Bestreben, selbst aus Resten noch was Gutes zu machen, ist international. Hier ein paar Anregungen aus den Küchen Europas und des Fernen Ostens. Füllungen von sanft und mild bis feurig scharf.

DAS SCHNITTMUSTER

Ob rechteckig wie ein Briefkuvert, als Quadrat, zum Dreieck gefaltet oder Hörnchen gebogen, als Kreis oder Halbmond ausgestochen — Taschenformen gibt es jede Menge. Und es gilt in jedem Fall dieselbe Regel: den Teig (nach dem Grundrezept auf Seiten 166/167) 2 mm dünn ausrollen, zuschneiden, jeweils in die Mitte einen Klecks der Füllung setzen, die freie Teigfläche mit Eiweiß einpinseln. Es dient als Klebstoff beim Zusammenklappen. Die Täschenoberfläche mit Eigelb einstreichen, damit sie nach dem Backen glänzt. Und nach Belieben mit gehackten Nüssen, Mohn, Sesam oder Kümmel bestreuen. Bei 225 Grad im vorgeheizten Ofen je nach Größe 15 bis 30 Minuten backen, bis die Täschchen prall gebläht und golden braun geworden sind. Und dann möglichst bald, am besten warm, verspeisen.

CURRYFÜLLUNG

(Foto rechts, oben links)
Zutaten:

450 g frische Aprikosen
100 g gehackte
Walnüsse
50 g Rosinen
1 EL Currypulver
3 EL Kokosraspel

1. Die Aprikosen überbrühen, häuten, halbieren und vom Stein befreien. Das Fleisch in Spalten schneiden.
2. Das Obst mit den übrigen Zutaten mischen.

GEFLÜGELFÜLLUNG

(Foto rechts, oben Mitte)
Zutaten:

125 g Putenbrust, in kleine Würfel geschnitten
1 EL Butter
75 g Fleischwurst, fein gewürfelt
75 g roher Schinken, in feinen Streifen
1 Ei
100 g frisch geriebener Parmesankäse
geriebener Muskat
Salz
Pfeffer aus der Mühle

1. Das Fleisch in der heißen Butter unter stetem Wenden rundum kroß anbraten.
2. Mit den übrigen Zutaten in einer Schüssel gut vermischen.

METTFÜLLUNG

(Foto rechts, oben rechts)
Zutaten:

500 g Mett
1 feingehackte Zwiebel
1 TL Salz
1 eingeweichtes Brötchen
1 Eigelb
1 EL feingehackte Petersilie

Alle Zutaten zu einem geschmeidigen Fleischteig kneten.

... mit herzhafter Fülle

SPINATFÜLLUNG MIT RICOTTA
(Foto mittlere Reihe links)
Zutaten:

400 g frischer Spinat

250 g Ricotta (italienischer Frischkäse)

2 Eier

125 g frisch geriebener Parmesankäse

Salz

Pfeffer aus der Mühle

Olivenöl extra vergine

1. Den Spinat putzen, waschen, in sprudelnd kochendem Salzwasser kurz zusammenfallen lassen. Abschrecken. Zwischen den Händen fest ausdrücken, dann grob hacken.
2. Den Ricotta in eine Schüssel bröckeln, mit Spinat, Eiern, Parmesan gut vermischen.
3. Die Füllung mit Salz, Pfeffer und einigen Tropfen Olivenöl würzen.

TOMATENFÜLLUNG MIT PAPRIKA
(Foto mittlere Reihe Mitte)
Zutaten:

4 große Fleischtomaten

2 rote Paprikaschoten

1 EL Delikateßpaprika

2 EL gehacktes, frisches Basilikum

Salz

Pfeffer aus der Mühle

2 Eigelb

1. Die Tomaten überbrühen, häuten, entkernen, dann fein hacken. In einem Sieb abtropfen lassen.
2. Paprikaschoten entkernen, fein würfeln.
3. Alle Zutaten mischen. Sobald das Eigelb untergerührt ist, verarbeiten, nicht mehr stehenlassen, weil die Füllung sonst Wasser zieht.

SPECKFÜLLUNG MIT FRÜHLINGSZWIEBELN
(Foto mittlere Reihe rechts)
Zutaten:

250 g durchwachsener Bauchspeck, fein gewürfelt

300 g Frühlingszwiebeln in schmalen Ringen

Salz

Pfeffer aus der Mühle

1. Den Speck in einer trockenen Pfanne bei starker Hitze ausbraten. Abgetropft mit den Zwiebeln vermischen.
2. Nur sehr sparsam salzen, dafür mutig pfeffern.

CHINESISCHE FÜLLUNG
(Foto unten links)
Zutaten:

350 g Schweineschulter, durch den Wolf gedreht oder fein gehackt

50 g Champignons, fein gehackt

½ TL Speisestärke

2 TL Sojasauce

2 TL Sherry

1 TL Sesamöl

200 g grob gehackte Tiefseekrabben

100 g Frühlingszwiebeln, in feine Ringe geschnitten

Salz

Pfeffer aus der Mühle

½ TL Zucker

1. Fleisch, Pilze und Speisestärke gründlich miteinander verkneten.
2. Erst dann die übrigen Zutaten untermischen.

CHAMPIGNON-FÜLLUNG
(Foto unten Mitte)
Zutaten:

300 g Champignons

3 Zwiebeln

3 EL Olivenöl

3 Weißbrotscheiben

Salz

Pfeffer aus der Mühle

1. Die Pilze putzen und fein hacken. Die Zwiebeln schälen und in sehr feine Würfel schneiden.
2. Im heißen Öl anbraten. Etwas abgekühlt mit dem entrindeten, zerkrümelten Weißbrot mischen. Salzen und pfeffern.

FLEISCHFÜLLUNG MIT ROSINEN
(Foto unten rechts)
Zutaten:

2 gehackte Zwiebeln

1 EL Olivenöl

250 g Hackfleisch

2 EL eingeweichte Rosinen

1 TL getrocknete, entkernte und zerkrümelte Chilischoten

¼ TL gemahlener Kreuzkümmel

Salz

Pfeffer aus der Mühle

Die Zwiebeln im heißen Öl andünsten. Abgekühlt unter die übrigen Zutaten mischen.

Kuchen verkehrt:
Hier ist der Boden der Belag

Klingt paradoxer, als es ist. Die Idee stammt übrigens aus England
und ist in der Tat umwerfend gut. Weil saftiges
Obst selbst den knusprigsten Boden in aller Kürze aufweicht,
hat man die Sache einfach auf den Kopf gestellt:
So wird die Füllung zum Boden und der Boden zum Belag.
Ein Kuchen, den man löffeln kann!

ZUNÄCHST EINMAL: DAS RICHTIGE HANDWERKSZEUG

Eine Springform eignet sich nicht, durch die Ritze des Rands liefe aller Saft in den Ofen. Man braucht also eine geschlossene, eine spezielle Pie-Form. Man kann sie mittlerweile auch bei uns in allen Haushaltsgeschäften kaufen. Sie sind meist aus Keramik oder feuerfestem Steingut, so flach wie eine Obstkuchenform und haben meistens einen gewellten Rand, an dem der Teig nicht so leicht abrutscht. Es wird direkt aus dem Ofen in der Form serviert — deshalb werden sie meist in schlichtem Weiß angeboten, was immer paßt.
Zum Vorlegen schneidet man mit einem spitzen Messer einen Keil aus dem Teigdeckel, durch den man mit einem Löffel von der Füllung nehmen kann.

DAS VERZIEREN

Die Teigreste nie zusammenballen, um sie wieder auszurollen, das zerstört die vielen Teigschichten, sondern jeweils immer flach aufeinanderlegen. Mit einem Teigrädchen oder

kleinen Ausstechern Herzen, Kreise, Blätter, Monde, Sterne oder Streifen ausschneiden. Schön sind auch Teigstreifen zu einer Kordel gedreht, als Rand.

RHABARBER-PIE

Zutaten für
eine Form von 26 cm Ø:

500 g junger Rhabarber

150 g Zucker

½ TL Zimt

400 g Blätterteig nach dem Grundrezept Seite 167

1 Eigelb zum Bestreichen

1. Den Rhabarber putzen, in 5 cm lange Stücke schneiden. Mit Zucker und Zimt mischen.
2. Den Teig auf der bemehlten Arbeitsfläche halbzentimeterdick ausrollen. Einen Kreis ausschneiden, der drei bis vier Zentimeter größer im Durchmesser ist, als die Form.
3. Das Obst in die Form geben. Den Rand der Form außen mit Wasser anfeuchten. Den Teigdeckel auflegen und rundum gut festdrücken.
4. Den Teigdeckel mit Eigelb einpinseln.
5. Aus dem restlichen Teig Ornamente ausradeln, den Deckel damit verzieren und mit Eigelb einpinseln.
6. Die Pie im vorgeheizten Ofen bei 225 Grad etwa 40 Minuten backen.

Variationen:
Versuchen Sie statt Rhabarber mal Beeren, reife Pflaumen, Mirabellen, Pfirsiche oder Aprikosen. Weil der Blätterteig völlig neutral schmeckt, kann man auch herzhafte Ragouts, Frikassees und jede Art von Fleischfarce unter dem Teigdeckel verstecken.

Heiße Sache:
Apfeltörtchen zum
Nachtisch

Das sind Kuchen ganz besonderer Art. Natürlich wieder den Franzosen abgeguckt. Die wissen schließlich, was schmeckt. Auf hauchdünnem, knusprig-zartem Boden bildschön gefächerte Apfelscheiben, mit Puderzucker überglänzt. Wird so heiß gegessen, wie er aus dem Ofen kommt.

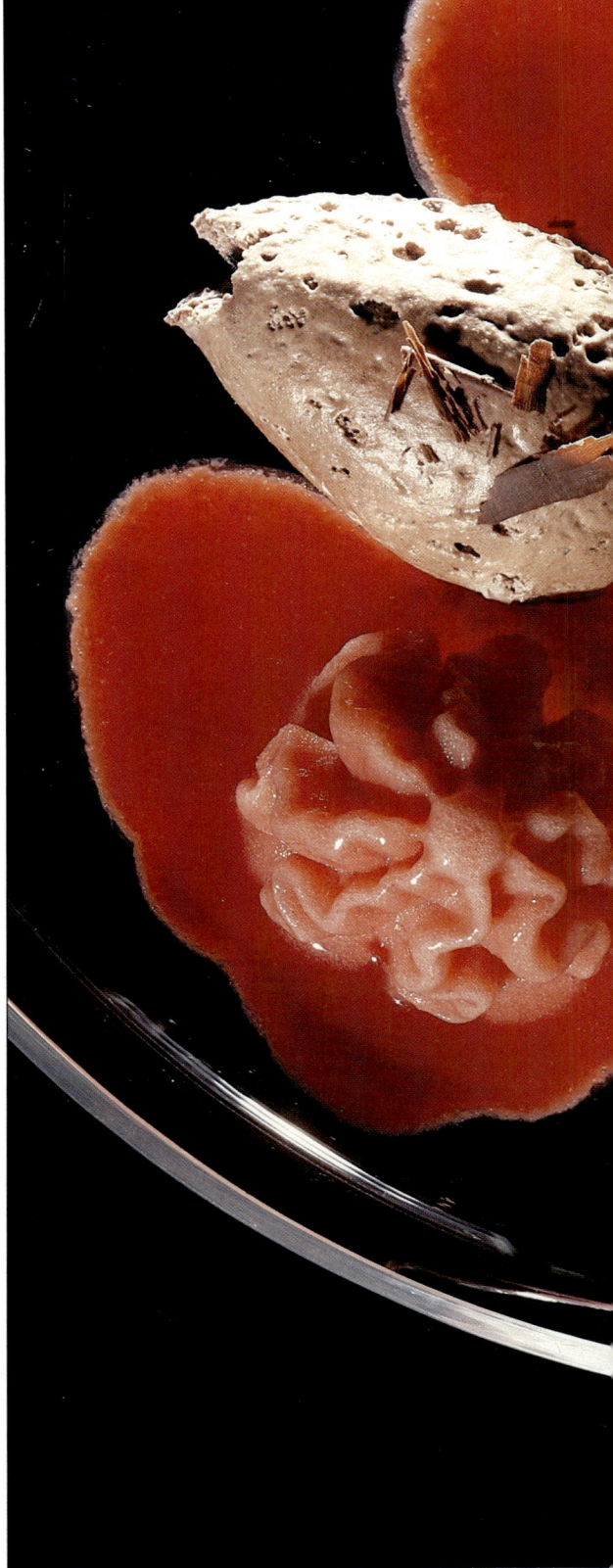

DESSERT-IDEEN

Ein solcher Nachtisch ist ausgesprochen gastgeberfreundlich: Die Törtchen stehen fix und fertig belegt im Kühlschrank bereit und müssen nur noch kurz vorm Servieren in den Ofen geschoben werden. Übrigens: Man kann sie so auch einfrieren. Und dann direkt aus dem Eis in den Ofen geben. Die Backzeit verlängert sich dann nur um wenige Minuten.
Auf dem Foto einige Anregungen, wie man solche Apfeltörtchen servieren kann. Zum Beispiel mit Himbeersorbet, Mousse au chocolat, Nußeis und Erdbeerpüree, mit frischen Erdbeeren garniert. Gut schmeckt auch jede andere Art von Fruchtsaucen, ein warmer Weinsabayon oder eine Kugel Vanille- oder Kokoseis obenauf, die dann langsam auf dem warmen Kuchen schmilzt . . . der Möglichkeiten sind unendlich viele.

APFELTÖRTCHEN

Zutaten
für 4—6 Stück:

250 g Blätterteig nach dem Grundrezept Seite 167

4—6 kleine Äpfel (z. B. Boskop, Golden Delicious, Herbstreinette)

100 g Puderzucker

1. Den Teig auf bemehlter Arbeitsfläche 3 mm dünn ausrollen. 4 oder 6 Kreise von ca. 10 cm Durchmesser ausschneiden.
2. Auf ein nasses Backblech legen und mit einer Gabel ein paar Mal einstechen.
3. Die Äpfel schälen, halbieren, das Kerngehäuse entfernen, die Hälften in schmale Spalten schneiden.
4. Diese sehr exakt dachziegelartig auf die Teigkreise legen, es muß ein schönes Muster entstehen. Rundum einen etwa ein Zentimeter schmalen Rand frei lassen.
5. Die Äpfel mit Puderzucker einstäuben.
6. Die Törtchen im vorgeheizten Ofen bei 250 Grad 10 bis 15 Minuten backen.

Variation:
Anstelle von Blätterteig können Sie auch Mürbeteig verwenden: Apfel-Tarte, siehe Seiten 110/111.

CREMESCHNITTEN

Zutaten:

*Blätterteig nach dem
Grundrezept Seite 167*

1 l Milch

1 Vanillestange

8 Eigelb

200 g Zucker

40 g Mehl

*250 g Puderzucker
(zum Bestäuben)*

1. Den Teig 3 mm dünn
zu drei Rechtecken von
Backblechgröße ausrol-
len. Jeweils auf ein
Backblech legen und mit
einer Gabel ein paar Mal
einstechen.

2. Im vorgeheizten Back-
ofen bei 225 Grad 15 Mi-
nuten backen.

3. Die Milch mit der
Vanillestange auf-
kochen.

4. Eigelb mit Zucker und
Mehl dickrühren, bis sich
der Zucker aufgelöst hat.
In die kochende Milch
geben, einmal kurz auf-
wallen lassen, dann
sofort vom Herd neh-
men.

5. Die noch warme
Creme durch ein Sieb
streichen.

6. Die Blätterteigböden
mit einem Messer an
den Rändern gerade-
schneiden.

7. Die Hälfte der noch
warmen Creme auf
einen der Blätterteig-
böden streichen.

8. Den zweiten Boden
darauflegen und mit der
restlichen Creme bestrei-
chen.

9. Den letzten Boden
auflegen und mit Puder-
zucker bestreuen.

10. Den Kuchen mit
einem scharfen Säge-
messer in rechteckige
oder quadratische
Stücke schneiden.

HOLLÄNDER KIRSCHTORTE

Zutaten:

300 g Blätterteig nach dem Grundrezept Seite 167

500 g frische Sauerkirschen

40 g Zucker

1 Msp Zimt

1 EL Speisestärke

250 g Puderzucker

½ l Sahne

2 EL Zucker

1. Den Teig auf der bemehlten Arbeitsfläche 2 mm dünn ausrollen. Mit dem Springformrand drei Böden ausstechen.
2. Auf ein nasses Blech legen, mit einer Gabel ein paar Mal einstechen.
3. Bei 225 Grad im vorgeheizten Ofen 15 Minuten backen.
4. Inzwischen die Kirschen mit Zucker und Zimt im geschlossenen Topf Saft ziehen und einmal aufkochen lassen. Zum Garnieren acht Kirschen beiseite legen. Für den Guß zwei Eßlöffel Saft abnehmen.
5. Die Stärke mit zwei Eßlöffeln Wasser glattrühren und zu den kochenden Kirschen geben. Einmal aufwallen lassen, dann den Topf vom Herd ziehen.

Schicht um Schicht
eine Sünde wert

6. Die heißen Kirschen auf einem der Blätterteigböden verteilen und darauf abkühlen lassen.

7. Die Sahne steif schlagen, dabei den Zucker zufügen. Die Schlagsahne in einen Spritzbeutel mit Sternentülle füllen.

8. Die Hälfte der Sahne um die Kirschen spritzen.

9. Den zweiten Boden exakt auflegen. Die restliche Sahne auftragen, dabei ein wenig für die Garnitur zurückbehalten.

10. Aus Puderzucker und dem beiseite gestellten Kirschsaft einen dicken Guß anrühren. Den letzten Boden damit bestreichen und aufsetzen.

11. Die Oberfläche mit den übrigen Kirschen und Sahnetupfern verzieren.

Der versprochene Trick: Damit beim Anschneiden die einzelnen Schichten möglichst wenig zusammengedrückt werden, den obersten Boden vor dem Aufsetzen bereits in einzelne Tortenstücke schneiden.

Wer kann da widerstehen? Eine Traumtorte, die vor allem der Kontrast zwischen knusprigen Blätterschichten und cremiger Fruchtsahne reizvoll macht. Sie zu backen ist übrigens gar nicht schwer. Eher, sie in Stücke zu zerteilen. Aber da gibt's einen Trick . . .

179

Strudel, Plunder & Co. —
raffinierte Spezialitäten

Zunächst bereitet man ganz genau wie im Grundrezept (Seite 119) einen Hefeteig zu, läßt ihn gehen und arbeitet dann reichlich Butter ein, indem man dem Teig wie einem Blätterteig „Touren" gibt.
Dabei muß man ein paar Dinge beachten:
1. Der Hefeteig muß eine bestimmte Festigkeit aufweisen. Er darf nicht zu weich sein, weil er sich sonst mit der Butter verbindet und dann keine Schichten entstehen.
Das Beste: Man läßt ihn im Kühlschrank gehen — über Nacht —, dann hat er anderntags die richtige Konsistenz.
2. Die Butter darf nicht unmittelbar aus dem Kühlschrank kommen, dann läßt sie sich nicht walken.
3. Als Faustregel gilt: Beides, Teig und Butter, muß etwa gleiche Festigkeit beziehungsweise Geschmeidigkeit haben.
4. Damit der Teig beim Ausrollen nicht an der Arbeitsfläche kleben bleibt, muß sie immer wieder gut mit Mehl eingestäubt werden.
5. Den fertigen Teig sofort verarbeiten. Er trocknet sonst aus, wird rissig und läßt sich nicht mehr glatt und geschmeidig ausrollen.

Das Ergebnis
einer glücklichen Liaison

Wenn man Hefeteig wie Blätterteig verarbeitet, entsteht ein
Gebäck von ganz besonderer Güte, weil es die
Vorzüge beider Teigsorten in sich vereint: Es hat die Luftigkeit und
Fülle von Hefegebäck, ist dabei knusprig
und zart wie frisch gebackener Blätterteig, genauso vielschichtig
aufgeplustert und köstlich nach reichlich
Butter duftend. Berühmtestes Beispiel für duftiges Plunderteig-
Gebäck: Croissants, die köstlichen
Hörnchen, die die Franzosen zum Frühstück lieben.

DAS IST DAS BESONDERE DES PLUNDERTEIGS
Die geradezu saftige Konsistenz des Plundergebäcks hat zweierlei
Ursachen: Zunächst bekommt es dank der
Hefe Volumen und Krume, dann durch die Butterschichten Fülle und
Luftigkeit. Was man an Butter beim
Grundteig einspart, wird später als Block durch wiederholtes Aus-
rollen und erneutes Zusammenfalten eingearbeitet.

1. Die fertig geformten Hörnchen mit genügend Abstand voneinander auf das gebutterte oder mit Backpapier ausgelegte Blech setzen. Sie gehen beim Backen auf und brauchen deshalb Platz. Sonst kleben sie aneinander.
2. Die Hörnchen vor dem Backen noch einmal 30—60 Minuten gehen lassen. Damit sie dabei nicht austrocknen und rissig werden, mit einem feuchten Tuch abdecken.
3. Während des Backens immer wieder mal durch das Fenster im Ofen kontrollieren — die Hörnchen werden nicht alle gleichzeitig braun, weil die Hitze sich nie völlig gleichmäßig verteilt. Zart gebräunte Hörnchen sind gar. Diese gleich herausnehmen, die übrigen noch ein paar Minuten länger im Ofen lassen.
4. Die Hörnchen bekommen Glanz, wenn man sie mit warmem Wasser oder Sahne bepinselt, bevor man sie in den Ofen schiebt.
5. Eine glänzende Kruste entsteht, wenn man die Teighörnchen mit etwas verquirltem Eigelb bestreicht.
6. Die fertigen Croissants kurz auf einem Kuchengitter auskühlen lassen. Aber unbedingt noch lauwarm servieren, weil sie so einfach am allerbesten schmecken.

GERÄTE

Rührschüssel
Sieb
Topf
Küchentuch
Wellholz
Lineal
Teigrädchen

ZUTATEN FÜR 12 CROISSANTS

500 g Mehl
40 g Hefe
¼ l Milch
20 g Zucker
1 Prise Salz
2 Eier
250 g Butter

BACKZEIT

Vorbereitungszeit:
20 Minuten
Ruhezeit: ca. 3 Stunden
Backtemperatur:
200 Grad
Backdauer: 15 Minuten
Auskühlen:
ca. 10 Minuten

LAGERUNG

Plunderteig kann man unbesorgt einfrieren. Weil es ganz schön lange dauert, bis der ganze Teigblock wieder aufgetaut ist, empfiehlt es sich aber, gleich fertige Croissants auf Vorrat zu backen. Zum Einfrieren setzt man sie noch lauwarm nebeneinander auf eine Platte und läßt sie im Schnellfrosterfach fest werden. Erst dann verpackt man sie in Plastiktüten.

AUFTAUEN

Die Croissants gefroren auf einem gefetteten Backblech in den 200 Grad heißen Ofen schieben. Nach genau fünf Minuten sind sie aufgetaut und auch innen durchwärmt. Aus dem Ofen holen und noch weitere zehn Minuten auf dem Blech nachziehen lassen. Dann schmecken sie wie frisch gebacken!

ZUBEREITUNG HEFETEIG Fotos zu diesen Phasen Seite 119.

1. Die Zutaten abmessen und bei Zimmertemperatur bereitstellen.

2. Das Mehl in eine ausreichend große Schüssel sieben.

3. Die Milch in einem Topf auf kleiner Flamme sanft erwärmen.

4. Die Hefe in die lauwarme Milch bröckeln.

5. Etwas Mehl hinzufügen, alles zu einem dicken Brei rühren.

6. Eine Prise Zucker in diese Masse streuen.

7. Den Hefebrei unter einem Tuch 30 Minuten gehen lassen.

8. Mehl, Zucker und Salz mischen, aufhäufen und eine Mulde eindrücken.

9. Die Eier aufschlagen und in diese Mulde gleiten lassen.

10. 50 g Butter, in Flöckchen geschnitten, rundherum streuen.

11. Den Hefebrei aus dem Topf hinzugießen.

12. Alles miteinander zu einem geschmeidigen Teig verarbeiten.

ZUBEREITUNG PLUNDERTEIG

13. Den Teig in der Schüssel zudecken, 2 bis 3 Stunden gehen lassen.

14. Den nunmehr in seinem Volumen verdoppelten Teig gut durchkneten.

15. Den Teig zu einer möglichst quadratischen Fläche ausrollen.

16. Die zu einem Block geformte Butter mit Mehl bestäuben.

17. Den Butterziegel schräg in die Mitte der Teigfläche setzen.

18. Die Teigecken jeweils über das Butterstück klappen.

19. Den Teigblock sehr exakt zu einem Rechteck ausrollen.

20. Das Teigstück nunmehr dreifach übereinanderklappen.

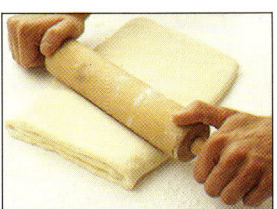   

21. Erneut ausrollen, zusammenklappen, Vorgang wiederholen.

22. Den Teig, mit einem Tuch bedeckt, 15 Minuten ruhen lassen.

23. Zu einer 50 x 30 cm großen Fläche ausrollen. 15 cm breit einteilen.

24. Mit Lineal und Teigrädchen gleichschenklige Dreiecke ausschneiden.

  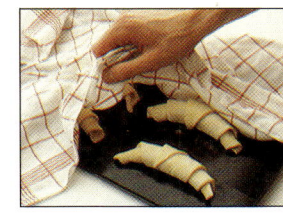 

25. Die Dreiecke von der Breitseite her aufrollen und rund biegen.

26. Die Hörnchen mit Abstand voneinander auf ein gefettetes Blech legen.

27. Nochmals unter einem Tuch rund 30 Minuten gehen lassen.

28. Im vorgeheizten Ofen 20 Minuten goldbraun backen.

Süß oder salzig: Croissants brauchen sich nicht festzulegen

Plunderteig ist zunächst neutral.
Das bißchen Zucker im Grundteig dient nur als Nahrung
für die Hefezellen, nicht zum Süßen.
Deshalb sind Croissants für jede Art von Füllung dankbar:
Süß empfehlen sie sich dann zum Frühstück oder
zum Kaffee. Mit Schinken und Käse eher als herzhaftes
Häppchen zum Aperitif oder zum Glas Wein.

KÄSE-CROISSANTS

(Foto oben links)
Pro Stück rechnet man
etwa 50 g Käse. Am
besten nimmt man dafür
eine kräftige Sorte, die
sich neben dem buttri-
gen Eigengeschmack
der Hörnchen behaupten
kann. Zum Beispiel
Schweizer Emmentaler
oder Gruyère, mittelalten
oder sogar alten Gouda
oder einen Allgäuer
Bergkäse. Feine Streifen
daraus schneiden, auf
den breiten Teil des
Dreiecks legen, mit
Paprika bestreuen, das
Teigstück von dort her
aufrollen und zum Hörn-
chen biegen.

SCHINKENHÖRNCHEN

(Foto oben rechts)
Roher Schinken, vor
allem aromatischer Par-
ma- oder San-Daniele-
Schinken, aber auch
kräftiger Coburger oder
Holsteiner Katenrauch-
schinken, in hauchfeine
Scheiben geschnitten, in
die Teigdreiecke ein-
wickeln. Man rechnet pro
Hörnchen eine Scheibe.
Sanfter schmecken die
Schinkenhörnchen mit
Streifen von gekochtem
Schinken, unter die man
noch gehackte frische
Kräuter und gedünstete,
feingehackte Zwiebel
mischen kann — das
macht die Hörnchen
noch saftiger.

GEFÜLLTE
NUSSHÖRNCHEN

(Foto unten links)
Pro Hörnchen rechnet
man für die Füllung
einen Eßlöffel gemahlene
Haselnüsse sowie je
einen Teelöffel Zucker
und Rum. Zu Bröseln
vermischt auf die Breit-
seite des Teigdreiecks
geben, wie gezeigt auf-
rollen und zu einem
Hörnchen biegen.
Statt Haselnüssen kann
man natürlich auch Man-
deln, Walnüsse oder
Pistazien nehmen. Gut
schmecken auch Rosi-
nen in dieser Füllung,
am besten, wenn man
sie zuvor ein wenig in
Rum einweicht.

SCHOKOLADEN-
CROISSANTS

(Foto unten Mitte)
Dafür ganz nach Vorliebe
und Geschmack Voll-
milch-, Nuß-, Bitter- oder
Borkenschokolade neh-
men, die beim Backen
schneller schmilzt als
ganze Schokoladen-
stückchen und sich so
noch besser mit dem
Teig verbindet. Wer mag,
kann noch ein bißchen
geriebene oder gehackte
Nüsse hinzufügen oder
etwas Krokant darüber-
streuen — das gibt den
Hörnchen angenehmen
Biß. Die fertigen Hörn-
chen nach Belieben mit
Zuckerglasur (Seite 248)
überziehen.

APFELHÖRNCHEN

(Foto unten rechts)
Die Füllung kann man
schon im voraus zube-
reiten: einen kleinen
Apfel schälen, vierteln,
vom Kerngehäuse be-
freien und in schmale
Spalten schneiden. Mit
etwas Weißwein beträu-
felt zugedeckt weich-
dünsten. Nach Ge-
schmack süßen und mit
Rum oder Calvados ab-
schmecken. Rosinen
und/oder Mandelblätt-
chen untermischen.
Diese Füllung ruhig
etwas durchziehen las-
sen, bevor man die
Hörnchen damit füllt.

Kopenhagener, die eigentlich aus Wien stammen

In Wien heißen sie Kopenhagener, in Kopenhagen Wiener Brød —
es ist wie bei den berühmten Würstchen, die mal
aus Frankfurt, mal aus Wien oder mal von sonstwo stammen.
Jeder schiebt den Ursprung aus reiner Höflichkeit dem
andern zu. In jedem Fall gemeint ist hier das verführerische,
mit Creme oder Früchten gefüllte Plunder-
teiggebäck, von dem man nie genug kriegen kann.

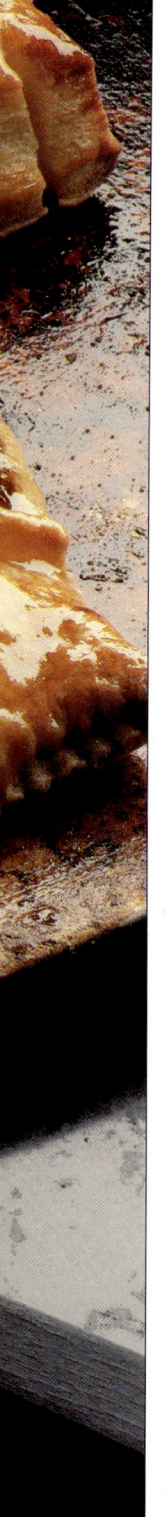

APFELTASCHEN

(Foto ganz links und rechts)
Zutaten für 12 Stück:

Grundrezept Plunderteig
(Seite 183)
750 g Äpfel (z. B. Ber-
lepsch oder Ingrid Marie,
weil sie schön beim
Kochen zergehen)
80 g Zucker
1 Zimtstange
¼ l trockener Weißwein
Zum Bestreichen:
1 Ei
100 g Aprikosenkonfitüre

1. Den Teig nach dem
Grundrezept zubereiten,
zu einer rechteckigen
Fläche zwei Millimeter
dünn ausrollen und in
Stücke von 16 x 12 Zenti-
metern radeln.
2. Für die Füllung die
Äpfel schälen, vierteln
und vom Kerngehäuse
befreien. Die Äpfel in
Scheiben schneiden und
mit Zucker, Zimt und
Weißwein zugedeckt auf
milder Hitze ziehen
lassen.
3. Die Füllung etwas ab-
gekühlt auf jeweils eine
Hälfte der Teigrechtecke
geben. Den Teigrand
rundum mit etwas Eiweiß
einpinseln, damit die
Taschen gut zusammen-
halten.
4. Die leere Hälfte über
die Füllung klappen, an
der Naht rundum gut
festdrücken.
5. Die Apfeltaschen an
ihrer Längsnaht ein paar-
mal einschneiden. Die
Oberfläche mit verquirl-
tem Eigelb einpinseln.
6. Die Taschen bei
200 Grad 20 bis 30 Mi-
nuten backen.
7. Noch warm mit glatt-
gerührter Aprikosenmar-
melade einpinseln.

QUARKPLUNDER

(Foto vorn links)
Zutaten
für 12 bis 15 Stück:

Grundrezept Plunderteig
(Seite 183)
250 g Magerquark
2 Eigelb
3 EL Zucker
2 EL Rosinen
Zum Bestreichen:
1 Eigelb
100 g Aprikosenkonfitüre

1. Den Teig nach dem
Grundrezept zubereiten,
zwei Millimeter dünn
ausrollen. Aus der Teig-
platte Quadrate von 12
Zentimetern Kantenlänge
ausradeln.
2. Für die Füllung den
Quark mit dem Eigelb
und dem Zucker im
Mixer oder mit dem
Handrührer glattrühren.
Zum Schluß die Rosinen
untermischen.
3. Jeweils einen Eßlöffel
Füllung auf die Quadrate
setzen. Die Ecken nach
innen klappen und so
einen winzigen Rand for-
men.
4. Die Teigränder mit verquirltem Eigelb einpin-
seln. Die Quarkplunder-
stücke bei 200 Grad 15
bis 20 Minuten backen.
5. Die Gebäckstücke
noch warm mit glattge-
rührter Aprikosenkonfi-
türe einstreichen.

MARZIPANSTANGEN

(Foto Mitte)
Zutaten für 12 Stück:

Grundrezept Plunderteig
(Seite 183)
200 g Marzipanroh-
masse
¼ l Milch
100 g Mandelblättchen
Zum Bestreichen:
1 Eigelb
100 g Aprikosenkonfitüre

1. Den Teig nach dem
Grundrezept zubereiten,
dann zu einem mög-
lichst exakten Rechteck
von nur zwei Millimetern
Stärke ausrollen.
2. Mit dem Teigrädchen
Rechtecke von 13 x 8
Zentimetern Kantenlänge
ausschneiden.
3. Die Marzipanrohmas-
se in der Milch auflösen.
Das geschieht am besten
in einem Topf auf kleiner
Flamme. Zusätzlich noch
im Mixer oder mit dem
Pürierstab zu einer glat-
ten streichfähigen Masse
verarbeiten.
4. Die Teigstücke mit der
Marzipancreme dünn
einstreichen.
5. Die Rechtecke mit
ihrer Längsseite aufein-
anderklappen. In die Mit-
te längs einen Einschnitt
machen.
6. Die Endstücke nun-
mehr durch diese Öff-
nung hindurchziehen: zu-
nächst das obere End-
stück von oben, dann
das untere von unten
durchschlagen.
7. Die Teigstücke mit
verquirltem Eigelb ein-
pinseln und mit Mandel-
blättchen bestreuen. Bei
200 Grad 15 bis 20 Minu-
ten goldbraun backen.
8. Die Aprikosenkonfitüre
erhitzen und glattrühren.
Die noch warmen Ge-
bäckstücke damit über-
ziehen.

KIRSCHPLUNDER

(Foto rechts unten)
Zutaten
für 12 bis 15 Stück:

Grundrezept Plunderteig
(Seite 183)
500 g Sauerkirschen
5 EL Zucker
3 EL Speisestärke
1 Prise Zimt
3 EL Wasser
Zum Bestreichen:
1 Ei
100 g Aprikosenkonfitüre

1. Den Teig nach dem
Grundrezept zubereiten.
Dann zwei Millimeter
dünn ausrollen und Qua-
drate von 14 Zentimetern
Kantenlänge ausradeln.
2. Sauerkirschen, Zucker
und Zimt zugedeckt auf
mittlerem Feuer auf-
kochen. Stärke und Was-
ser glattrühren und un-
terrühren. Einmal aufwal-
len lassen, bis der Saft
dicklich wird.
3. Jeweils einen Eßlöffel
Sauerkirschen in die Mit-
te der Teigflecken setzen.
4. Eine Teigecke mit Ei-
weiß bestreichen, die ge-
genüberliegende Ecke
über die Füllung klappen
und festdrücken.
5. Die Teigflächen mit
verquirltem Eigelb ein-
pinseln. Nach Belieben
mit schmalen Streifen
aus Teigresten verzieren.
6. Bei 200 Grad 15 bis
20 Minuten backen.
Die warmen Teilchen mit
glattgerührter Aprikosen-
konfitüre bestreichen.

Außen knusprig, innen zart: einfach unwiderstehlich

Und trotzdem, ganz unumstritten sind Obstkrapfen oder Beignets, wie sie vornehm auf französisch heißen, nicht — wie alles, was aus dem Fettopf kommt. Man fürchtet das viele Fett, in dem sie schwimmend ausgebacken werden. Dabei ist es lediglich eine Frage der richtigen Temperatur, wieviel davon an der Teighülle haften bleibt. Es gilt nämlich auch hier die klassische Regel fürs Wiener Schnitzel, das ja erst dann perfekt geraten ist, wenn man sich daraufsetzen könnte, ohne daß den Hosenboden anschließend ein Fettfleck ziert. Übrigens — überschüssiges Fett läßt sich mit Küchenpapier wegtupfen!

TIPS RUND UMS FRITIEREN

Ob Sie Öl, Butterschmalz oder Pflanzenfett dazu nehmen, ist Geschmackssache. Auf keinen Fall ist Butter geeignet. Sie erreicht nicht die nötigen Temperaturen. Fritiert wird bei etwa 180 Grad. Bei einer elektrischen Friteuse läßt sich das einstellen. Im normalen Fettopf muß man die Hitze genau überprüfen: Steigen an einem hölzernen Kochlöffelstiel Bläschen empor, wenn man ihn ins Fett taucht, ist die nötige Hitze erreicht. Wichtig: Niemals zu viel auf einmal ausbacken, sonst kühlt das Fett zu stark ab. Bis es wieder heiß genug ist, hat sich der Teig bereits vollgesogen und wird nie mehr knusprig.

TIPS RUND UM DEN TEIG

— Statt mit Bier kann man den Teig auch mit Mineralwasser anrühren.
— Den Teig immer eine halbe Stunde quellen lassen, bevor der Eischnee untergehoben wird. So hat das Mehl Zeit, seinen Kleber zu entwickeln: Der Teig wird lockerer.
— Dann aber unverzüglich mit dem Ausbacken beginnen, sonst trennen sich die Zutaten wieder und der Teig haftet nicht mehr.

GRUNDREZEPT ANANAS-BEIGNETS

Zutaten für den Teig:

2 Eigelb
¼ l Bier
5 EL Mehl
2 Eiweiß
3 EL Zucker
Außerdem:
8 Ananasscheiben (Dose)
Mehl zum Wenden
3 EL Zucker
2 TL Zimt
Öl oder Schmalz zum Fritieren

1. Eigelb, Bier und Mehl mit einem Schneebesen, besser noch im Mixer, zu einem glatten, dünnflüssigen Teig rühren. Eine halbe Stunde ruhen lassen.
2. Kurz bevor serviert werden soll, das Eiweiß zu Schnee schlagen, dabei langsam den Zucker hinzurieseln lassen. Ständig schlagen, bis der Schnee fest ist und der Zucker aufgelöst ist.
3. Den Schnee unter den Teig heben.
4. Die Ananasscheiben auf Küchenpapier sorgfältig abtrocknen. In Mehl wenden, alles nicht anhaftende Mehl wieder abschütteln.
5. Die Scheiben einzeln durch den Bierteig ziehen, im heißen Fett 2 bis 3 Minuten golden ausbacken.
6. Die Beignets auf Küchenpapier abtropfen lassen. Mit Zucker und Zimt bestäubt servieren.

Zu Weihnachten ein
Hexenhaus aus Lebkuchen!

Mit Leben hat das Wort Lebkuchen nichts gemein. Es soll sich vielmehr vom lateinischen Libum (Fladen, Kuchen)
ableiten. Und trotzdem: Bei den alten Griechen galten Lebkuchen als Sinnbild für langes
Leben, im Mittelalter verabreichte man Schwerkranken Lebkuchen als Lebenselixier, und noch im letzten
Jahrhundert belohnte man Hebammen mit Lebkuchen, wenn sie einem neuen Erden-
bürger zum Leben verholfen hatten. Also haben Lebkuchen durchaus eine Menge mit dem Leben zu tun!

GRUNDREZEPT LEBKUCHEN

Zutaten:

350 g Honig

100 g Zucker

100 g Butter

1 Ei

abgeriebene Schale einer ungespritzten Zitrone

1 EL Kakaopulver

je ½ TL Zimt, Nelken, Kardamom, Muskat, Piment, Koriander, Ingwer, Pottasche und Hirschhornsalz (beides gibt's in der Apotheke)

1 EL Wasser

500 g Mehl

1. Honig, Zucker und Butter auf mittlerer Hitze unter stetem Rühren erwärmen, bis sich der Zucker völlig aufgelöst hat. Auf Handwärme abkühlen lassen.
2. Ei, Zitronenschale, Kakao und sämtliche Gewürze zufügen. Pottasche und Hirschhornsalz im Wasser auflösen. Zusammen mit dem Mehl unter die Honigmasse geben. Zu einem festen Teig kneten.
3. Den Teig in Folie gepackt einen Tag bei Zimmertemperatur ruhen lassen.
4. Den Teig erneut durchwalken. Auf der bemehlten Arbeitsfläche 1 bis 2 mm dick ausrollen.
5. Rechtecke oder Formen nach Belieben ausstechen. Auf ein gefettetes und bemehltes Blech legen. Bei 180 Grad 15 bis 20 Minuten backen.
6. Noch warm vom Blech nehmen. Auf Kuchengittern auskühlen lassen. Zusammen mit einigen Apfelschnitzen in gut schließende Blechdosen packen.
7. Nach drei bis fünf Tagen sind die Lebkuchen durchgezogen und weich. Jetzt erst mit Zucker- oder Schokoladenglasur überziehen und verzieren.

HEXENHAUS

Nach dem Schnittmuster Schablonen aus Pappe in Größe eines Kuchenbleches anfertigen und ausschneiden. Zur Probe zusammensetzen, um zu prüfen, ob die Teile auch wirklich passen.

Den nach Grundrezept mit verdoppelten Zutaten hergestellten Lebkuchenteig 1—2 mm dick ausrollen und zwei Bleche backen. Eine Teigplatte dient als Bodenplatte. Mit Hilfe der Schablonen aus der zweiten Teigplatte die übrigen Bauteile ausschneiden: zwei Giebel und zwei Dachflächen. Aus den Resten Gartenzaun, Türen, Fensterläden etc. ausschneiden. Mit Zuckerguß zusammensetzen. Rote Blattgelatine als Fensterscheiben einsetzen. Nach unserem Vorbild oder eigener Phantasie dekorieren und schmücken.

LIEGNITZER BOMBE

(Foto Seite 60)

Zutaten:

1 Grundrezept Lebkuchenteig (linke Spalte)

Für die Füllung:

100 g Marzipanrohmasse

⅛ l Kirschwasser

125 g Rosinen

100 g gehackte Mandeln

50 g gehackte Haselnüsse

4 EL Aprikosenkonfitüre

1. Den Teig nach dem Grundrezept zubereiten. Zu einem Rechteck von 2 mm Stärke ausrollen.
2. Die Zutaten für die Füllung mischen und auf der Teigfläche verstreichen.
3. Den Teig von der Längsseite her aufrollen. Davon Scheiben (ca. 1 cm stark) abschneiden und mit der Schnittfläche nach oben auf ein gefettetes Blech setzen. Bei 180 Grad 35 bis 40 Minuten backen.

BASLER LECKERLI

(Foto Seite 60)

Zutaten für den Teig:

375 g Honig

175 g Zucker

250 g Mandelstifte

1 Msp Kardamom

1 Msp Zimt

1 Msp Muskat

1 Msp Koriander

50 g Zitronat

50 g Orangeat

2 EL Kirschwasser

375 g Mehl

Für die Glasur:

100 g Puderzucker

2 EL Wasser

1. Honig und Zucker unter Rühren erhitzen. Dann die restlichen Zutaten zufügen und einarbeiten.
2. Den Teig ca. 1 cm dick auf ein gefettetes, bemehltes Blech streichen. Bei 180 Grad 20 bis 25 Minuten backen.
3. Den Guß aus Puderzucker und Wasser auf die noch warme Teigplatte streichen. Sofort in kleine Rechtecke schneiden.

HONIGKUCHEN

(Foto Seite 61)

Zutaten für den Teig:

500 g Honig

¼ l geschmacksneutrales Öl (Keimöl)

500 g brauner Zucker

160 g Schokolade (Zartbitter)

200 g geriebene Mandeln

1 Prise Salz

1 TL gemahlener Zimt

1 TL gemahlene Nelken

4 Eier

⅛ l Rum

500 g Mehl

1 Päckchen Backpulver

Für den Belag:

100 g Mandelstifte

160 g Rosinen

100 g Zitronat

100 g Orangeat

100 g rote Belegkirschen

100 g Walnußkerne

200 g ganze, geschälte Mandeln

100 g Hagelzucker

1. Honig, Öl und Zucker in einem Topf auf mittlerem Feuer unter ständigem Rühren erhitzen, bis sich der Zucker völlig aufgelöst hat.
2. Die Masse auf Handwärme abkühlen lassen. Die Schokolade darin auflösen. Die geriebenen Mandeln, Salz, Zimt, Nelken, Eier und Rum unterrühren.
3. Mehl und Backpulver mischen, auf die Masse sieben und unterrühren.
4. Den Teig auf ein gefettetes tiefes Backblech streichen. Die restlichen Zutaten gleichmäßig darauf verteilen.
5. Im vorgeheizten Ofen bei 180 Grad 45 Minuten backen.
6. Den Kuchen in rechteckige Schnitten teilen.
Tip:
Den Teig ohne Belag backen. Dann mit Zuckerglasur oder Kuvertüre überziehen.

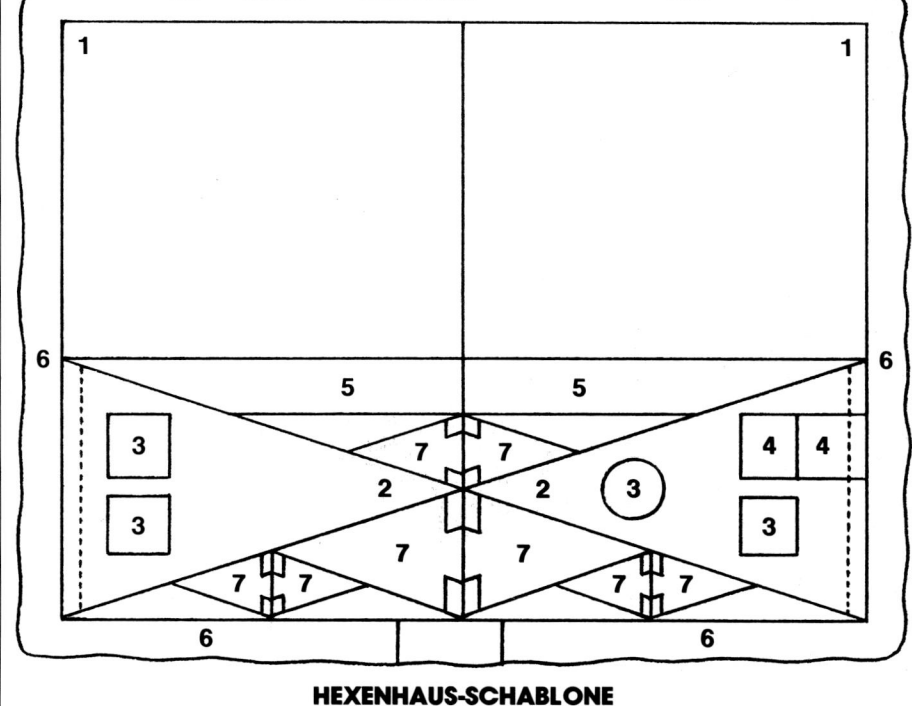

HEXENHAUS-SCHABLONE

1. Dach   2. Giebel   3. Fenster
4. Tür   5. Schornstein
6. Gartenzaun   7. Tannen

So wird man Strudelbäcker-Weltmeister!

Es gibt bislang nur einen. Ein seit vielen Jahren und sicher auch für alle Zukunft ungebrochener Rekord.
Der Wiener Konditor Heinrich Wittmann ist ein einziges Mal angetreten. Zufälligerweise als erster.
Und als die Mitstreiter sahen, mit welcher blitzartigen Geschwindigkeit er innerhalb von zehn Minuten fünf perfekte Strudel hinzauberte, überließen sie ihm kampflos den Sieg. Sein Geheimnis:
Er dehnt und zieht den Teig nicht schulmäßig über den Handrücken, was einige Mühe, Geduld und Zeit erfordert. Er wirft den Teig so lange immer wieder in die Luft, bis ein hauchdünnes tischdeckengroßes Teigtuch daraus entstanden ist. Indes: Nachahmung für Anfänger nur bedingt empfohlen!

GRUNDREZEPT STRUDELTEIG

Zutaten für zwei Stück:

250 g Mehl

1 Prise Salz

1 — 2 EL Öl oder zerlassene Butter

2 Eigelb

bis zu ca. 1/8 l lauwarmes Wasser

Öl oder flüssige Butter zum Bestreichen

1. Das Mehl mit dem Salz in eine Rührschüssel sieben.
2. In die Mitte eine Vertiefung drücken, dort hinein das Öl oder die flüssige, aber abgekühlte Butter träufeln.
3. Das Eigelb zufügen. Mit den Knethaken des Handrührers schlagen, dabei soviel Wasser zugießen, wie nötig, daß ein weicher und geschmeidiger Teig entsteht. Weiterschlagen, bis der Teig sich vom Schüsselrand löst.
4. Auf der bemehlten Arbeitsfläche durchwalken, dabei immer wieder auf die Arbeitsfläche werfen. Der Teig muß weich und elastisch sein.
5. Den Teig zu einer glatten Kugel formen, mit Öl oder flüssiger Butter einpinseln. Nun unbedingt mindestens eine halbe Stunde (noch besser über Nacht) ruhen lassen, dicht in Folie gepackt oder, besser noch, unter einem mit kochendheißem Wasser ausgespülten Topf, weil der Teig auf keinen Fall austrocknen darf.

DAS AUSZIEHEN

Es geschieht auf einem großen Tuch: Den Teig auf die Arbeitsfläche (viel Platz dafür freimachen!) breiten, mit Mehl bestäuben. Die Teigmenge halbieren, jede Portion einzeln ausziehen. Zunächst mit dem Nudelholz etwa tellergroß ausrollen. Mit Öl und Butter einpinseln. Dann mit dem Handrücken darunterfahren und den Teig ausziehen, bis er hauchdünn das gesamte Tuch bedeckt. Dickere Ränder abschneiden. Den Teig sofort füllen, damit er nicht austrocknen kann.

TOPFENSTRUDEL

Zutaten für sechs bis acht Personen (zwei Stück):

1 Grundrezept Strudelteig
Für die Füllung:
1 kg Topfen oder Magerquark
200 g Zucker
30 g weiche Butter
2 Eier
2 Eigelb
geriebene Zitronenschale
50 g Rosinen
100 g flüssige Butter zum Bestreichen
100 g Semmelbrösel zum Bestreuen
100 g Puderzucker zum Einstäuben

1. Den Teig nach dem Grundrezept herstellen und ruhen lassen.
2. Für die Füllung den Quark in einem Sieb abtropfen lassen. Zucker, Butter, Eier und Eigelb dick schaumig rühren. Zitronenschale und in Wasser eingeweichte, abgetropfte Rosinen zufügen.
3. Den Topfen oder Quark durch ein Sieb drücken und hinzugeben. Alles gut verrühren.
4. Den Teig dünn ausziehen. Die Fläche mit Butter einpinseln und mit Semmelbröseln bestreuen.
5. Auf die Hälfte der Fläche die Quarkfüllung streichen, einen schmalen Rand auch an den übrigen Seiten frei lassen.
6. Das Tuch an der Längsseite, wo sich die Füllung befindet, anheben — der Strudel rollt sich so ganz von selbst ein.
7. Den Teig an den Seiten einschlagen. Den Strudel mit der Nahtstelle nach unten in eine ausgebutterte Form (Reine) legen. Dick mit Butter einpinseln. Bei 220 Grad ca. 45 bis 55 Minuten backen.
8. Den Strudel vor dem Anschneiden 10 Minuten ruhen lassen, damit die Füllung sich festigt. Mit Puderzucker bestäubt servieren.

TIROLER STRUDEL

Zutaten:

1 Grundrezept Strudelteig
Für die Füllung:
100 g flüssige Butter
150 g zerbröselte Lebkuchen
150 g Trockenaprikosen
200 g Trockenfeigen
250 g Trockenpflaumen
100 g Sukkade
100 g Trockenbirnen
50 g Pistazien
100 g Puderzucker zum Bestäuben

1. Den Teig wie im Grundrezept zubereiten, ruhen lassen und ausziehen.
2. Die Teigfläche mit Butter einpinseln und mit Lebkuchenkrümeln bestreuen. Die übrigen Zutaten hacken, mischen und auf die Hälfte der Fläche verteilen.
3. Den Strudel aufrollen und, wie im Rezept Topfenstrudel beschrieben, backen und servieren.

Linzer Torte

Sie gehört neben der Sachertorte zu den berühmtesten Kunststücken österreichischer Patisserie.
Und zu den traditionsreichsten: Schon 1719 wurde ihr Rezept zum ersten Mal vermerkt,
im „Saltzburgischen Koch-Buch" des Conrad Hagger. Von einem einzig wahren Rezept
kann jedoch nicht mehr die Rede sein, zu viele Bäcker haben mittlerweile ihre eigene Phantasie
hineingearbeitet. Typisch ist aber stets: In den Teig gehören Zimt und Nelken.

Zutaten für den Teig:

150 g kalte Butter

150 g Mehl

150 g Puderzucker

100 g geriebene, ungeschälte Mandeln

1 Eigelb

2 hartgekochte, durch ein Sieb gedrückte Eidotter

Saft einer Zitrone

abgeriebene Zitronenschale

1 Msp Zimt

1 Msp Nelken

1 Prise Salz

Für den Belag:

250 g Himbeerkonfitüre

1 Eigelb zum Bestreichen

1. Alle Zutaten für den Teig mischen und rasch zu einer festen Kugel kneten. In Folie gepackt eine Stunde kalt stellen.
2. Zwei Drittel des Teigs 3 mm dick ausrollen. Eine Springform (24 cm Ø) damit auskleiden, dabei einen Rand von 1 cm Höhe formen, den Rest abschneiden.
3. Den Boden mit Konfitüre bestreichen.
4. Aus dem restlichen Teig halbzentimeterschmale Streifen schneiden, gitterförmig auf dem Marmeladenboden anordnen.
5. Mit Eigelb einpinseln. Bei 175 Grad 35 bis 40 Minuten backen.

Wichtig: Den Kuchen in der Form abkühlen lassen und erst dann auslösen, damit er sich festigen kann. Der Kuchen bröselt leicht auseinander.

Makronen-Teig

Für knuspriges, zartes Makronengebäck braucht man einen sogenannten Eiweißteig. Er besteht
aus reinem Eiweiß und viel Zucker, statt Mehl fügt man Mandeln oder andere Nüsse, auch Mandelmasse, wie zum Beispiel Marzipan, oder Kokosflocken
hinzu. Volumen und Luftigkeit bekommt das Gebäck durch steifen Eischnee. Will man es eher
knackig und fest, rührt man das Eiweiß ungeschlagen unter. Wie zum Beispiel für diese Mandel-Makronen.

MANDEL-MAKRONEN

Zutaten:

300 g Marzipanrohmasse

1 Eiweiß

50 g Zucker

150 g Mandelblättchen

1. Die Marzipanrohmasse mit dem Eiweiß und Zucker zu einer geschmeidigen Masse kneten.
2. Diesen Teig in einen Spritzbeutel mit Lochtülle füllen, kleine Kugeln auf das Blech spritzen und mit Zucker bestreuen. Oder zu einer Rolle von etwa 3 cm Durchmesser formen und jeweils Scheiben von 2 cm Stärke abschneiden.
3. Die Scheiben wiederum zu kleinen Rollen formen, in Mandelblättchen wälzen und zu Hörnchen oder Kugeln formen.
4. Die Mandelhörnchen oder -kugeln auf ein gefettetes Backblech setzen. Im vorgeheizten Ofen bei 200 Grad 15 Minuten blaßgolden backen.

Wichtig: Die Mandel-Makronen frisch essen. Sie bleiben jedoch noch ein paar Tage knackig, wenn man sie sofort nach dem Auskühlen in gut schließende Blechdosen packt.

Baumkuchen-Torte

Ein Baumkuchen, jener schlanke turmartige Kuchen mit den charakteristischen Querrippen, gehört zum Feinsten. Der duftige Teig mit verschwenderisch vielen Eiern und nur wenig Mehl oder Stärke (wodurch der Teig besonders zart wird) wird nicht in einer Form, sondern auf einer quer vor einer Hitzequelle rotierenden Walze gebacken. Im Haushalt, wo eine solche Spezialeinrichtung nicht zur Verfügung steht, bäckt man schichtweise in einer Springform. So wird aus Baumkuchen eine Torte.

Zutaten für eine Springform von 26 cm Ø:

200 g weiche Butter
1 Prise Salz
8 Eigelb
3 EL Milch
175 g Speisestärke
10 Eiweiß
200 g Zucker

Zum Glasieren:

200 g Aprikosenkonfitüre
200 g Puderzucker
2 EL Zitronensaft für den Guß

1. Eine Springform mit Backpapier auslegen. Den Ofen auf 220 Grad vorheizen.
2. Die Butter in einer großen Rührschüssel mit dem Handrührer schaumig schlagen, dabei salzen.
3. Nunmehr jeweils zwei Eigelb, etwas Milch und ein Viertel der Speisestärke zufügen und gründlich schlagen. Immer erst, wenn sich alles zu einer dicken, homogenen Masse verbunden hat, die nächste Portion zufügen und einarbeiten.
4. Eiweiß und Zucker zu steifem Schnee schlagen.
5. Zunächst ein Viertel davon mit einem Spachtel oder Schneebesen unter die Eiermasse rühren.
6. Dann den restlichen Eischnee behutsam, aber gründlich unterziehen. Es dürfen keine Schneeinseln mehr sichtbar sein.
7. Den Teig unverzüglich weiterverarbeiten, nicht zu lange stehenlassen.
8. Eine Schöpfkelle Teig auf dem Formboden glattstreichen. Die Schicht sollte knapp 4 mm hoch sein. Die Form für 3 bis 4 Minuten in den heißen Ofen stellen. Dann sollte die Masse ihren Glanz verloren haben und sich zart hellbraun färben. (Falls nicht, zusätzliche Oberhitze oder sogar den Grill einschalten.)
9. Auf diesem Boden wieder eine Kelle Teig verstreichen und zartbraun backen. So fortfahren, bis aller Teig verbraucht ist.
10. Den fertigen Kuchen auskühlen lassen. Damit sich die Masse setzen kann, erst nach 6 bis 7 Stunden stürzen. Der Kuchen kann mit Aprikosenkonfitüre bestrichen und zum Schluß mit Zuckerglasur überzogen werden.

Quark-Öl-Teig

Einfach ideal, wenn man Lust auf frisches Gebäck, aber keine Zeit hat, sich dafür lange in die Küche zu stellen. Quark-Öl-Teig ist universell verwendbar, zum Beispiel statt Hefeteig als Boden für Obstkuchen und alle anderen Arten von Kuchen vom Blech (auch salzige, wenn man Zucker, Vanille und Zitronenschale wegläßt). Oder für einen süßen Nußkranz.

NUSSKRANZ

Zutaten für den Teig:

50 g weiche Butter
170 g abgetropfter Quark
6 EL Öl
4 EL Milch
100 g Zucker
2 EL Vanillezucker
abgeriebene Zitronenschale
400 g Mehl
1 Päckchen Backpulver

Für die Füllung:

200 g Marzipanrohmasse
8 EL Milch
2 EL Rum
200 g Rosinen
100 g Korinthen
50 g gemahlene Mandeln
150 g gemahlene Haselnüsse
je 60 g Zitronat und Orangeat
2 EL Zucker

Zum Bestreichen:

1 Eigelb
150 g Aprikosenkonfitüre

Zum Bestreuen:

50 g Mandelblättchen

1. Butter, Quark, Öl, Milch, Zucker, Vanillezucker und Zitronenschale mit dem Handmixer glattrühren.
2. Mehl und Backpulver mischen und darübersieben. Alles zu einem geschmeidigen Teig verarbeiten.
3. Marzipan, Milch und Rum cremig rühren.
4. Den Teig rechteckig ausrollen. Die Marzipancreme darauf verstreichen. Die übrigen Zutaten gleichmäßig darüberstreuen.
5. Die Teigplatte locker aufrollen. Zu einem Kranz geformt auf ein gefettetes Blech legen. Die Oberfläche schräg einschneiden, mit Eigelb bestreichen und mit Mandelblättchen bestreuen.
6. Bei 200 Grad 45 Minuten backen.
7. Den noch heißen Kuchen mit Aprikosenkonfitüre einpinseln.

Brandteig – Gebäck
zart wie ein Hauch

Der Teig, der gekocht wird, bevor man ihn backen kann

— Das allerwichtigste: niemals mit Augenmaß arbeiten, sondern genau abwiegen und messen.
— Das Wasser rasch zum Kochen bringen, dann aber sofort vom Feuer nehmen, damit es nicht verdampft — sonst stimmt die Menge nicht mehr.
— Die Eier einzeln hinzufügen, je nach Größe kann das letzte bereits zuviel sein. Der Teig muß glänzen und feste Spitzen bilden.
— Backpulver kann die Lockerung unterstützen. (Meist tun dies jedoch die Eier bereits zur Genüge.) Man darf es aber erst unter den abgekühlten Teig rühren. Seine Treibkraft wird sonst im warmen Teig bereits in Gang gesetzt und verpufft schon, bevor der Teig in den Ofen kommt.

TIPS RUND UM DEN TEIG

1. Das Mehl auf einmal in das siedende Wasser schütten, sonst gibt's Klümpchen.
2. Den Mehlbrei auf mittlerem Feuer stetig rühren, bis sich ein Teigkloß bildet und ein weißer Film den Topfboden überzieht.
3. Den heißen Brei in eine kühle Rührschüssel umfüllen. Die Eier könnten im zu heißen Topf gerinnen und ihre Bindefähigkeit verlieren.
4. Für süßes Gebäck kann man den Teig zum Schluß leicht süßen (höchstens 1 bis 2 EL Zucker oder Vanillinzucker zufügen), für salzige Windbeutel den Teig mit geriebenem Käse, grob geschrotetem Pfeffer, Kümmel oder Paprika würzen.

Brandteig gilt als delikat. Was das Gebäck daraus angeht, so kann man dem bedenkenlos zustimmen. Es ist unvergleichlich zart und knusprig — ein Hauch von Gebäck . . . Was indessen seine Zubereitung angeht: Einspruch! Denn so schnell und problemlos ist kaum ein anderer Teig gemacht! Voraussetzung allerdings: peinliche Genauigkeit beim Abmessen der Zutaten und beim Befolgen der Koch- und Backzeit.

WARUM DER BRANDTEIG GEKOCHT SEIN WILL

Man nennt ihn auch — sprachlich eher ungenau — Brühteig. Doch gebrüht wird im küchentechnischen Sinne nichts. Vielmehr wird der Teig abgebrannt: Das Mehl wird in einer exakt bemessenen Menge Wasser aufgelöst, das zuvor mit Fett angereichert wurde, und so lange gekocht, bis das Wasser absorbiert ist. Dabei wird die im Mehl enthaltene Stärke aufgeschlossen, es bildet sich dadurch eine zähe, feste Masse, in der sich beim Backen keine feinen Poren bilden können, wie man das sonst gewohnt ist. Eier, die man nun in diese Masse rührt, bewirken, daß dieses Teiggerüst aufgeplustert wird — statt Poren bilden sich dann große Luftkammern.

SO LÄSST SICH BRANDTEIG AM BESTEN FORMEN

Der Teig ist sehr weich, er läßt sich also nicht mit der Hand formen oder kneten. Man kann ihn
— mit zwei Löffeln abstechen und als Häufchen aufs Blech setzen oder
— in einen Spritzbeutel füllen und mit Tüllen verschiedener Größe ganz nach Wunsch zu Häufchen, hübschen Rosetten oder beliebigen Formen spritzen.
— Für zarte Tortenböden wird Brandteig flach auf ein Blech oder den Springformboden aufgestrichen.

TIPS FÜRS BACKEN

1. Das Blech immer gut einfetten oder, besser noch, mit Backpapier auslegen.
2. Die Teighäufchen mit ausreichend Abstand voneinander aufs Blech setzen. Sie verdoppeln bis verdreifachen ihr Volumen beim Backen und kleben sonst aneinander.
3. Im gut vorgeheizten Ofen backen! Auf keinen Fall während der ersten Hälfte der Backzeit die Tür öffnen — das Teiggerüst ist noch zu empfindlich und fällt sofort zusammen.
4. Wenn das Gebäck gefüllt werden soll, muß es noch heiß aufgeschnitten werden. Es bricht an den falschen Stellen, wenn man dies erst mit dem abgekühlten Gebäck tut. Aber natürlich erst füllen, wenn alles abgekühlt ist.

GERÄTE

Kochtopf
Holzrührlöffel
Rührschüssel
Handrührgerät
Spritzbeutel
Backpinsel
Backblech

ZUTATEN

für 12 Windbeutel oder
35—40 Profiteroles

¼ l Wasser	
½ TL Salz	
100 g Butter	
150 g Mehl	
4 Eier	

BACKZEIT

Vorbereitungszeit:
20—25 Minuten
Backdauer:
12—20 Minuten
Backtemperatur:
200 Grad
Auskühlen:
15—20 Minuten

LAGERUNG

— Brandteig sollte möglichst sofort verarbeitet werden. Er wird grau, zäh und bildet eine feste Kruste, wenn man ihn stehenläßt.
— Man kann ihn aber einfrieren. Weil er wenig Fett enthält, läßt er sich so fast ein Jahr aufheben und aufgetaut wie frisch verarbeiten.
— Weil Brandteig aber schnell gemacht ist — rascher, als aufgetaut —, ist es besser, das fertige Gebäck einzufrieren. Es ist bei Zimmertemperatur in knapp einer halben Stunde wieder aufgetaut. Noch schneller steht es zur Verfügung, wenn man es im heißen Ofen fünf Minuten lang durchwärmt.
— Ansonsten Brandteiggebäck sofort essen. Es verliert bei normaler Luftfeuchtigkeit rasch seine Knusprigkeit. Vor allem natürlich, wenn es mit Cremes oder Sahne gefüllt ist.

ZUBEREITUNG

1. Die Zutaten abmessen und in Griffweite stellen.

2. Das Wasser in einem ausreichend großen Topf aufkochen und salzen.

3. Die Butter zufügen und im heißen Wasser auflösen.

4. Das Mehl auf einmal in das Wasser schütten, dabei ständig rühren.

5. Auf mittlerer Hitze so lange rühren, bis sich ein Klumpen bildet.

6. Den Teigkloß noch zwei Minuten auf allen Seiten „abbrennen".

7. Den Teigkloß in eine Rührschüssel umfüllen.

8. Nach und nach die Eier einzeln zufügen und unterrühren.

9. Stets erst das nächste Ei zufügen, wenn das vorige untergerührt ist.

10. Ein Backblech mit Butter einstreichen.

11. Das gefettete Backblech mit Mehl einstäuben.

12. Die Teigmasse in einen Spritzbeutel füllen.

WINDBEUTEL

1. Für Windbeutel die große Sterntülle einsetzen.

2. Den Teig in Form tennisballgroßer Rosetten auf das Blech spritzen.

3. Die Windbeutel im 200 Grad heißen Ofen 20 Minuten backen.

4. Auf einem Kuchenrost auskühlen lassen.

PROFITEROLES

1. Für Profiteroles walnußgroße Rosetten auf das Blech spritzen.

2. Im 200 Grad heißen Ofen nur 12 bis 15 Minuten backen.

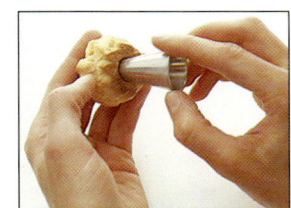

3. Mit der Spritztülle ein Loch in den Boden stupfen.

4. Die Profiteroles mit Creme oder Sahne aus dem Spritzbeutel füllen.

Schmecken
am besten, wenn niemand
beim Essen zusieht

**MANDARINEN-
WINDBEUTEL**

Zutaten:

*1 Grundrezept Brandteig
(Seite 199)*

Außerdem:

*300 g Mandarinenfilets
aus der Dose*

½ l Sahne

2 – 3 EL Zucker

*2 EL Puderzucker zum
Bestäuben*

1. Nach dem Grundre-
zept Windbeutel backen,
aufschneiden und aus-
kühlen lassen.
2. Die Mandarinenfilets in
einem Sieb abtropfen
lassen. Den Saft ander-
weitig verwenden.
3. Die Mandarinenfilets
auf die Böden der Wind-
beutel verteilen.
4. Die Sahne steif schla-
gen und mit dem Zucker
süßen. In einen Spritz-
beutel füllen. Die Manda-
rinen damit großzügig
überhäufen.
5. Die Deckel auflegen.
Mit Puderzucker bestäu-
ben.

HIMBEER-WINDBEUTEL

Zutaten:

*1 Grundrezept Brandteig
(Seite 199)*

Außerdem:

500 g frische Himbeeren

½ l Sahne

2 – 3 EL Zucker

*Puderzucker zum
Bestäuben*

1. Nach dem Grundre-
zept Windbeutel backen,
aufschneiden, auskühlen
lassen.
2. 400 g Himbeeren auf
die Böden der Windbeu-
tel verteilen und zuckern.
3. Die restlichen Himbee-
ren pürieren und unter
die gesüßte, steif ge-
schlagene Sahne mi-
schen.
4. Die Windbeutel damit
füllen.
5. Deckel auflegen und
mit Puderzucker bestäu-
ben.

SAHNE-WINDBEUTEL

Zutaten:

*1 Grundrezept Brandteig
(Seite 199)*

Außerdem:

½ l Sahne

2 – 3 EL Zucker

*Puderzucker zum
Bestäuben*

Die nach Grundrezept
hergestellten Windbeutel
mit der steif geschlage-
nen Sahne füllen. Den
Deckel mit Puderzucker
bestäuben.

Natürlich pflegen gesittete Menschen einen gefüllten Windbeutel zierlich mit der Kuchengabel zu zerteilen,
wie es sich gehört. Aber versuchen Sie doch mal, wenn's keiner
sieht, sie nach Kinderart zu verspeisen: In beide
Hände nehmen und hineinbeißen. Da hat man zwar seine liebe Not
mit Krümeln, quellender Füllung, und es
geht auch niemals ohne Kleckern ab. Aber man spürt erst richtig,
wie ein Windbeutel gemeint ist — oben
und unten knusprig, aber innen schmelzend zart . . .

ERDBEER-WINDBEUTEL

Zutaten:

*1 Grundrezept Brandteig
(Seite 199)*

Außerdem:

500 g frische Erdbeeren

½ l Sahne

2 — 3 EL Zucker

*Puderzucker zum
Bestäuben*

1. Nach Grundrezept
Windbeutel herstellen,
mit halbierten oder in
Scheiben geschnittenen
Erdbeeren belegen und
zuckern.
2. Mit der steif geschla-
genen, gesüßten Sahne
füllen.
3. Den Deckel aufsetzen
und mit Puderzucker be-
stäuben.

GLASIERTE WIND-
BEUTEL

Es sieht hübsch aus und
schmeckt doppelt gut,
wenn man den Wind-
beuteldeckel mit einem
Guß überzieht. Zum Bei-
spiel:

Zuckerguß: 150 g Puder-
zucker mit 1 EL Wasser,
Rum oder Zitronensaft
glattrühren.
Schokoladenguß: 100 g
Zartbitter- oder Vollmilchschokolade (auch Kuver-
türe) im Wasserbad
schmelzen. Mit einem
Pinsel auftragen.

Aprikosenguß: 4 EL Apri-
kosenkonfitüre mit 1 EL
Zucker und 1 EL Wasser
aufkochen. Noch heiß
auf die Deckel pinseln.
Karamelguß: 10 EL Zuk-
ker mit 4 EL Wasser in
einem kleinen Topf auf
mittlerem Feuer unter
Rühren kochen, bis ein
goldbrauner Karamel
entstanden ist (Seiten
208/209). Mit einem Löf-
fel auf die Deckel träufeln
und verlaufen lassen.

Wichtig:
Gefüllte Windbeutel so-
fort servieren und essen.
Sie weichen unter ihrer
feuchten Füllung rasch
auf.
Etwas länger bleiben sie
knusprig, wenn man den
Früchten ein Bett aus
Vanillecreme macht (Sei-
ten 236/237).

Kringel, Kränze, Brezeln — duftiges Gebäck

Mit Hilfe des Spritzbeutels kann man dem weichen Brandteig die verschiedensten Formen geben. Je nach Tüllengröße werden dann häppchenkleine Bissen, dekorative Ornamente oder Gebäck für eine Dessertportion daraus. Das schmeckt süß gefüllt zum Tee oder Kaffee, mit einer Käse- oder Kräutercreme zum Aperitif.

MANDELKRÄNZE

(Foto links oben)
Zutaten:

¼ l Wasser
½ TL Salz
100 g Butter
150 g Mehl
4 Eier
Außerdem:
50 g gehobelte Mandeln

1. Wie im Grundrezept Brandteig (Seite 199) den Teig herstellen.
2. In einen Spritzbeutel mit kleiner Sterntülle füllen. Mehrere kleine Ringe (ca. 8 bis 10 cm Durchmesser) auf ein gefettetes Blech spritzen.
3. Die Teigkränzchen mit Mandelblättchen bestreuen. Bei 200 Grad 25 Minuten backen.

Variation:
Statt kleiner Portionskränzchen einen großen Kuchenkranz auf das Blech spritzen. Dafür die große Sterntülle verwenden. Nach Belieben auch den Ring doppelt oder dreifach spritzen. Bei 200 Grad 40 Minuten backen. Nach Belieben statt mit Mandelblättchen mit gehackten Pistazien oder Hagelzucker bestreuen.

SPRITZMUSTER

Den Teig jeweils nach dem Grundrezept für Mandelkränzchen (linke Spalte) herstellen und ihm mit dem Spritzbeutel verschiedene Formen geben. Hier ein paar Ideen dafür:

BREZELN

(Foto links unten)
Die mittlere Sterntülle nehmen. Eine Brezelform spritzen. Mit Hagelzucker bestreuen.

ORNAMENTE

(Foto Mitte oben)
Zum Dekorieren von Torten oder Desserts. Die kleinste Lochtülle oder eine Pergamenttüte nehmen (Seite 246).
Nur 5 bis 10 Minuten backen. (Ideen für weitere Formen Seiten 254/255).

PROFITEROLES
(Foto Mitte und Fotos
Seite 199)
Die kleine Lochtülle neh-
men. Haselnußgroße
Tupfen auf das Blech
setzen. Nur 5 Minuten
backen. Man kann sie
süß oder salzig füllen
oder ungefüllt als Sup-
peneinlage verwenden.

ECLAIRS
(Foto Mitte und rechts
unten)
Mittelgroße Sterntülle
verwenden. 10 cm lange
gerade oder leicht ge-
wellte Streifen spritzen.
10 Minuten backen.

MUTZEN
(Foto oben rechts)
Den Teig mit dem Teelöf-
fel abstechen, mit dem
Finger aufs Blech strei-
fen, so bekommen sie
ihre mondartige Form.
10 Minuten backen. Mit
Zucker bestreut zum Tee,
in Gewürzsalz gewälzt
zum Sekt oder Cham-
pagner reichen.

STERNENKRANZ
(Foto Mitte rechts)
Mit der kleinen Sterntülle
kleine Tupfen kranzför-
mig aufs Blech setzen.
20 Minuten backen.

SCHWANENHÄLSE
(Foto Seiten 208/209)
Mit einer kleinen Stern-
tülle Schwanenhälse wie
Fragezeichen ohne
Punkt aufspritzen. 10 Mi-
nuten backen. Für Deko-
rationen verwenden.

Spritzgebäck
in seiner schönsten Form

Das klassische Spritzgebäck kommt aus dem heißen
Fettbad, nicht aus dem Backofen. Dort bräunt
es rascher und intensiver — wie wir Menschen unter südlicher
Sonne. Spritzgebäck bekommt dadurch eine
unnachahmliche Knusprigkeit — was für uns Menschen nur
bedingt gilt. In Spanien übrigens, wo beides wie
selbstverständlich zur Verfügung steht, die bräunende Sonne
wie gebräuntes Spritzgebäck, zieht man letzteres
der Sonne vor. Man liebt die duftend heißen Churros vor allem
frühmorgens, nach einer angenehm durchzechten
Nacht zum erquickenden Frühstück, bevor die Sonne kommt . . .

ROSINENKRAPFEN

(Foto oben)

Zutaten:

1 Grundrezept Brandteig
(Seite 199)

Außerdem:

50 g Rosinen

4 EL Puderzucker

1. In den Brandteig die
Rosinen rühren.
2. Mit einem Eßlöffel
Häufchen abstechen und
in heißem Öl golden
ausbacken.
3. Abgetropft in Puder-
zucker wälzen.

CHURROS

Spanisches Spritzgebäck
(Foto unten)

Zutaten:

1 Grundrezept Brandteig
(Seite 199)

Außerdem:

½ TL Zimt

2 EL Zucker

1. Den Teig in einen
Spritzbeutel mit mittlerer
Sterntülle füllen.
2. Etwa 15 cm lange
Streifen ins heiße Öl
spritzen und ausbacken.
3. In Zimtzucker wälzen.

EBERSWALDER
SPRITZGEBÄCK

(Foto Mitte)

Zutaten:

1 Grundrezept Brandteig
(Seite 199)

Außerdem:

6 EL Puderzucker

1 EL Wasser

1. Den Teig in einen
Spritzbeutel mit mittlerer
Sterntülle füllen.
2. Kringel auf einen mit
Öl bestrichenen Bogen
Pergamentpapier sprit-
zen. Von dort in das hei-
ße Öl schubsen und gol-
den ausbacken.
3. Mit einem Guß aus
Puderzucker und Wasser
einpinseln.

TIPS ZUM FRITIEREN

— Ein hoch erhitzbares
Öl oder Pflanzenfett neh-
men. In Bayern schätzt
man Butterschmalz, in
Spanien Oliven- oder
Erdnußöl, wegen des
intensiven Geschmacks
als zusätzliches Gewürz.
— Nie zu viele Teigstücke
auf einmal in das sie-
dende Fett geben, da-
durch würde die Tempe-
ratur zu stark absinken.
— Fritiert wird bei ca.
190 Grad. Die Hitze ist erreicht, wenn an einem
Holzlöffel, den man ins
Fett taucht, dicke Bläs-
chen emporsteigen.
Bei einer elektrischen
Friteuse läßt sich die
richtige Hitze mit dem
Thermostat automatisch
halten.
— Das Gebäck mit einer
Schaumkelle herausse-
ben, gut abtropfen las-
sen. Auf einer dicken
Lage Küchenpapier
überschüssiges Fett zu-
sätzlich abtupfen.

Ein Hoch
auf den heiligen Honorius!

Denn ihm wurde eine Torte gewidmet, die wahrlich zu den Prachtstücken
der Patisserie gehört. Warum, weiß nicht einmal das
sonst wohlinformierte Nachschlagewerk „Larousse Gastronomique".
Immerhin gilt der Heilige (um 660 Bischof von Amiens)
heute noch als Schutzpatron der Bäcker. Der Larousse behauptet
zwar, nichts in seinem Leben weise auf einen triftigen
Grund dafür hin, aber die Torte St.-Honoré existiert, und das
sollte uns Legitimation genug sein.

TORTE ST.-HONORÉ

Zutaten:

*1 Grundrezept Brandteig
(Seite 199)*

*200 g Blätterteig,
selbstgemacht nach
dem Grundrezept
(Seite 167) oder fertig
gekauft*

3 EL Zucker

Für die Füllung:

½ l Milch

1 Vanilleschote

100 g Zucker

1 Prise Salz

5 Eigelb

30 g Mehl

3 Eiweiß

2 EL Zucker

Für den Karamel:

10 EL Zucker

4 EL Wasser

1. Den nach dem Grundrezept hergestellten Brandteig mit Hilfe des Spritzbeutels (große Lochtülle) auf den dünn ausgewellten, rund (24 cm Ø) ausgestochenen Blätterteigboden spiralförmig von der Mitte nach außen spritzen (Foto oben links). Den Blätterteigboden zuvor mit einer Gabel mehrmals einstechen.

2. Mit dem restlichen Brandteig 14 bis 16 kleine Teighäufchen kugelförmig auf das Blech spritzen. Alles mit Zucker bestreuen. Das Blech für 30 bis 40 Minuten in den 200 Grad heißen Ofen schieben. Boden und Kugeln backen, bis sie eine dunkelgoldene Farbe haben (Foto oben rechts).

3. Für die Füllung die Milch aufkochen. Die Vanilleschote längs aufschlitzen, das Mark mit einem Messer herauskratzen und in der Milch mitziehen lassen. Zucker, Salz und Eigelb mit einem Schneebesen dick rühren, das Mehl zufügen. Die heiße Milch unter Rühren angießen und alles zurück in den Milchtopf schütten. Auf mittlerem Feuer unter ständigem Rühren erhitzen, bis die Creme dicklich wird. Beim ersten Aufwallen sofort vom Feuer ziehen und unter weiterem Rühren etwas abkühlen lassen.

4. Die Brandteigkugeln an der Unterseite mit der Spritztülle einstechen (Seite 199) und mit der noch warmen Creme füllen. Ein Küchentuch um den Spritzbeutel legen, wenn er zu heiß zum Anfassen sein sollte.

5. Den Zucker, wie auf den Seiten 208/209 gezeigt, zu mittelbraunem Karamel kochen (Phasen 3 und 4). Die Brandteigkugeln mit einer Gabel aufspießen und hineintauchen, bis sie halb davon überzogen sind und glänzen. (Vorsichtig, der Karamel ist sehr heiß.) Als Rand auf den gebackenen Boden setzen (Foto unten links).

6. Das Eiweiß steif schlagen, Zucker einrieseln lassen und unter die restliche heiße Creme ziehen. In die Tortenmitte füllen, dabei mit dem Spachtel wolkig aufhäufen (Foto unten rechts).

Wichtig:
Wie für alles Brandteiggebäck gilt auch hier: Ihren Höhepunkt hält die Torte nur kurze Zeit. Die Creme weicht das zarte Gebäck auf, auch die Zuckerhülle zieht Feuchtigkeit an. Deshalb die Torte erst unmittelbar vor dem Servieren fertigstellen, mit Karamel glasieren und mit Creme füllen. Und möglichst sofort verspeisen.

Was Schwäne, Liebesknochen und Tortenböden gemeinsam haben

Sie sind allesamt aus duftigem Brandteig gemacht. Mit kaum einer anderen Teigsorte kann man so viel unterschiedlich geformtes Gebäck herstellen.
Von dekorativen Schwänen, Schmuckstücke jeder Kuchenplatte, bis zur Flockentorte, knusprig-zarter Mittelpunkt einer Kaffeetafel.
Brandteiggebäck verhilft ein Make-up von Karamel zu zusätzlichem Glanz.
Wie man ihn richtig hinkriegt, sehen Sie hier.

ZUBEREITUNG SCHWÄNE

1. Nach dem Grundrezept (Seite 199) Windbeutel, nach der Anleitung (Seite 203) Schwanenhälse backen.

2. Die Windbeutel noch warm aufschneiden. Will man sie abgekühlt zerteilen, zerbrechen sie leicht.

ZUBEREITUNG LIEBESKNOCHEN

1. Auf französisch nennt man so geformtes Brandteiggebäck Eclairs (Seite 203).

2. Noch warm mit einem scharfen Messer quer halbieren. Das Gebäck dann auskühlen lassen.

ZUBEREITUNG FLOCKENTORTE

1. Zwei Brandteigböden (26 cm Ø) auf ein Blech streichen und 15 bis 20 Minuten backen.

2. Die Böden noch warm mit Hilfe des Springformrands oder eines Tortenrings sauber ausschneiden und abkühlen lassen.

ZUBEREITUNG KARAMEL

1. 10 EL Zucker (ca. 150 g) mit 4 EL Wasser in einem kleinen Topf auf mildem Feuer verrühren.

2. Bei hoher Temperatur zum Kochen bringen, dabei ständig rühren, bis das Wasser vollständig verdampft ist.

3. Den Deckel zusätzlich quer durchschneiden. Die beiden Hälften ergeben die Schwanenflügel.

4. Die untere Hälfte des Windbeutels mit einer beliebigen Creme oder Sahne füllen.

5. Den Schwanenhals ansetzen und die beiden Flügel schräg auf die Sahne betten.

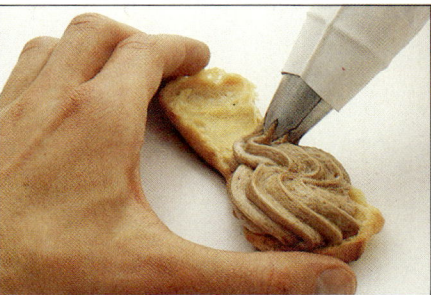

3. Den Deckel mit Aprikosenglasur einpinseln (Seiten 248/249). Die Glasur erkalten lassen.

4. Die untere Hälfte dick mit Mokkacreme (Seiten 232/233) aus der Spritztülle bedecken.

5. Beide Hälften vorsichtig zusammensetzen. Möglichst sofort servieren und essen.

3. Den unteren Boden mit 4 EL Pflaumenmus bestreichen. Die Hälfte von ¾ l Schlagsahne daraufgeben.

4. Einen Boden auflegen und ebenso mit Pflaumenmus und rundum mit Sahne bestreichen.

5. Kuchenreste zerbröselt auf der Oberfläche verteilen. Den Rand mit Sahne verzieren und die Oberfläche zuckern.

3. Danach färbt sich der Karamel langsam hellbraun. Jetzt die Hitze zurückschalten.

4. Nunmehr geht es sehr schnell: Der Karamel durchläuft die verschiedenen Konzentrationsstufen.

5. Zum Zuckerspinnen (Seiten 210/211) sollte der Zucker diese dunkelgoldene Farbe haben.

Croquembouche — das Dornröschen der Patisserie

Sie haben tatsächlich eine Menge gemeinsam, jene prächtige Pyramide aus süß gefüllten Profiteroles und das für 100 Jahre in tiefen Schlaf gefallene Königskind. Was fürs Dornröschen die stachelbewehrten Rosen waren, die jeden Zugang undurchdringlich machten, ist für Croquembouche ein dichtes Gespinst aus zarten Zuckerfäden.

WOHER DER KOMPLIZIERTE NAME KOMMT

„Knackt im Mund" heißt Croquembouche wörtlich übersetzt und beschreibt anschaulich und exakt, worum es dabei geht: Eine knusprige Sache, die knackt, wenn man draufbeißt. Im allgemeinen versteht man darunter mit Zucker glasierte Bissen, wie karamelisiertes Konfekt. Hier im besonderen ist eine stolze Pyramide aus cremegefüllten und mit Karamel überzogenen Profiteroles gemeint, die von feinsten Zuckerfäden umsponnen sind. Wirklich ein Meisterstück! Denn nicht nur die Pyramide zu schichten ist eine delikate Sache, das haarfeine Gespinst aus Zuckerfäden ist schwierig herzustellen und erfordert Übung.
Das soll nicht verschwiegen werden, damit Sie nicht beim ersten Versuch, mit Brandblasen an den Fingern, entmutigt aufgeben.

DAS ZUCKERKOCHEN

Man braucht dafür eine Kasserolle aus leitfähigem Material, mit dickem Boden, der die Temperatur hält. Profis nehmen Kupfertöpfe oder Edelstahl-Kasserollen mit dreifach verstärktem Boden (Kupferkern).
Der Zucker wird, wie auf den Seiten 208/209 gezeigt, zunächst mit Wasser aufgelöst und so lange gekocht, bis es wieder verdampft ist. Und nun geht es blitzschnell: Von klar-durchsichtig durchläuft der Zuckersirup die verschiedenen Konzentrationsstadien, bis er verbrennt. Zum Zuckerspinnen muß man den Topf vom Herd nehmen, sobald der Zucker so dunkel geworden ist, wie auf dem Foto 5 (Seite 209) zu sehen ist. Diesen Karamel etwas abkühlen lassen, bis er zäh, aber noch nicht fest wird. Den Topf unmittelbar neben die fertig geschichtete Pyramide halten. Jetzt eine Gabel eintauchen, hochziehen, den Faden, der sich an der Gabel bildet, blitzschnell um die Pyramide legen.
Vorsicht:
Niemals den heißen Zucker anfassen, man verbrennt sich scheußlich die Finger.

CROQUEMBOUCHE

Zutaten:

1 Grundrezept Brandteig (Seite 199)
½ Grundrezept Mürbeteig (Seite 103)
½ l Sahne
1 Tütchen echter Vanillezucker
1 EL Zucker
Für den Karamel:
150 g Zucker
4 EL Wasser

1. Nach dem Grundrezept walnußgroße Profiteroles backen.
2. Aus dem Mürbeteig einen Tortenboden (22 cm Ø) backen und auskühlen lassen.
3. Sahne mit Vanillezucker und Zucker steif schlagen. Die Profiteroles damit füllen (Seite 199).
4. Zucker und Wasser zu hellbraunem Karamel kochen. Die gefüllten Profiteroles darin halb eintauchen und auf dem Mürbeteigboden pyramidenartig aufschichten. (Vorsichtig, nicht mit den Fingern berühren, der Karamel ist sehr heiß!)
5. Den Karamel eventuell nochmals etwas erwärmen, mit der Gabel Fäden daraus ziehen und die Pyramide damit einspinnen.

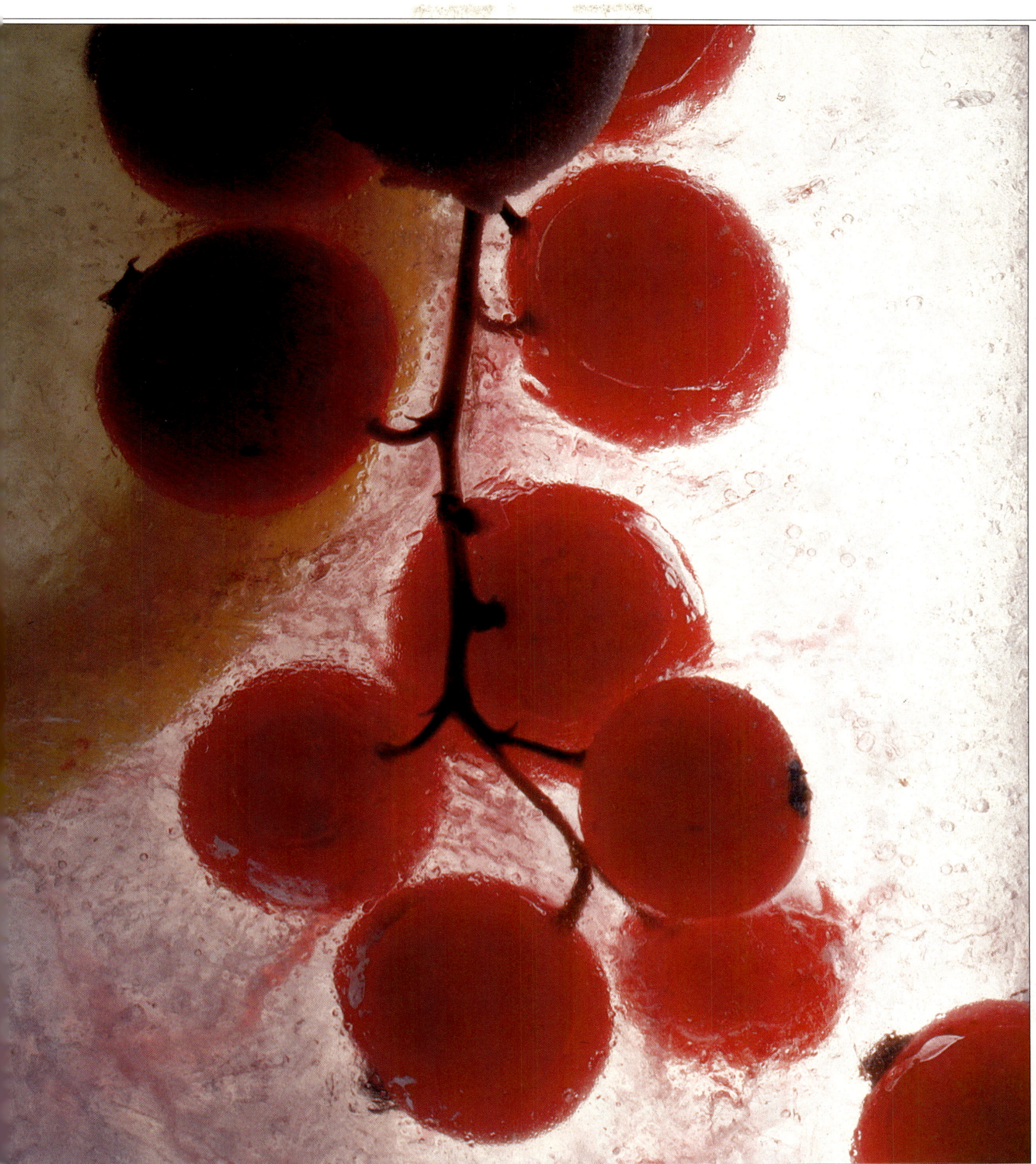

Kalt und schnell —
„Backwerk", das nicht viel Arbeit macht

SORBET
(Foto links)

Erfrischend und leicht, nur aus Obstsaft, Obstpüree, aus aromatischem Wein (zum Beispiel Sauternes oder Gewürztraminer), aus Kräutersud oder Gemüsesud. Letztere empfehlen sich besonders als Erfrischung während eines großen Menüs. Man reicht das Sorbet vor dem Fleischgang.

Sorbets sollte man in einer Eismaschine bereiten. Weil sie sehr wasserhaltig sind, stören die sich sehr ausgeprägt bildenden Kristalle besonders.

Wer keine Eismaschine hat, bereitet Sorbet lieber so zu: Das Obst geputzt einfrieren, Gemüse- oder Kräutersud in Eiswürfelbehältern gefrieren. Obststücke oder Eiswürfel aus Kräutersud noch gefroren mit etwas Zuckersirup im elektrischen Zerhacker zu cremigem Schnee mixen. Sofort in gekühlten Gläsern servieren.

PARFAIT
(Foto Mitte)

Im Parfait verhindert das viele Eigelb zusammen mit der Sahne und dem Alkohol, daß sich Eiskristalle bilden. Deshalb braucht es während des Einfrierens nicht gerührt zu werden. Man kann die Masse in Eisbombenformen fest werden lassen und als prächtiges Dessert, auf eine Platte gestürzt, servieren. Für ein Eissoufflé, wie hier abgebildet, umwickelt man ein Souffléförmchen mit einem festen Mantel aus

Heißgeliebt: das eiskalte Vergnügen

Die Chinesen kannten es bereits vor 5000 Jahren. Hippokrates nahm es gar als Medizin, weil Eis, wie er sagte, „die Säfte belebt und das Wohlbefinden hebt". Und ein Kaiser des Römischen Reiches wie Nero hatte natürlich seine eigene Eis-Staffette laufen.
Die Liebe zum Eis ist immer noch ungebrochen. Heute ist es jedoch ungleich einfacher, Eis zu bekommen. Carl von Linde sei Dank!

EIS GIBT'S IN VERSCHIEDENEN SORTEN

Für fertig zu kaufendes Eis gibt es gesetzliche Vorschriften. Aber auch für Selbstgemachtes gilt: Eis ist nicht einfach Eis.
Man unterscheidet zwischen Fruchteiscreme aus püriertem Obst, unter das steif geschlagene Sahne gezogen wird, Fruchteis ohne Sahne, sogenannte Sorbets, die auch aus Saft, Wein oder Kräutersud bestehen können, und Parfaits, sehr gehaltvolle Eiscremes, die durch reichlich Eigelb sanft und cremig werden. Wenn man die Eismasse in Gefrierschalen fest werden läßt, entstehen darin winzige Eiskristalle, die beim Essen in die Zunge pieksen. Um das zu vermeiden, muß die Masse während des Gefrierens ständig gerührt werden.
Mit der Hand ist das mühsam und verzögert den Zeitpunkt des Festwerdens erheblich. Deshalb sind in der letzten Zeit Eismaschinen Mode geworden. Elektrisch oder mit der Hand betrieben, mit eigenem Kühlaggregat oder um sie ins Gefrierfach zu stellen.

Pergament, der etwa drei bis vier Zentimeter über den Formrand hinausragt.

Die Parfaitmasse mindestens zwei Zentimeter hoch über den Formrand einfüllen und fest werden lassen.

Ein Parfait ist zwar von den Zutaten her aufwendig, aber leicht zuzubereiten, vor allem, wenn man keine Eismaschine hat. Wichtig ist nur: Das Eigelb muß heiß dick gerührt werden, aber abgekühlt mit der Sahne und den Geschmackszutaten vermischt. Mit Parfaitmasse werden zum Beispiel Eistorten gefüllt (Grundrezept und Zubereitung Phasenfotos rechte Seite).

EISCREME
(Foto rechts)

Eiscreme wird in vielen Qualitäten und Geschmacksrichtungen im Handel angeboten. Vom hochwertigen Cremeeis bis zum Kunstspeiseeis mit künstlichen Aromastoffen.

Cremeeis läßt sich mit Hilfe einer Eismaschine selbst herstellen. Milch und Sahne werden dabei gekocht und mit Eigelb vermischt. Wie bei einer englischen Creme (Seiten 236/237) wird die Masse dann bei schwacher Hitze so lange gerührt, bis sie cremig dick ist. Mit Aromastoffen, wie zum Beispiel Schokolade, vermischt, wird sie in einer Eismaschine gefroren, am besten zu Kugeln portioniert im Waffelhörnchen serviert.

GERÄTE

Rührschüsseln
Topf
Handrührgerät
feine Reibe
Spachtel
kleines Messer
großes Messer
Springform
(22 bis 24 cm Ø)
Spritzbeutel
Sterntülle

ZUTATEN

5 Eigelb
200 g Puderzucker
Schale und Saft von
2 ungespritzten Orangen
¾ l Sahne
7 EL Orangenlikör
1 Biskuitboden (Seite 71)
¼ l Sahne zum Garnieren
1—2 EL Zucker

ARBEITSZEIT

Vorbereitung:
40 Minuten
Gefrierzeit:
4—5 Stunden
Fertigstellung:
30 Minuten

EISBEREITER

Es gibt unterschiedliche Modelle — für jeden Geldbeutel. Vom hand-betriebenen Gerät, das mit einer Eis-Salz-Mischung gekühlt wird, bis zum elektrisch rüh-renden Modell, das in das Gefrierfach gestellt wird und sich ausschal-tet, sobald die Masse die richtige Konsistenz er-reicht hat. Und schließ-lich die komplette Eis-maschine mit eigenem Kühlaggregat, in die man die Zutaten nur noch ein-füllt; Rühren und Gefrie-ren erledigt die Maschi-ne von selbst.

ZUBEREITUNG PARFAITMASSE UND EISTORTE

1. Die Zutaten abmessen und auf der Arbeitsfläche bereitstellen.

2. Das Eigelb in eine möglichst metallene Rührschüssel füllen.

3. Den Puderzucker zu dem Eigelb schütten.

4. Eigelb und Zucker im heißen Wasserbad dick schlagen.

5. Die Creme aus dem Wasserbad nehmen und kalt schlagen.

6. Die Schale zweier ungespritzter Orangen abreiben.

7. Die Sahne mit dem Handrührer steif schlagen. Zusammen . . .

8. . . . mit 3 EL Orangen-likör und -schale unter die Creme ziehen.

9. Den Biskuitboden mit einem großen Messer quer halbieren.

10. Einen Boden in eine Springform legen. Mit Likör und Saft tränken.

11. Die Parfaitmasse in die Form gießen und glattstreichen.

12. Den zweiten Boden aufsetzen, sanft, aber gleichmäßig festdrücken.

13. Mit dem restlichen Saft und Likör tränken. 4 bis 5 Stunden gefrieren.

14. Die gefrorene Torte mit einem kleinen Messer aus der Form lösen und auf eine Platte setzen.

15. Die Sahne steif schlagen, dabei nach Geschmack süßen.

16. Die Torte rundum mit Sahne überziehen. Mit Sahnetupfen verzieren und einfrieren.

Eiskalte Schönheiten.
Da muß man
einfach hinschmelzen!

ORANGENEISTORTE
Die Torte, wie im Grundrezept (Seite 215) gezeigt,
zubereiten und fest werden lassen. Mit
Orangenzesten und hauchfeinen Limonenscheiben garnieren.

ANANASEISTORTE
150 g kandierte oder frische Ananas grob gehackt mit
4 EL Arrak unter die Parfaitmasse (Seite 215)
heben. Die Torte wie im Grundrezept fertigstellen.
Mit Ananas und Kirsche garnieren.

ERDBEEREISTORTE
250 g Erdbeeren mit dem Pürierstab zerkleinern, mit
4 EL Kirschwasser unter die Parfaitmasse
(Seite 215) heben. Die Torte wie gezeigt fertigstellen,
mit Erdbeeren schmücken.

CASSATA-TORTE
50 g Walnüsse, 50 g Pistazien und 200 g Cocktailkirschen
grob hacken. Mit 4 EL Cognac, 4 EL Krokant
und 3 EL Honig unter die Parfaitmasse (Seite 215) mischen.
Die Torte wie gezeigt fertigstellen.
Mit fein gehackten Pistazien bestreuen.

Das Grundrezept für die Orangeneistorte von Seite 215 siebenmal
abgewandelt. Jedesmal ein Tortenkunstwerk für sich.
Dabei ist es ganz einfach: Die Parfaitmasse (ohne die Orange) wird lediglich
mit den verschiedensten Zutaten abgewandelt.
Fürs Servieren gilt: Die Torte eine Stunde vorher vom Gefrierfach in den
Kühlschrank stellen. Sobald die Gäste klingeln, aus dem
Kühlschrank nehmen. Dann ist sie zehn Minuten später genau richtig.

KIWIEISTORTE
Vier Kiwis schälen, im Mixer pürieren und unter die
Parfaitmasse (Seite 215) ziehen.
Mit weißem Rum parfümieren. Mit Kiwis dekorieren.

SCHOKOLADEN-BAISER-EISTORTE
200 g grob geraspelte Schokolade und 100 g zerbröselte
Baisers (Seiten 222/223) unter die Parfaitmasse
(Seite 215) ziehen. Mit Weinbrand aromatisieren. Die fertige
Torte mit zerbröselten Baisers verzieren und
mit Kakaopulver zart bestäuben.

SCHOKOLADENEISTORTE
200 g im Wasserbad aufgelöste Zartbitterschokolade (Seite 246)
unter die Parfaitmasse (Seite 215) ziehen.
Mit 4 EL Rum aromatisieren. Die Torte wie gezeigt fertigstellen.
Mit Schokoladenraspeln (Seiten 250/251) verzieren.

AMARENAKIRSCHEISTORTE
180 g Amarenakirschen mit 2 EL Amarenasirup unter die
Parfaitmasse (Seite 215) ziehen. Die Torte nach
Anweisung fertigstellen. Erst unmittelbar vor dem Servieren
mit Amarenakirschen garnieren.

Transparente Leckerbissen: eine hübsche Idee aus dem Fernen Osten

Sie sind bildschön. Und sie bleiben es auch eine Weile: Häppchen aus zierlich geschnittenen Obstfilets, von einem durchsichtigen Mantel aus gut gewürztem Saft umgeben, dem Gelatine Stand verleiht. So werden die Früchte vorm Austrocknen bewahrt, bekommen Glanz und behalten ihr Aroma.

GRUNDREZEPT MANDARINEN-GELEE

Zutaten:

200 g Mandarinenfilets (Dose)

8 Blatt Gelatine

½ l Mandarinensaft, frisch gepreßt oder aus d. Glas

Saft von 1 Zitrone

100 g Zucker

1. Die Mandarinenfilets in einem Sieb abtropfen lassen, den Saft dabei auffangen.
2. Die Gelatine fünf Minuten in kaltem Wasser einweichen.
3. Mandarinensaft, Zitronensaft und Zucker erwärmen, bis sich der Zucker aufgelöst hat.
4. Die Gelatine ausdrükken und in den warmen Saft hineinrühren.
5. Die Obstfilets in kleine Metall-, Porzellan- oder Plastikförmchen schichten, mit der Flüssigkeit knapp bedecken.
6. Im Kühlschrank fest werden lassen. Nach 2 bis 3 Stunden kann man das Gelee stürzen: Dafür die Förmchen blitzschnell unter heißes Wasser halten. Eventuell das Gelee mit einem Messer rundum den Rand entlang lösen.

GELEE-TIPS

Nach demselben Grundrezept kann man auch aus anderem Obst oder Saft kleine Gelee-Happen herstellen. (Im Foto Erdbeer-Gelee und Mandarinen-Gelee.)
— Hartes Obst, wie Äpfel, vorher sanft pochieren. Den Sud dann für das Gelee verwenden.
— Gelatine bindet nicht nur Flüssigkeit, sondern auch die Geschmacksstoffe. Deshalb den Sud stets sehr kräftig abschmecken — er darf ruhig etwas überwürzt wirken.
— Je größer die Form, in der das Gelee erstarren soll, desto länger muß man es kalt stellen.
— Sofern die Einlage es verträgt, kann man ein fertiges Gelee ruhig auf milder Hitze wieder auflösen und nachwürzen und es dann erneut erstarren lassen — der Gelierkraft tut das keinen Abbruch.
— Gelatine gibt es als Pulver oder Blätter, farblos und in roter Farbe.

JOGHURT-TORTE
(Foto rechts)
Zutaten:

1 fertiger Biskuitboden
6 EL weißer Rum
12 Blatt Gelatine
1 kg Joghurt
80 g Zucker
1 reife Mango
3 Kiwis
¼ l Sahne
1 Päckchen Tortenguß

1. Den Biskuitboden quer halbieren. Die eine Hälfte für ein anderes Rezept vorsehen, den anderen Boden in eine Springform (22 — 24 cm Ø) legen und mit weißem Rum beträufeln.
2. Die Gelatine in kaltem Wasser 5 Minuten einweichen.
3. Joghurt und Zucker in eine große Rührschüssel füllen.
4. Gelatine in einer großen oder kleinen Metallschüssel in kochendes Wasser halten, bis sie restlos aufgelöst ist. Zum Joghurt geben und mit dem Schneebesen rasch unterrühren.
5. Die Joghurtmasse in die vorbereitete Springform gießen. 2 bis 3 Stunden im Kühlschrank fest werden lassen.
6. Inzwischen Mango und Kiwis mit dem Sparschäler schälen. Das Mangofleisch in schmalen Spalten vom Kern schneiden. Die Kiwis quer in Scheiben schneiden.
7. Die Torte aus der Form lösen. Mit der steif geschlagenen Sahne rundum überziehen. Den Rand mit einem Zackenschaber (Seiten 24/25) mit Riefen versehen.
8. Das Obst dekorativ auf der Oberfläche verteilen. Zum Schluß die Torte mit gelb gefärbtem Tortenguß überziehen.

Torten, für die man keinen Backofen braucht

Wer in einem Mini-Appartement wohnt, kann leider niemals in die Röhre schauen. In der schmalen Kochnische ist meist kein Platz für einen Ofen. Trotzdem kein Problem: Dann wird eben im Kühlschrank „gebacken". Das sind übrigens die richtigen Sommertorten — kühl, leicht und erfrischend — genau das Richtige für den Kaffeeklatsch an einem sonnigen Nachmittag auf dem winzigen Balkon.

TIPS FÜR KÜHL-SCHRANKTORTEN

— Statt eines Biskuitbodens kann man einen Boden aus Löffelbiskuits und Butter verwenden, wie im Rezept Frischkäsetorte (rechte Seite) angegeben. Der ist wirklich blitzschnell gemacht.
— Statt Joghurt kann man Quark nehmen — das bringt je nach Sorte noch weniger oder mehr Kalorien (Mager- oder Sahnequark).
— Die Masse wird lockerer (aber auch reichhaltiger), wenn man steif geschlagene Sahne unterzieht.
— Farbe und Geschmack bekommt sie, wenn man püriertes Obst (Himbeeren oder Erdbeeren) unterrührt.

— Damit der Biskuitboden nicht aufweicht — wenn man die Torte erst am nächsten Tag servieren will —, sollte man ihn vor dem Einfüllen der Masse mit gerösteten Semmelbröseln, gemahlenen Mandeln, Hasel- oder Walnüssen bestreuen.
— Der Überzug aus geschlagener Sahne bleibt, auch ohne Schutzhaube aus Tortenguß, länger schön, wenn man sie mit Gelatine versteift: Dafür die heiß aufgelöste Gelatine unter die flüssige Sahne rühren und im Kühlschrank abkühlen lassen, bis sie eben beginnt, fest zu werden. Dann mit dem Handrührer ganz normal steif schlagen.

FRISCHKÄSE-ZITRONEN-TORTE

Zutaten für den Boden:

150 g Löffelbiskuits (ca. 20 Stück)

100 g weiche Butter

Füllung:

10 Blatt Gelatine

½ l Sahne

250 g Frischkäse

abgeriebene Schale und Saft von zwei ungespritzten Zitronen

80 g Zucker

1. Die Löffelbiskuits zerbröseln und mit der weichen Butter vermischen. Die Masse auf dem Boden einer Springform verteilen, überall gleichmäßig flachdrücken. Die Form in den Kühlschrank stellen.
2. Die Gelatine fünf Minuten in kaltem Wasser einweichen.
3. Die Sahne steif schlagen.
4. Den Frischkäse mit abgeriebener Zitronenschale, Zitronensaft und Zucker gründlich verrühren.
5. Die Gelatine in einer großen oder kleinen Metallschüssel in kochendes Wasser halten, bis sie flüssig geworden ist. Unter die Frischkäsemischung rühren.
6. Die Schlagsahne unter die Masse ziehen.
7. Diese Zitronencreme auf den vorbereiteten Löffelbiskuitboden streichen. Für 3 bis 4 Stunden kalt stellen und fest werden lassen.
8. Die Torte aus der Form lösen, auf eine Platte setzen. Mit Zitronenscheiben und -zesten garnieren.

Baisers — Duftig, schmelzend, schaumig-zart: Küsse, die man essen kann

MERINGENTÖRTCHEN

Grundrezept Baiser:

4 Eiweiß

1 Prise Salz

200 g feiner Zucker

1 EL Vanillezucker

Außerdem:

200 g Erdbeeren

200 g Himbeeren

200 g Johannisbeeren

200 g Süß- oder Sauer-kirschen (entsteint)

1. Die Zutaten bereitstellen. Ein Backblech mit Backpapier auslegen, den Ofen auf 150 Grad vorheizen.
2. Eiweiß mit Salz in einer großen Rührschüssel langsam steif schlagen, dabei nach und nach Zucker und Vanillezucker hinzurieseln lassen.
3. Die Baisermasse in einen Spritzbeutel mit Sterntülle füllen (Siehe auch Seiten 24/25). Nach dem Muster der Törtchen im Foto direkt auf das mit Papier belegte Blech spritzen.
4. Das Blech in den Ofen schieben. Die Temperatur auf 80 Grad herunterschalten. Bei konventionellen Herdtypen die Ofentür einen Spalt offenhalten (Kochlöffel dazwischenklemmen). Bei Heißluftherden ist dies nicht nötig.

5. Die Torteletts drei bis vier Stunden lang eher trocknen als backen — sie müssen schneeweiß bleiben.
6. Die Meringen abkühlen lassen, vorsichtig vom Papier lösen.
7. Die Früchte hübsch darauf verteilen. Nach Belieben zusätzlich mit Johannisbeergelee (kurz aufkochen) oder mit Tortenguß überziehen, Schlagsahne, Vanillecreme oder Eis dazu servieren.

KAKAOBAISER

Unter das Grundrezept Baiser zum Schluß 2 EL Kakaopulver mischen. Mit der Tülle Formen nach Belieben spritzen und wie im Grundrezept angegeben trocknen.

NUSSMAKRONEN

Zutaten:

1 Grundrezept Baiser (linke Spalte)

Außerdem:

300 g gemahlene Haselnüsse

Die Nüsse unter die steife Baisermasse mischen. Mit dem Spritzbeutel (Stern- oder Lochtülle) walnußgroße Häufchen auf das Blech spritzen. In den 150 Grad heißen Ofen schieben, auf 80 Grad herunterschalten. Ein bis zwei Stunden trocknen.

Baiser heißt auf französisch Kuß. Daß sich mancherorts das neutralere Wort
„Meringe" dafür durchgesetzt hat, muß nicht unbedingt was mit
Prüderie zu tun haben. Schließlich beschreibt es (auf französisch) wesentlich genauer,
was ein Baiser ist: ein Schaumbrötchen. Ganz gleich, ob frivol Baiser
oder nüchtern Meringe — es handelt sich in jedem Fall um das eher getrocknete
als gebackene schneeweiße, duftige Gebäck aus Eischnee
und Zucker, das so gut zu vielen Desserts, Eiscremes oder Früchten paßt.

BAISER-TIPS

1. Das Allerwichtigste: der Eischnee. Er muß die richtige Konsistenz haben, sonst klappt's nicht. Deshalb muß das Eiweiß — makellos frisch und — absolut sauber sein, das heißt, es darf auch nicht das winzigste Restchen Eigelb enthalten. Ebenso müssen Rührschüssel und Schläger peinlich sauber und vollkommen fettfrei sein.
2. Zum Schlagen eine große Schüssel nehmen, die für diesen Zweck mit dem Handrührer mitgelieferten hohen, schlanken Rührbecher sind ungeeignet: Eischnee braucht Platz.
3. Auf der kleinsten, höchstens mittleren Stufe des Handrührers schlagen: Eiweiß braucht Zeit, bis es genügend Volumen entwickelt. Ideal ist deshalb die Küchenmaschine, die selbsttätig rührt.
4. Eine Prise Salz fördert das Steifwerden des Eischnees.
5. Immer nur feinsten Zucker verwenden, am besten sogar Puderzucker, der sich rasch auflöst.
6. Der Eischnee ist richtig, wenn er matt glänzt und sanfte Spitzen bildet, sobald man den Schneebesen herauszieht. Er darf auf keinen Fall wolkig wirken und stark glänzen — dann ist er bereits zu lange geschlagen worden.
7. Zum Trocknen die Ofenhitze lieber zu gering als zu hoch halten. Bei herkömmlichen Backöfen unbedingt die Tür einen Spalt öffnen, damit die Feuchtigkeit entweichen kann.

KOKOSMAKRONEN

Wie Nußmakronen. Statt Haselnüssen Kokosflocken nehmen.

ZIMTSTERNE

Zutaten:

1 Grundrezept Baiser (linke Spalte)

Außerdem:

200 g gemahlene Mandeln

100 g gemahlene Haselnüsse

2 TL Zimt

50 g Mehl

Puderzucker zum Bestäuben

1. Von der Baisermasse eine Tasse abnehmen und beiseite stellen.
2. Unter die übrige Masse vorsichtig die restlichen Zutaten mischen. Dabei nicht zuviel rühren, damit der Schnee seine Konsistenz behält.
3. Die Masse auf der mit Puderzucker bestäubten Arbeitsfläche einen halben Zentimeter dick ausrollen und mit der übriggebliebenen Baiermasse dünn bestreichen.
4. Mit einem angefeuchteten Sternförmchen beliebige Größen ausstechen.
5. Die Sterne auf ein gefettetes, bemehltes Blech setzen.
6. Die Zimtsterne bei 120 Grad 60 Minuten lang eher trocknen als backen.

Zum Espresso oder zum Dessert: Mandelhippen

Ein Gebäck, das nicht viel Arbeit, dafür aber garantiert großen Eindruck macht — weil man es vor allem aus den feinen Restaurants kennt, wo es zum Dessert oder zum Kaffee nach dem Essen serviert wird. Mandelhippen müssen zart und knusprig sein. Der viele Zucker im Teig läßt sie jedoch ziemlich rasch weich werden. Tip für diesen Fall: Einfach nochmal kurz aufbacken.

GRUNDREZEPT MANDELHIPPEN

Zutaten:

200 g Marzipanrohmasse

1 Eigelb

1 Eiweiß

2 EL Mehl

¹⁄₁₀ l Milch

4 EL Zucker

Butter zum Einfetten

Mehl zum Bestäuben

1. Das Backblech ins Gefrierfach legen.
2. Alle Zutaten für den Teig mit dem Schneebesen zu einer glatten, fließenden Masse verrühren, anschließend durch ein Sieb streichen.
3. Das Blech mit Butter einpinseln und hauchdünn mit Mehl bestäuben.
4. Zum exakten Auftragen des Teiges Schablonen schneiden: Aus fester Pappe Kreise beliebiger Größe oder Blattformen so ausschneiden, daß die Pappe den Rand für die gewünschten Formen bildet.
5. Diese Pappe auf das Blech legen. Jeweils in die Mitte der freien Fläche einen Klecks Hippenmasse setzen und mit der Palette glattstreichen, bis sie die Schablone genau ausfüllt.

6. Die Schablone vorsichtig abnehmen, auf dem Blech bleiben nun die Hippenkreise oder -blätter zurück.
7. Das Blech sofort in den auf 180 Grad vorgeheizten Ofen schieben. Die Hippen 2 bis 4 Minuten hellbraun backen.
8. Noch heiß und so rasch wie möglich die Blätter mit einem eingeölten biegsamen Messer vom Blech schneiden, nach Belieben formen und auskühlen lassen.

TULPENFORM

(großes Foto rechts)
Hippenkreise von 10 bis 12 cm Durchmesser backen. Diese noch heiß in eine Tasse oder kleine Schale drücken, so daß sich der Rand sanft wellt. Endgültig abkühlen lassen. Mit Früchten und Sahne, Creme oder Eis gefüllt servieren.

HIPPENBLÄTTER

(Foto oben rechts)
Beliebig geformte Blätter (wie hier Buchenblätter; hübsch sind auch Eichen- oder Ahornblätter) auf die Pappe übertragen und ausschneiden. Die Hippenmasse mit Hilfe dieser Schablone auf das Blech streichen. Zwei Eßlöffel der Masse mit einem Teelöffel Kakaopulver braun färben und Blattrippen damit aufmalen (eine Papierspritztülle dafür zu Hilfe nehmen — Seiten 246/247). Die Hippenblätter backen und heiß auf ein Nudelholz legen, um sie leicht rund zu biegen.

HIPPENHÖRNCHEN

(Foto ganz links)
Kleinere Hippenkreise (ca. 6 bis 8 cm Ø) backen. Noch heiß zu Hörnchen formen und auskühlen lassen.

TIPS ZUM BACKEN

— Das Hantieren mit der Schablone ist nicht ganz einfach. Wenn's nicht auf exakt runde Kreise ankommt, kann man die Masse auch freihändig auftragen.

— Unbedingt ganz gleichmäßig flachstreichen, sonst bräunen die Hippen unterschiedlich.

— Sofort heiß vom Blech nehmen, sonst kleben sie fest.

— Nach dem Abkühlen lassen sich Hippen nicht mehr formen.

— Am besten frisch essen. Nie offen herumstehenlassen, durch die Luftfeuchtigkeit werden sie weich.

Krümelkuchen mit Früchtequark

Er ist im Handumdrehen gemacht. Denn gebacken wird hier gar nichts. Der Boden besteht aus Butter und zerkrümelten neutralen oder leicht gesalzenen Kräckern (für alle, denen Kuchen oft zu süß ist). Wer's lieber süß mag, nimmt statt dessen Löffelbiskuits oder Butterkekse. Obendrauf kommen Sahnequark und reichlich frisches Obst.

Butterkeksschnitten mit Schokocreme

Pate stand hier der in Süßschnäbel- und vor allem Kinderkreisen berühmte „Kalte Hund", „Kalte Hundeschnauze" oder „Junggesellenkuchen" genannt. Eine unglaublich süße, schwere Sache aus „falscher Buttercreme" und Keksen. Wir haben die Creme veredelt und dann zierliche, konfektartige Stückchen daraus gemacht.

Zutaten für den Boden:

1 EL Erdnußbutter
100 g zimmerwarme Butter
80 g Zucker
300 g leicht gesalzene Kräcker

Für den Sahnequark:

250 g Magerquark
5 EL Zucker
¼ l Sahne

Außerdem:

500 g gemischte Beeren

1. Erdnußbutter, Butter und Zucker mit dem Handrührer schaumig schlagen.
2. Die Kräcker grob zerbröseln und untermischen.

3. Die Masse in eine kleine Springform (18 cm Ø) geben und glatt hineindrücken. Die Form in den Kühlschrank stellen.
4. Den inzwischen in einem Tuch gut abgetropften und ausgedrückten Quark in einer Rührschüssel mit dem Zukker glattrühren.
5. Die Sahne steif schlagen und behutsam unterheben.
6. Den Sahnequark auf den Krümelboden streichen. Erneut für einige Zeit kalt stellen.
7. Kurz vor dem Servieren die gewaschenen, geputzten und gut abgetrockneten Früchte auf dem Sahnequark aufhäufen.

Zutaten für 12 Stück:

120 g zimmerwarme Butter
120 g brauner Zucker
80 g aufgelöste Zartbitterschokolade
24 Butterkekse
3 EL gehobelte Mandeln
3 EL Schokoladenraspel

1. Butter und Zucker mit dem Handrührer dick und schaumig schlagen.
2. Die Schokolade hinzugießen und gründlich miteinander mischen.

3. Eine flache Form mit acht Keksen dicht nebeneinander auslegen.
4. Die Hälfte der Butter-Schokocreme darauf glattstreichen.
5. Exakt wieder acht Kekse daraufsetzen und die restliche Buttercreme darauf verteilen.
6. Mandeln und Schokoraspel daraufstreuen. Mit den letzten acht Keksen abdecken.
7. Die Form für mindestens eine Stunde in den Kühlschrank stellen.
8. Den fest gewordenen Kekskuchen in zwölf Schnitten teilen — dafür ein gut geschärftes Messer, eventuell mit feinem Sägeschliff, nehmen, damit die Kekse nicht krümeln.

Knusprig und zart: Sahnewaffeln

Sie sind ein bißchen aus der Mode geraten. In jungen Haushalten findet man das dafür nötige Waffeleisen eher selten. Schade — denn die Anschaffung ist nicht schrecklich teuer, macht aber viel Spaß! Der Teig ist schnell gerührt. Und das Waffelbacken ist ein Vergnügen, bei dem alle mittun: Direkt aus dem Eisen, in der Küche, schmecken nämlich Waffeln am besten!

Trifle — ein Dessert aus Kuchen, Obst und Sahne

Trifle (sprich traifl) ist englisch und bedeutet „Kleinigkeit". Warum ausgerechnet ein so üppiges Dessert als Kleinigkeit bezeichnet wird, wird wohl ein englisches Rätsel bleiben. Denn mit einem Häppchen davon wird sich niemand zufriedengeben — so köstlich schmeckt es. Übrigens: Trifle ist ein glänzendes Versteck für jede Art von Kuchenresten!

Zutaten für 10 Waffeln:

125 g zimmerwarme Butter
6 Eigelb
150 g Zucker
Saft und Schale einer ungespritzten Orange
6 Eiweiß
¼ l Sahne
200 g Mehl
2 EL Butter zum Bestreichen des Waffeleisens
Puderzucker zum Bestäuben

1. Butter und Eigelb drei bis vier Minuten lang schaumig schlagen.
2. 100 g Zucker, Saft und abgeriebene Orangenschale zufügen, 2 Minuten lang weiterschlagen.
3. Eiweiß mit dem restlichen Zucker zu steifem Schnee schlagen.
4. Die Hälfte davon zusammen mit der flüssigen Sahne und dem Mehl unter die Eiercreme rühren.
5. Den restlichen Eischnee zum Schluß behutsam unterheben.
6. Das heiße Waffeleisen mit Butter bepinseln. Jeweils zwei bis drei Eßlöffel Teig in die Mitte geben. Nach Gerätevorschrift hellbraune Waffeln backen.
7. Noch heiß mit Puderzucker bestäuben. Sofort servieren. Ganz nach Belieben Schlagsahne, Kompott, Eiscreme oder frische Früchte dazu reichen.

Zutaten für 4 Personen:

250 g Sand- oder Biskuitkuchen
50 g Krokant
3 EL Weinbrand
¼ l Sherry
250 g Pfirsiche in Spalten
½ l Sahne
1-2 EL Zucker
1 EL Vanillezucker

1. Den Kuchen in Würfel schneiden und in eine Schüssel oder glattwandige Souffléform geben.
2. Mit dem Krokant bestreuen, 2 EL für die Garnitur zurücklassen. Mit Weinbrand und Sherry großzügig tränken.
3. Die Pfirsichspalten darauf verteilen.
4. Die Sahne steif schlagen und nach Geschmack süßen, mit Vanillezucker aromatisieren.
5. Die Sahne entweder in die Schüssel streichen, dabei wolkig aufhäufen. Oder mit dem Spritzbeutel, wie auf dem Foto, in Streifen und Kringeln dekorativ aufspritzen.
6. Das Dessert im Kühlschrank etwas durchziehen lassen. Mit Krokant bestreut servieren.

Tip: Falls es ein Dessert für Kinder sein soll, statt des Weinbrands und Sherrys Orangen- oder einen anderen Fruchtsaft nehmen.

Cremes — Balsam für
den Gaumen und die Seele

Die Krönung:
Eine Creme, die es in sich hat

Buttercreme ist die innige Verbindung dreier Dinge, die sich ansonsten
geradezu spinnefeind sind: Wasser, Fett und Luft.
Deshalb gehört sie zum Schwierigsten der gesamten Konditor-Kunst.
Wahrscheinlich muß man erst eine Reihe von mißlungenen
Versuchen hinter sich haben, bis man das richtige Händchen dafür kriegt.
Aber dann weiß man auch, worauf es dabei ankommt und wie
man Fehler vermeiden kann. Die Mühe lohnt sich, denn eine perfekte
Buttercreme ist einfach unübertrefflich!

BUTTERCREME — VIER VERSCHIEDENE ARTEN

1. Englische Buttercreme
(Fotos rechts unten)
Die eleganteste unter den vier Sorten, weil das Verhältnis von Eigelb und Butter sehr ausgewogen ist. Sie wird aus einer sogenannten Englischen Creme bereitet.
Schwierigkeit: Die Creme muß so lange heiß gerührt werden, bis sie dick genug ist, darf dabei jedoch auf keinen Fall kochen, weil sie dann durch das Eigelb gerinnt.

2. Französische Buttercreme
(Fotos rechts oben)
Die üppigste, reichhaltigste, aber auch zeitaufwendigste unter den Buttercremes. Es werden ganze Eier im Wasserbad mit dem Zucker zu einer homogenen Creme geschlagen. Dafür braucht man Geduld oder, besser noch, eine selbsttätig rührende Küchenmaschine.
Schwierigkeit: Die Eiermasse muß außerhalb des Wasserbads erneut gerührt werden, so lange, bis sie wieder abgekühlt ist.

3. Deutsche Buttercreme
Ganz ähnlich wie die Englische Buttercreme. Im Gegensatz zur englischen Variante wird eine mehlgebundene Vanillecreme (Seite 237) unter die schaumig geschlagene Butter gerührt.
Schwierigkeit: Das Vermischen mit der Butter. Vanillecreme und Butter müssen gleiche Zimmertemperatur haben. Deshalb am besten die Vanillecreme bereits am Vortag zubereiten — dann ist sie stabiler.

4. Italienische Buttercreme
Die einfachste in der Zubereitung, aber besonders duftig im Volumen. Sie wird mit Baisermasse (Seiten 222/223) hergestellt: einfach mit der schaumig geschlagenen Butter vermischen.
Schwierigkeit: Der Eischnee muß fest genug sein, um sich gut mit der Butter verbinden zu können. Grundrezept Baiser deshalb genau beachten!

TIPS ZUR BUTTER
— Mit ihrer Qualität steht und fällt die Sache. Die Butter muß frisch sein und von erster Güte. Ideal dafür ist Süßrahmbutter. Sauerrahmbutter kann beim Schaumigrühren ausflocken.
— Die Butter muß Zimmertemperatur haben, darf aber auch nicht zu warm sein, weil sie sonst zerfließt.
— Beim Rühren Geduld haben (und eine gute Küchenmaschine — der Handrührer macht oft schon vorher schlapp). Die schaumige Butter muß wie dicke, cremige Sahne wirken — erst dann ist sie richtig.
— Perfekte Buttercreme ist zart und luftig und leicht — das wird sie jedoch nur, wenn die Butter wirklich schaumig ist.

TIPS ZUR GRUNDCREME
— Ganz wichtig: Creme und Butter müssen gleiche, nämlich Zimmertemperatur haben. Ist die Creme zu warm, schmilzt die Butter und hat keinen Stand mehr. Ist sie zu kalt, gerinnt die Butter und erstarrt in winzigen Flöckchen. Sie kann sich also nicht mehr mit der Creme verbinden.
— Niemals alles zugleich vermischen. Die Creme nach und nach zufügen und unter die Butter arbeiten.
— Immer behutsam mit dem Schneebesen mischen, damit nicht alle Luft herausgerührt wird.
— Tip: Falls die Buttercreme trotzdem zu gerinnen droht, ein Eigelb rasch unter die Masse rühren, dabei zunächst schnelle, kleine Kreise, dann langsamer große Runden ziehen.
— Buttercreme kann mehrere Tage gut verschlossen im Kühlschrank aufbewahrt werden. Zum Verarbeiten muß sie dann in 3 bis 4 Stunden auf Zimmertemperatur erwärmt werden.

GRUNDREZEPT FRANZÖSISCHE BUTTERCREME

GERÄTE
Rührschüsseln
Handrührer oder Küchenmaschine
Topf
kleines Messer
Schneebesen

ZUTATEN
5 Eier
180 g Zucker
250 g Butter
1 Vanilleschote

ZUBEREITUNGSZEIT
60 Minuten

GRUNDREZEPT ENGLISCHE BUTTERCREME

GERÄTE
Topf
Litermaß
Messer
Metallschüssel
Schneebesen
Gummischaber
Sieb
Küchenmaschine
(ersatzweise Handrührer mit Rührschüssel)
Eßlöffel

ZUTATEN
¼ l Sahne
1 Vanilleschote
4 Eigelb
100 g Zucker
250 g Butter

ZUBEREITUNGSZEIT
60 Minuten

ZUBEREITUNG

1. Die Zutaten abmessen und in Griffweite bereitstellen.

2. Die Eier in eine ausreichend große Metallschüssel geben.

3. Die Eier mit dem Handrührer rund zwei Minuten aufschlagen.

4. Dann erst langsam den Zucker einrieseln lassen, ständig schlagen.

5. Diese Masse in ein heißes, nicht kochendes Wasserbad stellen.

6. Weitere vier bis fünf Minuten schlagen, bis die Masse cremig ist.

7. Die Schüssel aus dem Wasserbad nehmen. Die Creme kalt schlagen.

8. Die zimmerwarme Butter in eine zweite Schüssel geben.

9. So lange schlagen, bis sie weiß und sahnig geworden ist.

10. Das dauert mindestens 15 Minuten — auf keinen Fall kürzer!

11. Die Vanilleschote mit einem Messer längs aufschlitzen.

12. Das schwarze, weiche Mark herauskratzen.

13. Das Mark am Schneebesen abstreifen und unter die Butter rühren.

14. Die auf Zimmertemperatur gekühlte Eiercreme unterrühren.

15. Die Französische Buttercreme möglichst sofort verarbeiten.

ZUBEREITUNG

1. Die Zutaten abmessen und in Griffweite stellen.

2. Die Sahne auf mittlerer Hitze langsam zum Kochen bringen.

3. Die längs aufgeschlitzte Vanilleschote darin ziehen lassen.

4. Inzwischen die Eier trennen. Eigelb in die Metallschüssel geben.

5. Zucker zum Eigelb geben. Mit dem Schneebesen verrühren.

6. Die heiße Sahne zufügen, dabei ständig kräftig rühren.

7. Die Eiersahne zurück in den Topf gießen. Auf milde Hitze setzen.

8. Langsam erhitzen. Dabei ständig mit dem Gummischaber rühren.

9. Die nunmehr dickliche Creme (Englische Creme) in ein Sieb gießen.

10. Passieren und auf Zimmertemperatur abkühlen lassen.

11. Die ebenfalls zimmerwarme Butter in eine Rührschüssel geben.

12. Auf höchster Stufe 15 Minuten lang dick und schaumig schlagen.

13. Die Butter muß cremig weiß wie dicke Sahne sein.

14. Die Vanillecreme nach und nach unter die Butter rühren.

15. Die Englische Buttercreme umfüllen und bald verarbeiten.

Von Schokoladen-braun bis Pistazien-grün: Buttercreme

BUTTERCREME-TIPS

Gleich für welchen Buttercremetyp Sie sich entscheiden (auf Seite 230 sind die vier Arten genau beschrieben): Man kann Buttercreme farblich und geschmacklich vielfach abwandeln. Dabei muß man selbstverständlich genauso vorsichtig vorgehen, wie bei der Grundzubereitung: Buttercreme ist nun mal delikat und nimmt Hast oder Gedankenlosigkeit sofort übel, indem sie gerinnt. Deshalb:

— Alle Geschmackszutaten, die zuvor erhitzt wurden, wie aufgelöste Schokolade oder Nougat, wieder auf Zimmertemperatur abkühlen lassen, bevor sie mit der Creme vermischt werden.

— Flüssige Zusätze, wie Alkohol zum Parfümieren, nur tropfenweise zufügen, dabei mit dem Schneebesen rührend einarbeiten.

— Feste, grobe Zutaten, wie Krokant oder gemahlene Nüsse, möglichst puderfein zermahlen, wenn Stückchen bleiben, gibt die Buttercreme keine glatte Tortenoberfläche mehr ab, und man kann sie nicht mehr gut durch eine feine Spritztülle drücken.

NOUGAT-BUTTER-CREME

(Foto links außen)
200 g Nougat im warmen Wasserbad unter Rühren langsam auflösen. Auf Zimmertemperatur abgekühlt mit der fertigen Buttercreme behutsam verrühren.

Buttercreme, von Natur aus vornehm cremig-weiß, kann sich auch von ganz anderer Seite zeigen: Mit den verschiedensten Zutaten nimmt sie deren Aroma und Farbe in sich auf, verbindet sich mit ihnen innig und bringt nun den Kuchen, den sie so zur Torte macht, prachtvoll und verführerisch zur Geltung.

SCHOKOLADEN-BUTTERCREME
(Foto links Mitte)
100 g Zartbitter- oder Edelbitterschokolade im Wasserbad auflösen. Auf Zimmertemperatur abgekühlt mit der Buttercreme vermischen.

MOKKA-BUTTERCREME
(Foto links innen)
3 TL löslichen Kaffee mit 2 TL Rum verrühren und mit der fertigen Buttercreme vermischen.

HIMBEER-BUTTER-CREME
(Foto rechts Mitte)
100 g frische Himbeeren durch ein feines Sieb streichen. Mit 3 EL Himbeergeist verrühren. Eßlöffelweise zur fertigen Buttercreme geben und mit dem Schneebesen vorsichtig untermischen. Jeweils erst den nächsten Löffel zufügen, wenn der vorige vollkommen von der Creme aufgenommen wurde.

KROKANT-BUTTERCREME
(Foto rechts innen)
150 g Krokant im Mörser oder im elektrischen Zerhacker fein zerstoßen und unter die Buttercreme rühren. Zum Schluß mit 3 EL Rum aromatisieren: tropfenweise unter die Creme mischen.

PISTAZIEN-BUTTERCREME
(Foto rechts außen)
150 g geschälte Pistazienkerne im elektrischen Zerhacker oder in der Mandelmühle zu feinem Pulver mahlen. Unter die Buttercreme rühren. Zum Schluß tropfenweise 3 EL Kirschwasser unter die Creme arbeiten.

Meisterhaft: die Hohe Schule der Buttercreme-Dressur

Es dauert durchaus seine Zeit, bis man den Umgang mit Buttercreme
im Spritzbeutel so kunstvoll beherrscht, wie auf diesen
Seiten vorgeführt. Aber — nur Mut — es läßt sich üben! Übrigens ist
der Begriff „Dressur" aus der Fachsprache entlehnt:
Das dekorative Spritzen mit dem Spritzbeutel nennt der Konditor
„dressieren". Der Vergleich ist auch gar nicht so abwegig
— wenn auch nicht ganz klar wird, wer hier wen dressiert. Der mit
Creme gefüllte Beutel kann nämlich ganz schön widerspenstig sein.

SPRITZMUSTER UND TIPS ZUR TECHNIK

Zunächst die richtige Tülle wählen:

— Die große Sterntülle ergibt breite gezackte Streifen und fast tortenstückgroße Rosetten (1. Foto, ganz links).

— Die mittlere Sterntülle läßt pro Tortenstück geschlungene Streifen zu (2. Foto).

— Die kleine Sterntülle macht dekorative Sternchen oder Tupfen (3. Foto).

— Die vielseitigste Tülle ist die von mittlerer Größe. Im 4. Foto ein Beispiel für Schlangenlinien, die sich zur Tortenmitte verjüngen. Im 5. Foto ein Muster aus vier Tupfen, im Zickzack zur Mitte gezogen. Der Rand besteht aus vielen Tupfen aus der kleinen Sterntülle, die längs aneinandergezogen wurden.

Dies nur als Beispiel. Mit etwas Übung gelingen die tollsten Crememuster.

— Zum Einfüllen krempelt man den Beutel etwa um die Hälfte nach außen, faßt mit der linken Hand den Beutel am Rand oder seine Spitze und füllt die Creme hinein. Nun den Rand wieder hochschlagen, oben zusammendrehen, damit nichts herausquellen kann (Fotos Seite 25).

— Zum Dressieren den Beutel oben mit Daumen und Zeigefinger zuhalten, während die anderen Finger Druck auf den Beutel ausüben. Mit der linken Hand den Beutel unten fassen und führen.

— Es darf keine Luft im Beutel sein, deshalb zunächst in die Cremeschüssel spritzen, bis die Creme den Beutel dicht ausfüllt.

— Sobald der Beutel zum Teil geleert ist, ihn wie eine Zahnpastatube von oben nach unten glattstreichen.

CANACHE-CREME

Ausnahmsweise mal was Raffiniertes in der Patisserie, das wirklich kinderleicht zu machen ist. Eine schmelzend zarte Creme aus Sahne und Schokolade, die garantiert immer gelingt. Voraussetzung allerdings: Es wird frische Sahne verwendet, keine ultrahocherhitzte, haltbare Sahne. Die gerinnt beim Aufschlagen und flockt aus. Canache-Creme (französisch: Ganache) nimmt man zum Füllen und Überziehen von Schokoladentorten (Seiten 68/69 und 77), zum Füllen von Profiteroles (Seite 199), Baiserschalen (Seiten 222/223), als Bett für Früchte auf Torteletts (Seite 108) oder einfach so, als schnelles Dessert.

Zutaten:

| ½ l Sahne |
| 400 g gehackte Zartbitter-Schokolade |

1. Die Sahne in einem Topf erhitzen. Bevor sie zum Kochen kommt, die Schokolade zufügen.
2. Den Topf vom Feuer nehmen, so lange rühren, bis die Schokolade aufgelöst ist.
3. Für etwa zwei Stunden kalt stellen.
4. Die kalte Masse mit dem Handrührer 10 bis 15 Minuten lang dick und schaumig schlagen.

ZITRONENCREME

Eine Creme ganz anderen Typs. Stand bekommt sie sowohl durch ein wenig Stärke wie durch Eigelb, Volumen durch steifen Eischnee, der zum Schluß unter die heiße Creme gehoben wird und nach dem Abkühlen auch für Festigkeit sorgt. Zitronencreme verwendet man als Bett für die Früchte bei Obstkuchen. Zum Füllen von Torten muß man sie mit drei eingeweichten Gelatineblättern stützen, die man in die noch heiße Creme rührt, damit sie sich dort auflösen.

Zutaten:

| Saft von 3 Zitronen |
| ¼ l Wasser |
| 80 g Zucker |
| 2 Eigelb |
| 2 EL Speisestärke |
| 2 Eiweiß |

1. Zitronensaft, Wasser und Zucker aufkochen.
2. Das Eigelb mit der Stärke und 2 EL Wasser glattrühren und in das kochende Zitronenwasser geben. Einmal aufwallen lassen, dabei ständig mit dem Schneebesen schlagen. Dann vom Herd ziehen und durch ein Sieb streichen.
3. Das Eiweiß zu festem Schnee schlagen und unter die noch heiße Masse heben. Die Zitronencreme gekühlt verwenden.

Cremes, die beides können: als Solisten auftreten oder die Begleitung spielen

ENGLISCHE CREME

Die üppigste, reichhaltigste und delikateste unter den Cremes. Aus Sahne und Eigelb, ohne jedes weitere Bindungsmittel. Stand gibt das Eigelb: Es muß genau den Temperaturpunkt erreichen, bei dem es bindet, aber kein Grad darüber hinaus; wenn das Eigelb gerinnt, ist die Creme nicht mehr zu retten.

Zubereitung und Zutaten Seite 231 (Fotos 2-10). Englische Creme nimmt man für Desserts, Eiscreme (Seite 214) oder als Grundlage für Englische Buttercreme (Seiten 230/231). Zum Füllen von Torten oder als Dessert zum Stürzen (zum Beispiel Crème bavaroise) muß man sie mit 3 bis 5 Blatt Gelatine stützen und mit ¼ l Schlagsahne auflockern.

VANILLECREME

Auch Konditorcreme. Sie war das Vorbild, als man vor rund hundert Jahren das bis heute bekannte und beliebte Puddingpulver erfand. Obwohl es geschmacklich einem Vergleich nicht standhalten kann, war und ist dieses Puddingpulver ein verständlicher Erfolg. Konditorcreme ist nicht ganz einfach zuzubereiten und die Zutaten sind auch nicht eben billig!

Die Konditorcreme enthält im Gegensatz zu der ihr sonst sehr ähnlichen Englischen Creme ein bißchen Mehl, was ihr etwas mehr Stand gibt und sie auch nicht so leicht auseinanderfallen läßt. Man verwendet sie zum Füllen von Profiteroles (Seite 199), Baiserschalen (Seiten 222/223), von Cremeschnitten (Seite 177), als Bett für Früchte auf Mürbeteigböden oder als Grundlage für die Deutsche Buttercreme. Man kann sie auch mannigfach abwandeln nach dem Muster der Buttercreme (Seiten 232/233).

Zutaten:

| ½ l Milch |
| 1 Vanilleschote |
| 5 Eigelb |
| 100 g Zucker |
| 30 g Mehl |
| 1 Prise Salz |

1. Die Milch mit der Vanilleschote aufkochen, das Vanillemark herauskratzen und in die Milch rühren.
2. Eigelb mit dem Zucker in einer Schüssel cremig schlagen, dabei das Mehl untermischen.
3. Die kochende Milch in die Eigelbcreme rühren. Alles zurück in den Topf gießen, auf kleiner Flamme, unter ständigem Schlagen, einmal aufwallen lassen.
4. Die Vanillecreme durch ein Sieb streichen, abkühlen lassen, dabei die Oberfläche dünn mit Zucker bestreuen, damit sich keine Haut bildet.

Sie sind die Klassiker der Konditorkunst. Ohne sie kommt man nicht weiter, weil sie so unendlich vielseitig sind: Cremes, die alle eines gemeinsam haben — sie werden erhitzt, damit sie Stand und Bindung kriegen. Diese gekochten Cremes kann man ganz solo oder mit frischen oder eingemachten Früchten als Nachtisch löffeln. Sie dienen als Ausgangspunkt für weitere, kompliziertere Desserts oder sind cremig-sanfte Füllungen für Kuchenstückchen oder Torten.

Ein duftiger Überzug für Torten oder ein köstliches Dessert

GRUNDREZEPT ERDBEERSAHNE

(Foto links)

Zutaten:

4 Blatt Gelatine

¾ l Sahne

500 g Erdbeeren

4 – 5 EL Zucker

1. Die Gelatine einweichen, gut ausdrücken und im Wasserbad auflösen. Unter die Sahne rühren und kalt stellen.
2. Erdbeeren waschen und entstielen. Durch ein Sieb streichen oder im Mixer pürieren, nach Geschmack süßen.
3. Sobald die Sahne zu gelieren beginnt, mit dem Handrührer steif schlagen.
4. Das Erdbeerpüree unter die Sahne ziehen.

SAHNE-VARIATIONEN

Nach diesem Grundprinzip kann man auch mit anderen Früchten oder Zutaten die verschiedensten Sahnecremes herstellen.

Hier drei Beispiele:

ZITRONENSAHNE

Den Saft einer Zitrone unter die mit Gelatine verrührte Sahne mischen, kühlen, dann ganz normal steif schlagen.

BROMBEERSAHNE

Wie Grundrezept, jedoch statt Erdbeeren Brombeeren nehmen.

Schlagsahne hat nun mal die betrübliche Eigenart, nach ziemlich kurzer Zeit
wieder in sich zusammenzusinken, selbst wenn
sie noch so duftig aufgeschlagen war. Deshalb hier ein Trick, wie man sie
nicht nur geschmacklich anreichern kann, sondern
auch, wie sie selbst die längste Kuchenschlacht bravourös übersteht.

JOHANNISBEERSAHNE

Johannisbeeren pürieren, dann zusätzlich durch ein Sieb streichen. Wie im Grundrezept weiterverarbeiten.

QUARKSAHNE

(ohne Foto)
250 g gut abgetropften Quark nach Geschmack süßen, durch ein Sieb streichen und unter die steifgeschlagene Sahne heben.

MOKKASAHNE

(ohne Foto)
Unter die mit Gelatine versetzte Sahne 5 EL starken Mokka rühren. Gut gekühlt ganz normal aufschlagen.

SAHNETIPS

— Sahne immer gut gekühlt steif schlagen, am besten im ebenfalls gekühlten Metallgefäß (hält die Temperatur besser).
— Zucker erst gegen Ende hinzufügen, weil er sonst das Steifwerden hinauszögert. Damit er sich trotzdem rasch auflöst, am besten Puderzucker verwenden.

— Geschlagene Sahne ohne stützende Gelatine sofort verarbeiten, sonst fällt sie wieder zusammen.

Erstaunlich, was man mit Butter alles machen kann

Duftig leichte Cremes zum Beispiel. Schließlich ist Butter ja nichts anderes als konzentrierte Sahne. Wenn man ihr statt des Wassers, das man ihr entzogen hat, wieder Volumen in Form von Luft zufügt, entsteht eine Creme von unvergleichlich sahniger Konsistenz. Ideal, wenn man für die zeitraubende klassische Buttercreme nicht alle Zutaten im Hause hat. Ausdauer ist jedoch ebenfalls von Nöten: Je länger und geduldiger die zimmerwarme Butter geschlagen wird, desto cremiger und leichter wird das Ergebnis sein.

GRUNDREZEPT KIRSCHBUTTER

(Foto links unten)

Zutaten:

100 g kandierte Kirschen

4 EL Kirschwasser

250 g weiche Butter

4 Eigelb

150 g Puderzucker

1. Die kandierten Kirschen grob hacken, mit dem Kirschwasser beträufelt in einem Schälchen ziehen lassen.
2. Die Butter in einer geräumigen Rührschüssel mit dem elektrischen Handrührer oder mit der Küchenmaschine auf höchster Stufe mindestens 10 Minuten schlagen, bis sie weiß und schaumig geworden ist.
3. Eigelb und Puderzucker zufügen. Nochmals, mindestens fünf Minuten, kräftig schlagen.
4. Zum Schluß die eingeweichten Kirschen zufügen und mit dem Gummischaber unterheben.

NOUGATCREME

(Foto links oben)

Wie im Grundrezept die Butter weißschaumig schlagen. Statt der Kirschen 300 g im Wasserbad behutsam aufgelöstes, aber wieder abgekühltes Nougat unterrühren. Erneut mit dem Handrührer aufschlagen, bis sich alles innig miteinander verbunden hat.

Variationen:

Unter die Buttercreme kandierte Ananas, weich gerührtes Marzipan oder puderfein gemahlene Nüsse, wie Mandeln, Pistazien oder Walnüsse, rühren.

SCHOKOLADEN-BUTTER

(Foto rechts oben)

Unter die nach dem Grundrezept weißschaumig gerührte Butter statt der gehackten Kirschen 200 g im Wasserbad aufgelöste Kuvertüre rühren. Die Schokolade jedoch unbedingt wieder abkühlen, bevor sie mit der Butter in Berührung kommt — die Creme verliert ihren Stand, wenn die Butter zu warm geworden ist.

Wichtig:

Nur absolut frische Butter verwenden, am besten Süßrahmbutter, die weniger leicht gerinnt und ausflockt als Sauerrahmbutter. Übrigens — wenn weder das eine noch das andere auf der Butterpackung vermerkt ist, handelt es sich um Süßrahmbutter, die — zwecks besserer Haltbarkeit — kurz vor dem Ausformen mit Milchsäurebakterien geimpft wurde. In diesem Fall eine Packung nehmen, auf der das Mindesthaltbarkeitsdatum noch in möglichst weiter Ferne liegt.

ERDNUSSCREME

(Foto rechts unten)

Unter die nach Grundrezept schaumig gerührte Butter 200 g im Mixer pulverfein gemahlene Erdnüsse sowie 150 g aufgelöste Schokolade schlagen. (Man kann auch die Nüsse mit der Schokolade zusammen im elektrischen Zerhacker fein zerkleinern.) Oder — noch einfacher: ein Glas fertig gekaufte Erdnußcreme mit der geschmolzenen, abgekühlten Schokolade mischen und unter die schaumige Butter rühren.

Tip:

Wenn die Butter mit flüssigen Zutaten aromatisiert werden soll (Alkohol, Säfte etc.), diese nur tropfenweise zufügen, damit die Butter mit ihnen eine Emulsion eingehen, sich richtig mit ihnen verbinden kann.

STACHELBEERTORTE MIT BAISERHAUBE

Zutaten

Für den Mürbeteigboden:
300 g Mehl
200 g eiskalte Butter
100 g Zucker
1 Ei
Für die Stachelbeer-Vanille-Creme:
500 g frische Stachel-beeren
½ l Milch
1 längs aufgeschlitzte Vanilleschote
1 Prise Salz
100 g Zucker
5 Eigelb
60 g Mehl
Für den Baiser:
4 Eiweiß
1 Prise Salz
200 g Zucker

1. Für den Mürbeteig (Grundrezept Seite 103) die Zutaten rasch mit kühlen Händen miteinander verkneten. Eine halbe Stunde im Kühlschrank ruhen lassen.
2. Den Teig dann einen halben Zentimeter dick ausrollen, einen Kreis von 24 cm Durchmesser ausstechen. 15 Minuten bei 200 Grad backen.
3. Inzwischen die Stachelbeeren abzupfen, verlesen und waschen. Für zwei Minuten in kochendes Wasser tauchen, dann in einem Sieb abtropfen lassen.
4. Für die Creme die Milch mit der Vanilleschote aufkochen.
5. Die Prise Salz, Zucker, Eigelb und Mehl in einer Schüssel verquirlen. Die kochende Milch hinzugießen und alles gut verrühren.

Delikat versteckt: Stachelbeercreme auf Mürbeteigboden unter duftigem Baiser

6. Die Eiermilch zurück in den Kochtopf schütten, auf mittlerer Hitze unter Rühren einmal aufwallen lassen, sofort vom Herd ziehen.

7. Die Creme durch ein Sieb streichen. Die Stachelbeeren unterrühren. Abkühlen lassen.

8. Die Stachelbeercreme auf den Mürbeteigboden häufen und zu einer Kuppel formen. Im Kühlschrank fest werden lassen.

9. Für die Baiserhaube die Eiweiße mit der Prise Salz und einem Eßlöffel Zucker weiß schlagen. Erst dann den restlichen Zucker unter ständigem Schlagen hineinrieseln lassen, bis der Eischnee fest und seidig-glänzend geworden ist.

10. Den Eischnee in einen Spritzbeutel mit großer Sterntülle füllen. In dekorativem Muster, in Kreisen, Kringeln oder Schlangenlinien, die Torte damit überziehen.

11. Die Torte in den auf 250 Grad vorgeheizten Ofen stellen, den Eischnee darin überbacken, bis er überall braune Spitzen zeigt.

Variationen:
Mit nahezu jedem anderen Obst möglich, zum Beispiel mit Johannis-, Blau- oder Himbeeren. Auch mit Sauerkirschen, Pfirsichen, Aprikosen, Äpfeln — nur feste Obstsorten für die Creme blanchieren, bei weichen Beeren ist es nicht nötig. Weitere Baiser-Rezepte auf den Seiten 222/223.

Hier kommt Baiser als Creme daher: Er ist nicht wie sonst bei milden Temperaturen durchgetrocknet, sondern ganz kurz ziemlich starker Hitze ausgesetzt, bis seine Spitzen appetitlich braun geworden sind. Der Eischnee bleibt dadurch sehr zart und cremig und bewirkt so gleich dreierlei auf einen Streich — er schützt die versteckte Creme, gibt der Torte ein prächtiges Aussehen und bietet der Zunge einen überaus angenehmen Kontrast.

Verzieren & Garnieren — alles,
was Torten schöner macht

Rosarote Rosen und schokoladenbraune Blätter: Tortenschmuck

ZUBEREITUNG: KUVERTÜRE

1. Topf, Metallschüssel, Gummischaber, Brett und Kuvertüre bereitstellen.

2. Die Kuvertüre mit einem großen Messer grob zerkleinern.

3. Zwei Drittel der gehackten Kuvertüre in die Schüssel füllen.

4. In den halb mit heißem Wasser gefüllten Topf setzen.

5. Die Kuvertüre unter Rühren mit dem Gummischaber auflösen.

6. Die Schüssel aus dem heißen Wasserbad heben.

7. Die restliche Kuvertüre zufügen, um die Temperatur zu mildern.

8. So lange rühren, bis sie aufgelöst ist. Dann hat sie Handwärme (32°).

9. Zur Probe einen Löffel hineintauchen und antrocknen lassen.

10. Die Kuvertüre muß in kurzer Zeit fest werden und matt glänzen.

ZUBEREITUNG: SCHOKOLADENBLÄTTER

1. Temperierte Kuvertüre und gewaschene Blätter bereitlegen.

2. Die Blätter mit ihrer Oberseite flach in die Kuvertüre tauchen.

3. Überschüssige Schokolade am Schüsselrand abstreifen.

4. Mit der Schokoladenseite nach oben über einen Löffelstiel biegen.

5. Die festgewordenen Schokoblätter vorsichtig lösen und abziehen.

ZUBEREITUNG: TÜTENGARNITUR

1. Aus Backpapier ein gleichschenkliges Dreieck schneiden.

2. Die Längsseite vom Körper weghalten, die rechte Ecke einrollen.

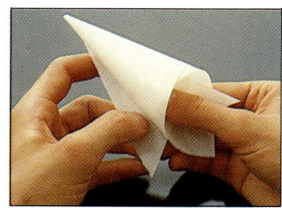

3. Die linke Seite um die Tüte schlagen, dabei die Spitze zuziehen.

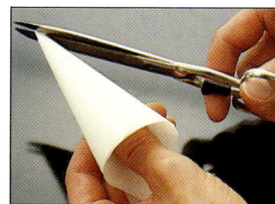

4. Mit einer Schere ein winziges Stück der Spitze abschneiden.

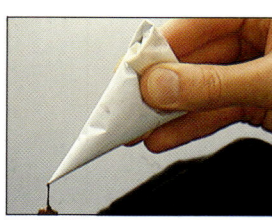

5. Den oberen Rand umkniffen. Die Tüte für feinste Spritzmuster verwenden.

Gewiß nichts für Ungeduldige. Man braucht dafür Muße und eine ruhige Hand.
Aber wann wäre je ein Meister vom Himmel gefallen?
Ein Tip noch fürs durchaus diffizile Kuvertüre-Temperieren: Besonders schönen
Glanz bekommt ein Überzug aus Schokolade, wenn
man die Kuvertüre nach dem ersten Schmelzen vollständig abkühlt und schließlich
ein zweites Mal im Wasserbad behutsam neu erwärmt.

ZUBEREITUNG: MARZIPANROSEN

1. 6 EL Rote-Bete-Saft, 200 g Marzipanrohmasse, 50 g Puderzucker.

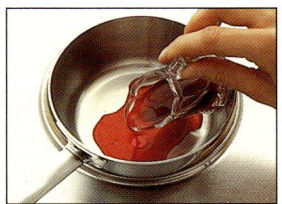

2. Den Saft in einem Topf auf mittlerem Feuer aufkochen.

3. Den Saft sanft köcheln, bis gut die Hälfte verdunstet ist.

4. Den Puderzucker auf die Marzipanrohmasse sieben.

5. Beides sehr gründlich mit den Händen verkneten.

6. Den eingekochten Rote-Bete-Saft auf die Marzipanmasse träufeln.

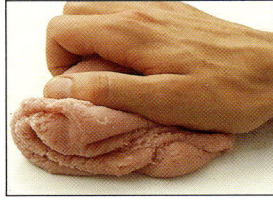

7. So lange verkneten, bis das Marzipan gleichmäßig rosa eingefärbt ist.

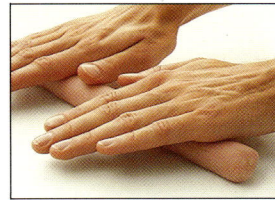

8. Auf der mit Puderzucker bestäubten Fläche zu einer fingerdicken Rolle formen.

9. Von der Rolle zentimeterdicke Scheibchen abschneiden.

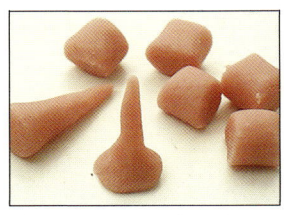

10. Einen kegelförmigen Blütenstempel formen — er bildet das Rosenherz.

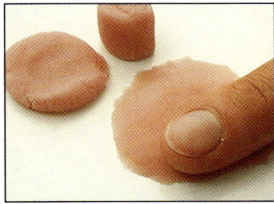

11. Für die Rosenblätter die Marzipanstücke hauchdünn auswalzen.

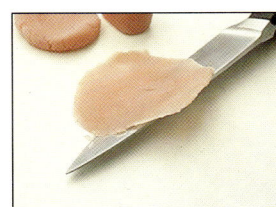

12. Das Blatt mit der biegsamen Messerklinge vom Tisch lösen.

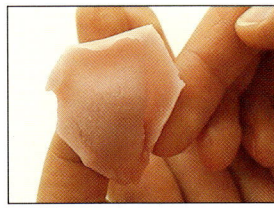

13. Das Blatt über der Fingerkuppe halbrund formen und biegen.

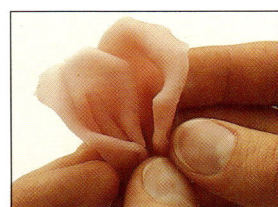

14. Die Blätter um den Blütenstempel legen und festdrücken.

15. Die fertigen Rosen 30 Minuten bei Zimmertemperatur trocknen.

ZUBEREITUNG: GEZUCKERTE ROSENBLÄTTER

1. Zutaten: Rosenblätter, 1 TL Gummi arabicum, 1 TL Zucker, Wasser.

2. Gummi arabicum, Zucker und Wasser verrühren.

3. Blütenblätter mit einer Pinzette eintauchen und abtropfen lassen.

4. In Zucker wenden, bis sie davon überzogen sind.

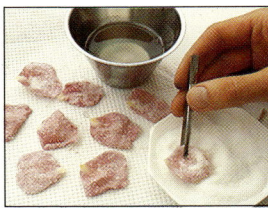

5. Auf Küchenpapier einige Stunden trocknen. Nur für Dekorationen.

Unterstreichen Vorzüge, verbergen gnädig Mängel: Glasuren

Sie sind sozusagen das Make-up für alles Backwerk, das vielzitierte „Pünktchen auf dem i". Was blaß geblieben ist, wird mit Glasuren aufgefrischt, was leuchten soll, wird überglänzt. Und was vielleicht zu dunkel oder nicht ganz perfekt geraten ist, kann man so unter einer süßen Schicht verbergen, die nicht nur schmückt, sondern obendrein noch schmeckt.

SPRITZGLASUR

Sie bildet einen blendend weißen, dichten Überzug. Man schätzt das besonders bei großen Festtags-(Hochzeits-)torten (zum Beispiel Seiten 58/59).
Eiweiß mit dem Handrührer langsam steif und weiß schlagen, dabei nach und nach Puderzucker zufügen, bis eine feste zähe Masse entstanden ist. (Auf 1 Eiweiß 500 g Puderzucker.) Die Glasur wird mit der Palette aufgestrichen. Oder mit dem Spritzbeutel, für zarte Dekorationen mit der selbstgedrehten Pergamenttüte, in hübschen Mustern aufgetragen. Eiweißspritzglasur wird nach dem Trocknen vollkommen hart.

APRIKOSENGLASUR

Sie ist geradezu universell verwendbar: Zum Überglänzen von Kuchen und Gebäckstücken, zum Schutz vor dem Austrocknen saftigen Gebäcks, wie Plunder, Sandkuchen oder Savarins. Und zum Überziehen von Obstkuchen, weil sie nicht nur schöner aussieht, sondern auch besser schmeckt als Tortenguß.

Zutaten:

450 g Aprikosenkonfitüre
3 EL Wasser
2 EL Zucker

Alles auf starkem Feuer brausend kochen lassen, bis das Wasser etwas verdampft und der Zucker aufgelöst ist. Die Glasur noch heiß auf Kuchen oder Gebäckstücke geben: Mit einem Löffel verstreichen oder mit einem Pinsel auftragen.
Tip: Falls sich Fruchtstückchen in der Konfitüre befinden, die heiße Glasur durch ein Sieb streichen.

ZUCKERGLASUR

Die einfachste Art, Plätzchen zu verzieren, auch mit verschiedenen Farben zu schmücken.

Zutaten:

100 g Puderzucker
1—2 EL Wasser

Den Puderzucker durch ein Sieb streichen, damit er pulverfein wird. Mit so viel Wasser verrühren, daß eine dicke streichfähige Masse entsteht. Statt Wasser kann man auch aromatische Flüssigkeiten verwenden: Zitronensaft, Obstsaft, Alkohol oder Mokka. Für farbige Zuckerglasuren nimmt man Rote-Bete-Saft, Spinatsaft, aufgelösten Safran oder einfach Lebensmittelfarbe.

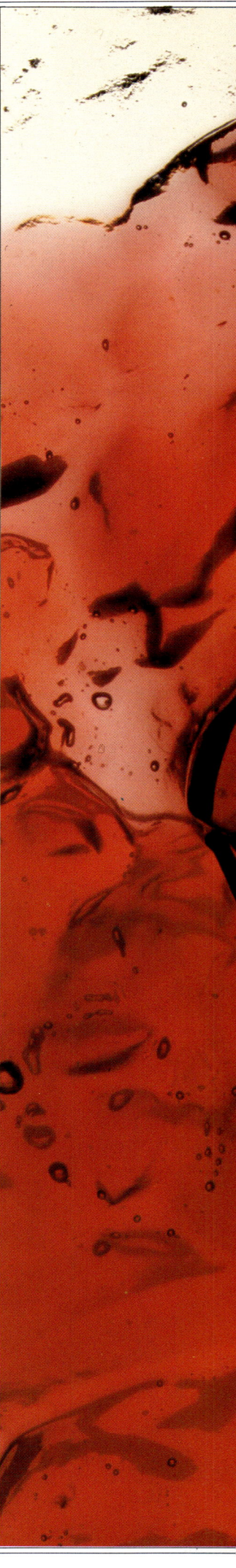

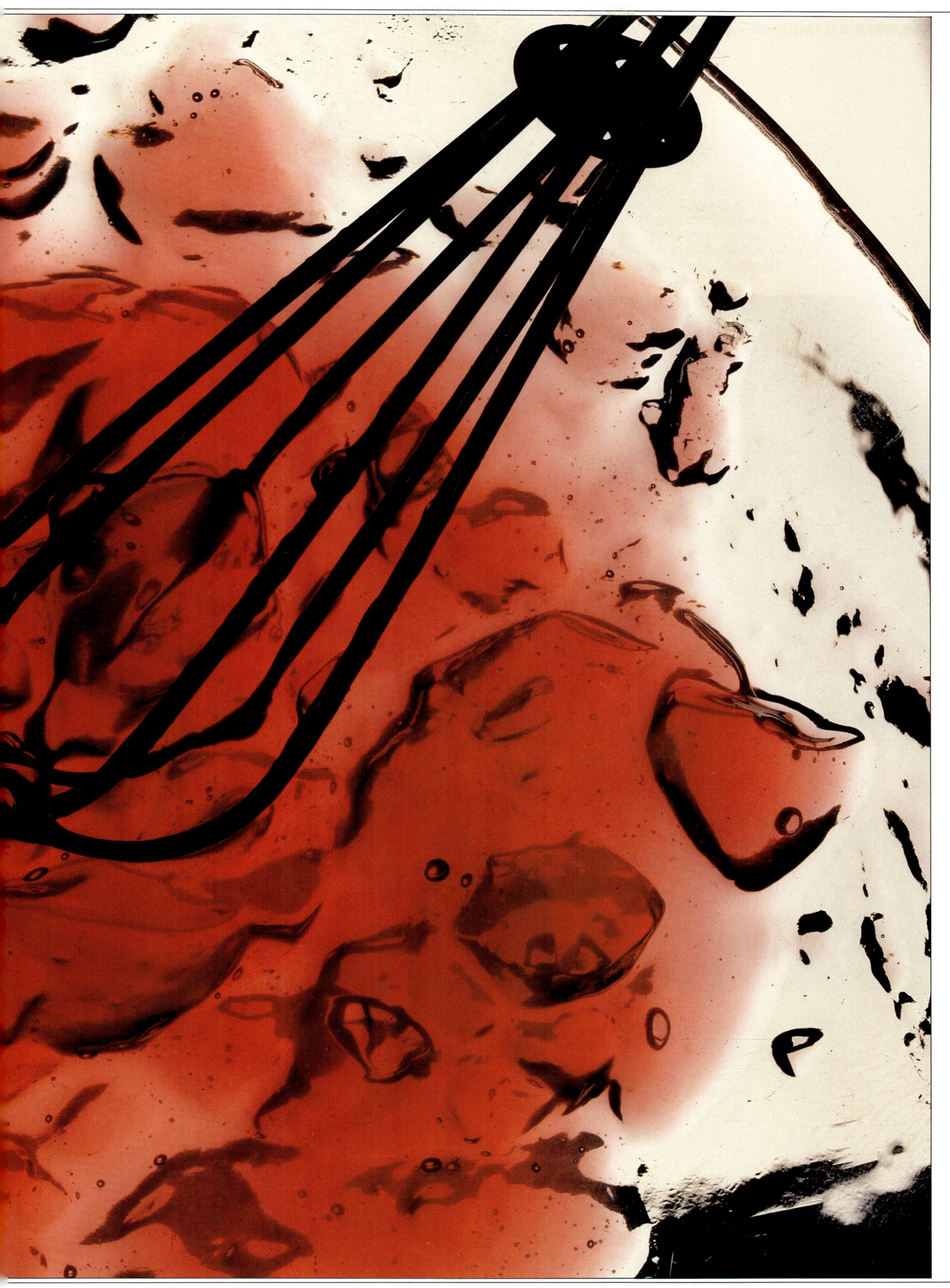

Bei dieser Schokoladenseite …

Beim Wort Schokolade beginnen die Augen zu leuchten,
das Wasser sammelt sich im Mund, man leckt sich genüßlich die Lippen … Schokolade
ist eben mehr als nur Süßigkeit, Schokolade ist eine Götterspeise im
buchstäblichen Sinne — schließlich heißt das Grundprodukt dafür, die Kakaobohne, nicht von
ungefähr botanisch Theobroma, Götterspeise. Übrigens muß das ursprüngliche
Getränk aus den Kakaobohnen, die den Azteken heilig waren, …

SCHOKOLADENSPÄNE

Zum Garnieren von Torten und prächtigen Desserts. Man braucht dazu temperierte Kuvertüre (Seite 246), eine Marmorplatte (auch Glas oder jedes andere absolut ebene, glatte, kühle Material), einen Metallspatel und etwas Fingerspitzengefühl. Die flüssige Kuvertüre dünn auf der Marmorplatte verstreichen, so weit abkühlen, bis sie sich gerade eben fest anfühlt und nun mit dem Spatel die Schokolade von der Platte schaben. Je fester die Schokolade, desto schmaler werden die Späne. Für gekräuselte Schokobänder, die man als Haube auf Torten breiten kann, muß die Kuvertüre noch eine gewisse Geschmeidigkeit aufweisen (Seiten 68/69).

WAS IST KUVERTÜRE?

Eine besonders reine Schokolade mit extra hohem Kakaobutteranteil,
der bewirkt, daß sie vollkommen zart und klümpchenfrei
schmilzt. Fürs Backen, ganz besonders aber fürs Verzieren und Garnieren, für alle
Glasuren, eben überall da, wo die Schokolade geschmolzen werden
soll, nimmt man besser Kuvertüre statt Tafelschokolade.

... muß man doch einfach hinschmelzen!

... eine abscheuliche Sache gewesen sein. Xococ (wovon sich unser Wort Schokolade
ja ableitet) heißt nämlich bitter/sauer; es muß sich also eher um eine Art Opfertrank gehandelt haben.
Die spanischen Eroberer brachten aber gottlob dennoch die braunen Bohnen als
Siegesbeute nach Europa, wo findige Köche alsbald hinter das ihnen innewohnende Geheimnis kamen.
Und bis heute ist Schokolade geradezu der Inbegriff für die süßeste aller Versuchungen,
laut Brillat-Savarin sogar „das Nonplusultra der Vollkommenheit".

EIN SCHOKOLADEN-BRAUNER MANTEL FÜR TORTEN

Es sind einfach die verführerischsten aller Torten, die mit einem bittersüßen Schokoladenüberzug. Eine Unterlage aus Marzipan hilft dabei, Unebenheiten auszugleichen. Das Marzipan dafür absolut glatt ausrollen, zusätzlich mit einer Tortenscheibe (Seite 16) glattpressen oder glattstreichen. Die temperierte Kuvertüre (Seite 246) in die Mitte gießen, mit der Palette behutsam verstreichen, gleichzeitig die Torte um ihre Achse drehen. Dabei muß so viel Kuvertüre den Rand hinunterlaufen, daß sie ihn vollkommen überzieht. Gut trocknen lassen. Eventuell vor dem Festwerden mit einem warmen Messer Tortenstücke auf der Oberfläche markieren, damit die Schokolade beim Anschneiden nicht splittert (Sachertorte Seiten 98/ 99).

SCHOKOLADENBLÄTTER

Hinreißend, wie hier zum Beispiel, als Bett für frische Himbeeren auf einer edlen
Schokoladentorte. Hübsch auch als originelle Schokoplätzchen zum
Kaffee, als Betthupferl oder kleines, aber feines Mitbringsel. Wie man Schokoblätter herstellt, ist auf
Seite 246 zu sehen. Variieren lassen sie sich mit den unterschiedlichsten
Blattarten — wie wär's zum Beispiel mit einem Lorbeerkranz, vollkommen aus Schokolade?

251

Zum Reinbeißen schön: Süße Früchte aus Marzipan

Nichts eignet sich zum Modellieren besser als Marzipan. Unter geschickten Händen entstehen die reinsten Kunstwerke.
Zum Aufessen eigentlich viel zu schade. Aber immer schön: Als hinreißendes Geschenk, als vielbewunderter
Mittelpunkt der Kaffeetafel, als Schmuck für eine besondere Festtagstorte.
Natürlich braucht man Geduld dazu und
ein bißchen Kunstfertigkeit — wer darüber nicht verfügt, ißt Marzipan eben
einfach so. Dann schmückt es nicht, aber schmeckt!

MARZIPAN — DIE VERSCHIEDENEN SORTEN

Marzipan besteht jeweils zu gleichen Teilen aus fein zerriebenen Mandeln und Zucker, gewürzt mit einigen Tropfen Rosenwasser und einer Spur von Bittermandel. Man kann es ganz leicht selber machen: Die Mandeln überbrühen und kurz ziehen lassen, bis sich die braune Haut leicht lösen läßt. Dann portionsweise mit Puderzucker durch die Mandelmühle drehen oder im elektrischen Zerhakker zu einem festen Teig mixen. Mit etwas Rosenwasser beträufeln, Bittermandel als Aroma zufügen oder mitmixen. Den Teig mit den Händen nochmals kräftig durchkneten — in Folie gepackt hält er sich einige Wochen. Es ist im Prinzip nichts anderes, als die fertig käufliche Marzipanrohmasse. Zum Pur-Verwenden oder Weiterverarbeiten: Dann wird sie noch einmal mit bis zu 50% Puderzucker verknetet — das gibt mehr Stand und Süße.

Lübecker Marzipan ist frisches, also nicht gebackenes oder geröstetes Marzipan. Meist zu kleinen Brotlaiben geformt und dann in Schokolade getaucht. Für Königsberger Marzipan hingegen wird die Masse auf mildem Feuer geröstet, wodurch das in den Nüssen enthaltene Eiweiß besser aufgeschlossen wird und eine gleichmäßigere Konsistenz bekommt. Typisch für Königsberger Marzipan: es wird zu Herzen geformt, kurz unter starker Hitze geflämmt und dadurch zart gebräunt.

MODELLIEREN MIT MARZIPAN

— Das Marzipan sollte dafür Zimmertemperatur haben — so läßt es sich besser formen.
— Damit es nicht an der Arbeitsplatte festklebt, diese immer wieder mit Puderzucker bestäuben.
— Modellierbesteck ist durchaus nützlich. Auf jeden Fall braucht man mehrere Pinsel in verschiedenen Stärken, zum Auftragen der Farbe (Schminken nennt das der Fachmann), den Stiel zum Riefen ziehen, zum Pünktchen setzen, für die „Narben" von Kartoffeln oder die Naht eines Pfirsichs oder einer Pflaume.
— Ein Trick für schön gleichmäßige „Orangenhaut": Senfkörner auf eine Holzplatte kleben und die geformte Orange darauf hin und her wälzen.
— Wer mag, kann die Früchte auch durchfärben: Das Marzipan mit Speisefarben oder gefärbter Zuckerglasur verkneten, bis sie vollkommen aufgenommen sind. Ein hübscher Effekt: Zwei verschieden eingefärbte Marzipanstücke nur so weit miteinander verkneten, bis sie ein Marmormuster bilden. Schön zum Beispiel für Ostereier aus Marzipan.

Steinpilz: Für den Hut Kakaopulver mit etwas aufgelöstem Pflanzenfett anrühren. Für den Fuß den Farbbrei mit zusätzlichem Pflanzenfett verdünnen.

Pflaume: Zum Färben dick eingekochten Rote-Bete-Saft (dunkles Lila) verwenden. Die Pflaume zum Schluß mit einem Hauch Speisestärke überstäuben.

Pfirsiche: Rote Speisefarbe in verschiedener Intensität, zu einer Seite ins Gelb verlaufend, hauchzart auftragen.

Zitrone: Mit gelber Speisefarbe überziehen, zu einem Ende hin ins Grünliche verlaufen lassen.

Kirschen: Mit nur schwach konzentriertem Rote-Bete-Saft einfärben. Als Kirschstiele Blattrippen nehmen.

Kartoffeln: In einer Schüssel mit Kakaopulver sanft hin- und herrollen, bis sie hauchzart überzogen sind. Überschüssiges Pulver abpinseln.

Orange: Rote und gelbe Speisefarbe zum charakteristischen Farbton mischen und mehrmals auftragen.

Birne: In heißem Wasser aufgelöstes Safranpulver zum Schminken nehmen. Für den grünen Schimmer eingekochten Spinatsaft.

Banane: Mit aufgelöstem Safran gelb färben. Für die braunen Linien und Flecken mit flüssigem Pflanzenfett verrührtes Kakaopulver nehmen.

DAS WERKZEUG FÜR DIE SPRITZKUNST

Der übliche Spritzbeutel, den man für Teige, Massen oder Cremes benötigt, ist für solche Filigranarbeit zu unhandlich, zu groß. Man nimmt für feine Dekorationen deshalb eine kleine Papiertüte, die man sich aus Pergament- oder Backpapier selber dreht (Seite 246) oder im Haushaltsgeschäft fertig kauft. Nach Gebrauch wird die Tüte einfach weggeworfen. Je winziger das Loch in der Tütenspitze (mit der Schere passend abschneiden), desto feiner die Linie, die man damit ziehen kann. Deshalb bei Mustern mit verschiedenen Stärken immer zuerst die dünnsten Linien ziehen, dickere Tupfen, Unterstreichungen oder größere Anfangsbuchstaben zum Schluß anbringen.

DIE „TINTE": ZUCKERSCHRIFT

Am einfachsten in der Handhabung ist eine Spritzglasur aus Zuckerguß, der jedoch, im Gegensatz zu sonst, sehr fest sein muß: Puderzucker mit so wenigen Tropfen Flüssigkeit (Wasser, Alkohol, Farbstoff) anrühren, daß ein fester, aber noch formbarer Brei entsteht. Damit keine Klümpchen die feine Tülle verstopfen, die Glasur außerdem durch ein Sieb streichen. Der Faden, den man aus der Spritztüte drückt, muß seine Form behalten, darf nicht verlaufen.

Spritzkunst aus der Pergament-Tüte

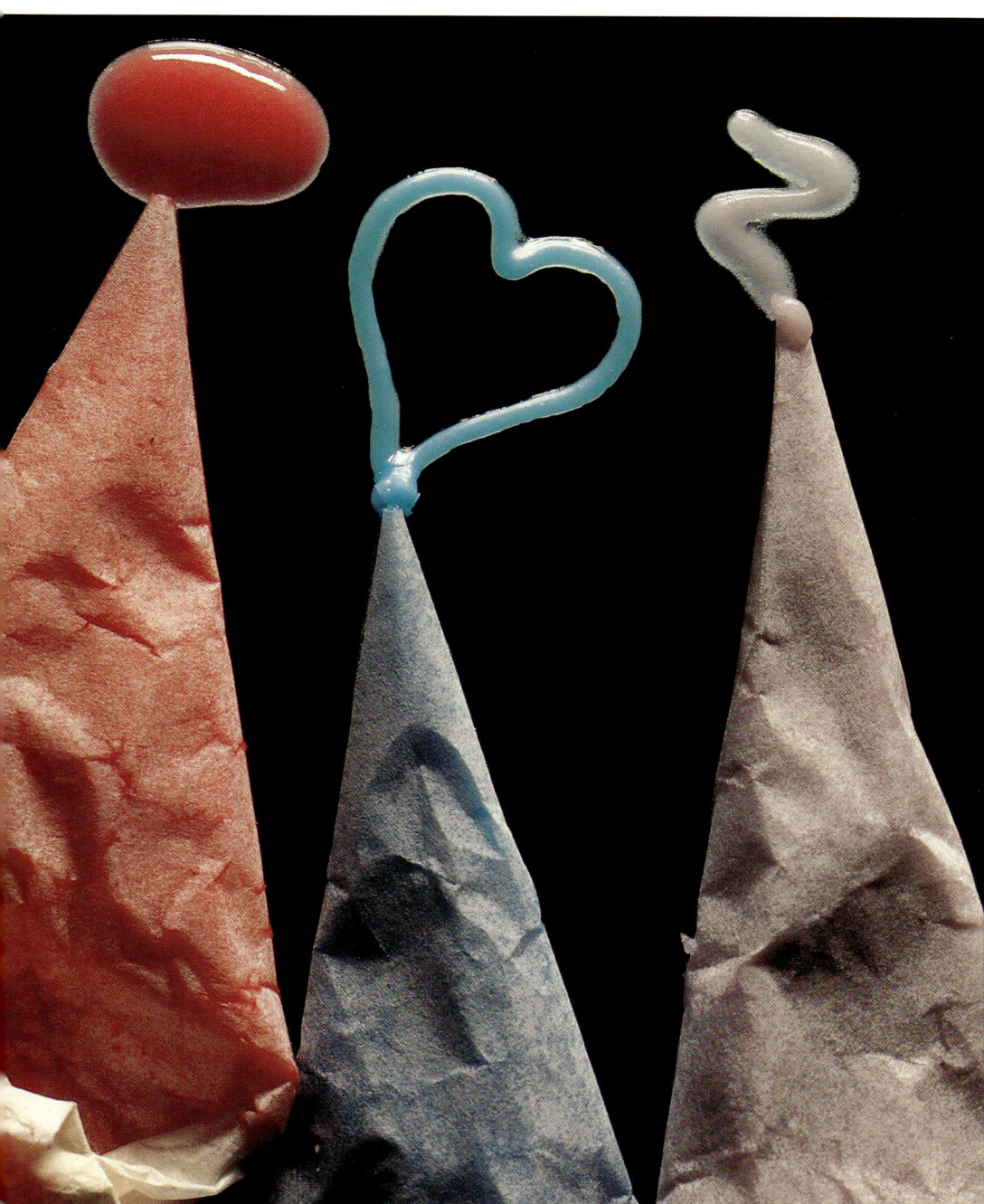

SCHOKOSCHRIFT

Zarte Linien aus Schokolade sind ein wenig delikater: Dafür ein wenig Schokolade auflösen (Seiten 246/247) und mit einigen Tropfen Wasser oder Rum vermischt so lange rühren, bis sie zäh wirkt. Rasch in die Tüte füllen und sofort verarbeiten.

TIPS ZUM UMGANG MIT DER SPRITZTÜTE

— Die Tüte stets mindestens einen Zentimeter über dem zu verzierenden Gebäck halten. Je höher man sie hält, desto gleichmäßiger läßt sich damit „zeichnen".
— Der Zuckerfaden, den man aus der Tüte drückt, muß so stabil sein, daß man ihn buchstäblich auf das Gebäck legen kann.
— Für haarfeine Linien die Gebäck- oder Pralinenstücke dicht nebeneinandersetzen, mit der Tüte in rascher Bewegung von rechts nach links darüberfahren — je schneller, desto dünner werden die Linien.
— Rasch arbeiten, die Tüte nicht gefüllt liegenlassen, die Spitze trocknet sonst ein und wird unbrauchbar.

FARBE FÜR DIE ZUCKERSCHRIFT

Mit Speisefarben kann man die weiße Spritzglasur ganz nach Belieben einfärben. (Gibt's in Rot, Grün, Blau und Gelb — daraus lassen sich noch viele weitere Farben mischen.)
Fertige Zuckerschrift in kleinen Tuben gibt es in den genannten Farben zu kaufen, außerdem in Schokoladenbraun.
Wer natürliche Farben vorzieht, kann mit Safran gelb, konzentriertem Spinatsaft grün oder Rote-Bete-Saft rot färben.

Um Plätzchen, Torten oder Pralinen mit haarfeinen Linien und Mustern zu verzieren, braucht man nichts weiter als dick angerührten Zuckerguß und eine kleine Spritztüte. Und natürlich eine ruhige Hand. Mit einem bißchen Übung kann man damit ganze Briefe schreiben: Auf einem backblechgroßen Biskuitkuchen lassen sich eine Menge zuckersüßer Liebesschwüre unterbringen.

SPEZIELL GEFORMT: OBSTTORTENBÖDEN

— Man braucht dafür die entsprechende Backform mit dem typischen gewellten Rand. Der gibt dem Tortenboden die Form, die verhindert, daß das Obst herunterpurzelt und der Tortenguß davonfließt.

— Man kann Mürbeteig, Rührteig oder Biskuit darin backen und bekommt dann einen knusprigen, krumigen oder duftigzarten Boden.

— Alle drei Sorten von Tortenböden sind gut geeignet, auf Vorrat gebacken zu werden: In gut schließenden Blech- oder Kunststoffdosen halten sie sich eine Woche frisch.

FRUCHTIGER OBSTBELAG

Die Früchte sollen nicht nur schmecken, sondern auch hübsch aussehen, deshalb möglichst Obst in Kontrastfarben nehmen. Gut geeignet sind alle Früchte, die man gerne roh ißt — hartes Obst, wie Äpfel, Birnen oder sehr feste Pfirsiche, muß zuvor in etwas Zuckersirup oder Weißwein gedünstet werden. Den Sud dann zum Anrühren des Tortengusses verwenden!

Praktisch als Obstbelag sind tiefgekühlte Beeren, die man das ganze Jahr über kaufen kann: Himbeeren, Heidelbeeren, Brombeeren usw. Die Früchte noch gefroren auf dem Tortenboden verteilen und mit dem heißen Guß überziehen; so tauen sie rasch auf und lassen den Guß schnell fest werden.

Bringen Sommerfrische selbst im Winter: dekorative Obsttorten

Sie sind wirklich im Handumdrehen gemacht: Den Boden aus Rühr-, Mürbe- oder Biskuitteig kann man schon fix und fertig vorbereitet oder schnell gekauft haben. Das Obst kommt aus der Dose oder Tiefkühltruhe. Sobald der Tortenguß erkaltet ist, darf man zulangen. Bis dahin also rasch die Sahne schlagen und den Kaffee kochen!

HÄLT ALLES SCHÖN ZUSAMMEN: DER TORTENGUSS

Er gibt der Torte Glanz, zusätzliches Aroma und verhindert, daß die Früchte beim Anschneiden der Torte herunterfallen. Tortenguß kann man in Tütchen kaufen. Zwei Beutel (½ l Flüssigkeit) reichen für eine Torte von 22 bis 26 cm Durchmesser. Statt mit Wasser, sollte man ihn mit Obstsaft (zum Beispiel von den verwendeten Früchten) anrühren. Den Guß vor dem Auftragen immer etwas dicklich werden lassen, damit er nicht an den Früchten vorbeifließt und den Boden aufweicht. Am besten mit einem Pinsel dick auftragen.

EIN ÜBERZUG AUS OBSTGELEE

Schmeckt einfach besser, weil intensiver: selbstgemachter Tortenguß aus Gelee oder Konfitüre. Dafür ein zum Obstbelag passendes oder kontrastierendes Gelee — zum Beispiel Johannisbeer-, Himbeer-, Apfel-, Zitronen-, Orangengelee oder -konfitüre mit einem Löffel Zucker aufkochen; Konfitüre anschließend durch ein Sieb streichen, um alle Stückchen aufzufangen, und abgekühlt auf der Torte verteilen. Beim endgültigen Abkühlen wird auch dieser Tortenguß schön fest und gibt den Früchten Glanz.

FÜR DIE FRÜCHTE EIN BETT AUS CREME

So bleibt die Torte garantiert frisch (falls man sie schon am Vortag belegen muß): Den Tortenboden mit einer Butter- oder Vanillecreme bestreichen (Seiten 231 und 237), bevor die Früchte aufgelegt werden, damit ihr Saft den Boden nicht aufweichen kann.

HIMBEERTORTE MIT HEIDELBEEREN

(Foto oben links)
Auf dem fertigen Obstkuchenboden (24 oder 26 cm Durchmesser) Himbeeren und Heidelbeeren (jeweils 500 bis 600 g in grafisch abgezirkelten Reihen spiralförmig von innen nach außen legen. Mit Tortenguß oder Obstgelee überziehen.

BUNTE OBSTTORTE

(Foto oben rechts)
Mandarinenfilets (aus der Dose, ca. 400 g) gut abgetropft sehr akkurat den Rand entlang dachziegelartig auf den Tortenboden betten. Aprikosenhälften (ebenfalls aus der Dose, ca. 400 g) mit der Rundung nach oben in die Mitte setzen. Die Lücken mit Weintrauben ausfüllen (ca. 200 g). Mit Tortenguß, der mit Mandarinen- oder Aprikosensaft angerührt wurde, oder mit Obstgelee überziehen.

ERDBEERTORTE MIT ANANAS

(Foto unten links)
Vier bis fünf Ananasscheiben (Dose) auf dem Obstkuchenboden verteilen. Die Lücken mit frischen, abgezupften Erdbeeren ausfüllen. Mit Tortenguß aus Ananassaft überziehen.

BROMBEER- JOHANNISBEER-TORTE MIT KIWI

(Foto unten rechts)
Drei reife Kiwifrüchte schälen, in zentimeterstarke Scheiben schneiden. Die Größte davon in die Tortenmitte setzen, die restlichen Scheiben ringförmig außen herumlegen. Die Lücken mit roten Johannisbeeren und mit Brombeeren (je 250 g) füllen. Mit Johannisbeergelee oder klarem Tortenguß überziehen.

30 Tips: Wie Ihr Gebäck noch schöner wird

1. Hauchdünne Orangenscheiben, in Zuckersirup sanft pochiert. Schön auf einer Sahnetorte. Der besseren Haltbarkeit wegen mit Aprikosenglasur überzogen.

2. Rosen aus Marzipan (Seite 247) für Hochzeitstorten und andere Prachtstücke.

3. Trüffelkonfekt, in pudrigem Kakao gewälzt (Seiten 266/267). Als Tortenstück-Markierung auf einer mit Schokoladensahne überzogenen Geburtstagstorte.

4. Jahreszahlen aus Marzipan, mit Schokotüpfelchen aus der Spritztüte verziert. Für eine Jubiläumstorte.

5. Baiserbrösel (Seiten 222/223), schön für den knackigen Überzug einer Sahnetorte.

6. Cocktailkirschen, zum Markieren von Tortenstücken.

7. Kokosraspel ergeben einen hübschen Rand für Sahnetorten oder eine Umhüllung für Trüffelpralinen.

8. Bunte Zuckerperlen zum Verzieren von Plätzchen oder Kuchen zum Kindergeburtstag.

9. Walnußhälfte als Markierung von Tortenstükken auf einer mit Schokocreme überzogenen Torte.

10. Nuß-Nougat-Creme als Überzug für einen Kuchen oder eine Torte. Besonders hübsch, wenn man sie beim Auftragen wolkig verstreicht.

11. Federmuster. Eine Spirale aus Schokolade, hauchdünn auf einen Zuckerguß gespritzt, und sofort mit einem Messerrücken oder Holzstäbchen von innen nach außen verzogen. Ergibt eine schöne Tortenoberfläche. Auch dekorativ auf Plätzchen.

12. Kakaopulver zum Überpudern oder Wälzen (von Konfekt).

13. Mit der Spritztüte „gemaltes" Blütenornament aus Schokolade. Die Blüte besteht aus zwei Vierteln einer Cocktailkirsche. Ein wunderschönes Tortendekor.

14. Himbeergelee ergibt einen leuchtend rot gefärbten Tortenguß.

15. Marzipanröllchen als Deckel für Tortenstücke. Vor dem Auflegen exakt auf Tortengröße zuschneiden.

Auf einen Blick: Eine ganze Auswahl zum Aussuchen, Garniervorschläge, wie auch aus dem gewöhnlichsten Kuchen ein Schmuckstück wird. Von kinderleicht bis ganz schön schwierig. Und für Gebäck zu jeder Gelegenheit: Vom schlichten alltäglichen Nachmittags-Kaffee-Kuchen bis zur komplizierten, mit Marzipanrosen bedeckten Hochzeitstorte…

16. Sahnetupfen mit Ananas. Die Sahne dafür mit Gelatine versteifen (Seiten 238/239) und mit Hilfe des Spritzbeutels auftragen.

17. Johannisbeeren (für Obsttorte) mit rotem Tortenguß überziehen.

18. Selbstgemachte Schokoladenraspel auf einer Sahnetorte (Seiten 250/251).

19. Krokant ergibt einen ebenso hübschen, wie wohlschmeckenden Tortenrand. Auch zum Bestreuen von Kuchen- und Tortenglasuren und zum Wälzen von Konfekt.

20. Schokoladentäfelchen (Fertigprodukt), eine witzige Markierung für Tortenstücke auf Schokoladentorten.

21. Bunter Zucker für Plätzchen, Kuchen oder Kindergeburtstagstorten. Immer auf noch feuchten Guß streuen, damit er haften bleibt.

22. Waffelröllchen (fertig zu kaufen), ein knuspriger und origineller Tortenrand.

23. Überbackene Baiserhaube für prächtige Obsttorten, Desserts usw. Die Baisermasse schön wolkig auftragen und im heißen Ofen zart an den Spitzen bräunen.

24. Erdbeeren in rosa Zuckerguß. Schön als Markierung der Tortenstücke auf einer Sahnetorte. Die frischen Früchte dafür halb in rosa eingefärbten Zuckerguß tauchen und gut trocknen lassen.

25. Garnitur aus Puderzucker. Beliebige Schablonen auf die Kuchenoberfläche legen und mit Puderzucker durch ein Sieb überstäuben. Nur auf trockener Oberfläche anwenden.

26. Kandierte oder eingezuckerte Veilchen. Niedliche Dekoration für eine Sahnetorte.

27. Zimtzucker. Sieht nicht nur schön aus, gibt dem Gebäck auch zusätzlich Aroma. Zum Bestreuen oder Wälzen von Gebäck- und Konfektstücken.

28. Zitronenscheibe und hauchfeine Zesten für fruchtige Sahnetorten.

29. Grobgehackte Pistazien. Zum Verzieren von hellen wie dunklen Sahnetorten gleichermaßen schön. Auch zum Bestreuen des Tortenrandes.

30. Mokkabohnen aus Schokolade. Zum Markieren von Tortenstücken bei jeder Art von dunkel überzogenen Torten.

Konfekt und Naschereien —
kleine Bissen voller Süße

TIPS FÜR PRALINENKÜNSTLER

— Das Wichtigste ist Akkuratesse: Sorgfalt bei der Zubereitung der Masse, beim Formen und beim Überziehen. Pralinen sollen zunächst verlocken, weil sie hübsch aussehen.

— Kleine Pralinen formen, man sollte sie mit einem Bissen verspeisen können.

— Absolut frische Zutaten verwenden!

— Als Anfänger der Hohen Schule des Pralinenmachens zunächst mit Konfektstücken beginnen, die in Kakaopuder oder Krokant gewälzt werden, der Überzug aus Kuvertüre muß geübt werden.

— Zur Kuvertüre unbedingt die Tips auf den Seiten 246 und 250 beachten. Um die richtige Temperatur beim Erwärmen der Kuvertüre einhalten zu können, empfiehlt sich ein Joghurt-Thermometer (Haushaltsgeschäft).

— Die gelöste Schokolade darf nie mehr als 32 Grad aufweisen. Je öfter man die Schokolade abkühlt und wieder erwärmt, desto glänzender wird nachher der Überzug.

— Nicht weniger Kuvertüre für den Überzug nehmen, als im Rezept angegeben. Es bleibt zwar eine Menge übrig, aber mit weniger läßt sich nicht arbeiten. Den Rest kann man immer wieder verwenden.

— Kuvertüre, die zu heiß geworden ist, bekommt nach dem Abkühlen graue Streifen. Sie sollte man für andere Rezepte verwenden. Der Makel ist nur zu sehen, aber nicht zu schmecken.

Süße, delikate Bissen, einfach eine Sünde wert: Pralinen

Natürlich waren wieder mal galante Abenteuer Schuld, wie so oft, wenn in der Weltgeschichte was Wichtiges passiert: Daß die Praline erfunden wurde, haben wir, behauptet die Legende, dem durchaus tapferen Feldmarschall Praslin zu verdanken. Er soll seine Feldzüge durch die Boudoirs von ihm geliebter Damen mit jenen delikaten Süßigkeiten siegreich gestaltet haben, die heute noch seinen Ruhm bezeugen, indem sie seinen Namen tragen. Zum Nachweis der Richtigkeit seiner These hier das Grundrezept zum Ausprobieren. Mit dem zarten Hinweis: Je feiner die Pralinen sind, desto verführerischer wirken sie…

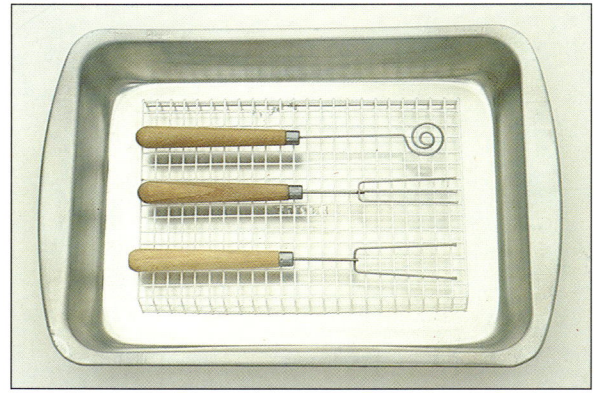

DAS RICHTIGE HANDWERKSZEUG

Wer Spaß am Pralinenmachen hat, sollte sich das entsprechende Werkzeug dafür zulegen. Es erleichtert die Arbeit erheblich, das Konfekt wird (mit ein bißchen Übung) so perfekt und schön wie aus der feinsten Confiserie. Ein komplettes Set, mit Abtropfgitter, Auffangschale (die auch zum Erstarren der Trüffelmasse dient) sowie den drei wichtigsten „Besteckteilen", den Gabeln zum Tauchen und Transportieren, gibt es in gut sortierten Haushaltsgeschäften.

EIN WORT ZUR HALTBARKEIT

Pralinen möglichst innerhalb von zehn Tagen aufessen, so lange schmecken sie absolut perfekt. In dieser Zeit in Papierpralinenförmchen (Papiergeschäft) und in Glas-, Blech- oder Plastikdosen aufbewahren, jeweils durch Papierschichten, besser noch stabilen Karton, voneinander getrennt. Stets kühl, aber nicht kalt halten (Gemüsefach!).

RUMTRÜFFEL

GERÄTE

Meßbecher
Töpfe
Metallschüssel
Schneebesen
viereckiges tiefes Blech
Messer
Gummischaber
Pralinenbesteck
tiefe Schale
(siehe kleines Foto, links)
Klarsichtfolie
Papierpralinenförmchen

ZUTATEN

Für 60 Stück:
300 g Vollmilchkuvertüre
300 g Zartbitterkuvertüre
0,2 l Sahne
⅛ l Rum
100 g Kokosfett
100 g Butter
Außerdem:
600 g Vollmilchkuvertüre
500 g Zucker

ARBEITSZEIT

Vorbereitungszeit:
30 Minuten
Abkühlen und Festwerden:
ca. 24 Stunden
Fertigstellen:
60 Minuten

MARZIPANPRALINEN

GERÄTE

Nudelholz
Messer
Topf
Metallschüssel
Gummischaber
Pralinenbesteck
Abtropfgitter
Papierpralinenförmchen

ZUTATEN

Für 40 — 50 Stück:
400 g Marzipanrohmasse
Puderzucker zum Bestreuen der Arbeitsfläche
Außerdem:
600 g Zartbitterkuvertüre
100 g ganze, geschälte Mandeln

ARBEITSZEIT

Zubereitungszeit:
40 Minuten
Trocknen:
10 Minuten

ZUBEREITUNG RUMTRÜFFEL

1. Die Zutaten abmessen und in Griffweite stellen.

2. Beide Sorten Kuvertüre im Wasserbad vorsichtig auflösen.

3. Sahne und Rum erhitzen, jedoch nicht kochen lassen.

4. Das Kokosfett und die Butter in die heiße Sahne geben.

5. Den Topf vom Feuer ziehen, Kokosfett und Butter darin schmelzen.

6. Die Schokolade unter die abgekühlte, noch lauwarme Masse rühren.

7. Mit dem Schneebesen zu einer homogenen Creme verrühren.

8. In ein mit Klarsichtfolie ausgelegtes Blech gießen.

9. Mit Folie zudecken. Für 24 Stunden kühl stellen (Gemüsefach).

10. Die Trüffelmasse vom Blech stürzen. Die Folie entfernen.

11. Die Masse in gleich große Stücke schneiden.

12. Mit kühlen Händen rasch Kugeln formen. Kalt stellen.

13. Zum Überziehen der Kugeln zwei Drittel der Kuvertüre schmelzen.

14. Aus dem Wasserbad nehmen, das restliche Drittel unterrühren.

15. Trüffelkugeln und Pralinenbesteck bereitstellen.

16. Mit Hilfe der Spiralgabel die Kugeln in die Schokolade tauchen.

17. Darin wälzen, mit der Gabel herausheben, abtropfen lassen.

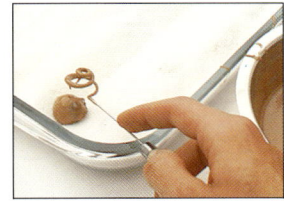

18. Zucker in eine Schale schütten, die überzogenen Kugeln hineinlegen.

19. Alle Kugeln mit Abstand hineinbetten, mit Zucker überhäufen.

20. Sobald die Kuvertüre fest ist, die Pralinen in Förmchen setzen.

ZUBEREITUNG MARZIPANPRALINEN

1. Die Zutaten abmessen und in Griffweite stellen.

2. Die Marzipanrohmasse auf bestäubter Fläche gut 1 cm dick ausrollen.

3. Sehr exakt in längliche, mundgerechte Stücke schneiden.

4. Zwei Drittel der Kuvertüre im Wasserbad behutsam auflösen.

5. Die restliche Kuvertüre unterrühren und darin schmelzen lassen.

6. Die Marzipanbissen auf eine Pralinengabel legen und eintauchen.

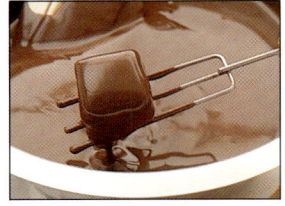

7. Die vollkommen überzogenen Bissen etwas abtropfen lassen.

8. Auf ein Abtropfgitter oder Papier setzen und fest werden lassen.

9. In den eben noch weichen Überzug je eine Mandel setzen.

10. Die fertigen Marzipanpralinen in Papierförmchen packen.

Erste Lektion:
Pralinen werden geschnitten

FRISCHE PRALINEN AUS DEM VORRATSSCHRANK

Die Grundzutaten für diese Pralinensorten können Sie tatsächlich im Vorrat haben: Marzipanrohmasse und schnittfestes Nougat kauft man fertig in einer dichten Vorratspackung. Darin bleibt beides lange frisch. Angebrochene Pakete oder lose gekaufte Masse immer sorgfältig in Folie packen, so kann man Marzipan noch gut drei bis vier Wochen, Nougat etwa zwei Wochen im Kühlschrank aufbewahren. Selbst hergestellte Trüffelmasse, ebenfalls luftdicht verpackt, läßt sich bis zu einer Woche im Kühlschrank aufbewahren. Was Sie außerdem noch brauchen: reichlich Puderzucker. Damit beim Auswellen und Schneiden der Pralinen großzügig, geradezu verschwenderisch umgehen, damit garantiert nichts an der Arbeitsfläche, den Händen oder am Messer kleben bleibt.

MARZIPANPRALINEN
(Foto oben)

Damit hat man die geringsten Schwierigkeiten: Die Rohmasse kann man fertig kaufen. Und sie läßt sich kinderleicht verarbeiten. Sie wird auch nach wiederholtem Durcharbeiten nicht zu weich, muß also nicht, wie die empfindlicheren Nougat- oder Trüffelmassen, zwischendurch immer wieder im Kühlschrank warten, bis sie ausreichend Festigkeit bekommt.

Die Rohmasse auf der dick mit Puderzucker bestäubten Arbeitsfläche, mit dem ebenfalls gut eingezuckerten Nudelholz (damit garantiert nichts festklebt) auf die gewünschte Stärke ausrollen, ca. 1 bis 1,5 cm dick. Mit einem scharfen Messer oder einem Ausstechförmchen nach Belieben in Rhomben, Trapeze, Quadrate oder Rechtecke schneiden. Mit Kuvertüre überziehen und ganz nach Geschmack verzieren. (Siehe Phasenfotos S. 263 und zweite Lektion, Seiten 266/267).

Auch wer sich das allererste Mal an die diffizile Kunst des Pralinenmachens traut, wird nach dieser Lektion bereits bildschönes Konfekt herstellen können. Hier kann eigentlich gar nichts schiefgehen. Hauptsache, man verfügt über ein Lineal und ein absolut sauber schneidendes Messer!

NOUGATPRALINEN
(Foto Mitte)

Auch Nougat kauft man am besten fertig. Für geschnittene Pralinen unbedingt schnittfestes Nougat besorgen. Die Nougatmasse stets gut in Klarsichtfolie verpackt im Kühlschrank (Gemüsefach) aufbewahren. Sie schmilzt leicht und läßt sich nur gut gekühlt schneiden.

Den Nougatblock auf der mit Puderzucker bestreuten Arbeitsfläche mit dem dick eingestäubten Nudelholz ausrollen. Falls die Nougatmasse dabei zu weich werden sollte, kalt stellen, bis sie wieder fest genug geworden ist.

Die Nougatfläche exakt gerade schneiden, wie für Marzipanpralinen beliebige Formen ausschneiden. Erneut kalt stellen, erst dann mit Kuvertüre überziehen und nach Belieben verzieren. (Siehe Marzipanpralinen S. 263 und Seiten 266/267).

PRALINEN AUS TRÜFFELMASSE
(Foto unten)

Die Masse wie im Grundrezept auf den Seiten 262/263 beschrieben zubereiten und kalt stellen. Dick mit Puderzucker bestreut in Würfel, Rechtecke, Quadrate oder Rauten schneiden oder nach Belieben zu Kugeln rollen. Dafür die Hände zuvor lange unter kaltem Wasser abkühlen und dann sehr rasch arbeiten. Durch die Körpertemperatur wird die Masse bald zu weich und läßt sich nicht mehr formen. Die Hände mit Puderzucker einstäuben, damit die Trüffelmasse nicht klebt. Falls es in der Küche sehr warm ist: die Trüffelmasse zwischendurch immer wieder kalt stellen.

Zweite Lektion: Der Pralinen wunderbare Kleider

DER RICHTIGE MOMENT ZUM ANZIEHEN

Diesen Augenblick zu finden ist ein kleines biß-chen diffizil. Der Schoko-ladenüberzug muß be-reits so fest geworden sein, daß man ihn nicht mehr zerstören kann, wenn man die Praline schmücken oder um-manteln will. Er darf aber auch noch nicht so hart geworden sein, daß nichts mehr daran haften bleibt. Dieser Augenblick verschiebt sich, je leich-ter die Zutaten sind, die kleben bleiben sollen: Puderzucker oder Kakao-pulver bleibt noch auf Unterlagen haften, die zu fest oder glatt sind, um Schokoladenstreuseln oder Kristallzucker Halt zu geben.

SO WIRD DER ÜBERZUG PERFEKT

Kakao-, Zucker-, Puder-zucker- oder Streusel-menge zum Wälzen sehr großzügig bemessen. So viel davon zur Verfü-gung haben, daß man die Konfektstücke regel-recht darin eingraben kann — damit weniger die Pralinen, als vielmehr die Zutaten, die sie um-hüllen sollen, bewegt werden.

HÜLLE AUS SCHOKOLADEN-STREUSELN

(Foto links oben)
Pralinen ins Schoko-ladenbad tauchen, gut ab-tropfen lassen. Noch ziemlich weich in Scho-koladenstreuseln wälzen, bis sie rundum davon überzogen sind. So lan-ge darin liegen lassen, bis sie fest sind. Beim Herausnehmen fallen überschüssige Streusel von selbst ab.

PUDERZUCKER-ÜBERZUG

(Foto oben rechts)
Konfektstücke in Scho-kolade tauchen und ab-tropfen lassen. Sofort in reichlich Puderzucker wälzen.

KAKAOÜBERZUG

(Foto unten links)
Dafür die Pralinen in ein Bad aus Vollmilchkuver-türe tauchen. Wie beim Puderzuckerüberzug ver-fahren. Die Pralinen an-schließend nicht mehr berühren, damit das Ka-kaopulver nicht schwitzt und dunkle Flecken be-kommt.

ZUCKERMANTEL

(Foto unten rechts)
Die Pralinen in weißer Kuvertüre baden. Abtrop-fen und ein kleines biß-chen abkühlen lassen, so daß der Schokola-denüberzug noch eben weich ist. Mit Zucker voll-ständig bedecken. Die Pralinen erst wieder aus dem Zucker ausgraben, wenn sie völlig fest ge-worden sind.

Entsteigt die Praline einem Schokoladenbad mit
seidig-mattem, makellosem Überzug,
braucht sie nur noch etwas Schmuck, wie auf der
rechten Fotoseite vorgeführt. Falls nicht,
dient diese Schokoladenrobe als hübsches Unterkleid,
auf dem die neue Hülle aus Kakao,
Zucker oder Streuseln besser haften bleibt.

VERZIEREN MIT NÜSSEN

(Foto links oben)
— Für Marzipanpralinen Mandeln, Walnüsse oder Pistazien verwenden.
— Krokant oder eine Haselnuß als Schmuck paßt besser zu Konfekt aus Nougatmasse.
— Ganze Nüsse in den noch sehr feuchten Schokoladenüberzug setzen.
— Krokant oder gehackte Nüsse auf den noch weichen Schokoguß streuen.

VERZIEREN MIT DER SPRITZTÜTE

(Foto rechts oben)
Für Spritzmuster aus Schokolade Kontrastfarben nehmen: Auf weißen Schokoüberzug Muster aus Vollmilch- oder Zartbitterschokolade auftragen. Für dunklen Guß weiße oder helle Vollmilchschokolade nehmen. Gittermuster, Spiralmuster, Zickzacklinie, Barockgirlande oder winzigen Klecks auftragen. Immer sehr fest werden lassen. Erst dann verpakken, damit nichts verschmiert. (Spritzgarnitur Seiten 254/255).

ANDERE VERZIERUNGEN

(Foto unten links)
Schokoraspel: Glatter Überzug aus Vollmilchkuvertüre. Obenauf ein Fächer aus Schokoraspeln (Seiten 250/251).
Mokkabohne: Ein Überzug aus heller Vollmilchschokolade. Obendrauf eine Kaffeebohne setzen.

Gittermuster: In ein Schokobad tauchen. Die Praline kurz vor dem Festwerden auf dem Abtropfgitter hin und her rollen.

VERZIEREN MIT KANDIERTEN FRÜCHTEN

(Foto unten rechts)
Besonders schön sind auch hier Kontrastfarben: zum Beispiel weißer Schokoguß mit einem zierlich zugeschnittenen Stückchen Zitronat. Überzug aus heller Vollmilchschokolade, belegt mit einem Stückchen getrockneter Aprikose. Vollmilchguß mit halbierter Dattel. Oder Glasur aus weißer Schokolade, mit schmalen Streifen von kandierter Birne verziert.

WAS DRAUF IST, SOLLTE AUCH DRIN SEIN

Das ist die Faustregel beim Verzieren von Pralinen. Schon von außen sollte man an der Verzierung ablesen können, was einen unter dem Schokoladenmantel erwartet. Tips und Ideen, wie man die Pralinenmassen entsprechend abwandeln kann, finden Sie in der dritten Lektion auf der nächsten Seite.

Dritte Lektion:
Pralinen, die auf der Zunge zergehen

Die Pralinen aus den beiden vorhergehenden Lektionen waren durchaus feste Bissen. Kommen wir also jetzt zur Krönung, zum schmelzend-zarten Konfekt, das einem unwillkürlich ein seliges Lächeln entlockt, wenn es im Mund zerschmilzt. Die Marzipan- oder Trüffelmasse wird dafür weich und cremig gemacht. Weshalb man die Pralinen nicht mehr exakt in Würfel schneiden kann, sondern mit Hilfe des Spritzbeutels formen muß. Was dabei herauskommt, sehen Sie hier.

TRÜFFELKONFEKT

Es sind sehr empfindliche Pralinen, weil viel Sahne oder Butter in ihnen steckt, was ihre Haltbarkeit begrenzt. Ganz frisch aber schmecken sie einfach wundervoll! Hier zwei verschiedene Grundmassen: einmal auf dem Grundrezept (Seiten 262/263) basierend (Fotos 1. Spalte rechts) sowie eine Buttertrüffelmasse (Fotos 1. Spalte links). Beide Grundtypen kann man mit aromatischen Spirituosen immer wieder anders parfümieren. Besonders geeignet dafür: erstklassige Obstbrände, wie Himbeer- und Kirschwasser, Williams-Christ-Birnengeist, Pflaumenbrand oder Aprikosenschnaps.

MARZIPANKONFEKT

Je mehr Flüssigkeit man unter die Rohmasse knetet, desto cremiger wird sie. Man nimmt dafür Rum, Cognac oder Kaffeelikör, Amaretto, Orangenlikör, auch stark konzentrierten Kaffee oder Espresso. Zusätzlichen Biß und Geschmack geben der weichen Marzipanmasse gemahlene Nüsse: Walnüsse, Haselnüsse, Pistazien. Je nachdem, wieviel man unter die Masse mischt, muß sie mit dem Spritzbeutel geformt oder kann noch ausgerollt und geschnitten werden.

WILLIAMS-CHRIST-TRÜFFEL

(1. Fotoreihe von unten nach oben, ganz links)
Zutaten für 60 Stück:
60 Stanniolkapseln
600 g Zartbitterkuvertüre
Außerdem für die Trüffelmasse:
250 g weiche Butter
80 g Kokosfett
100 g Puderzucker
250 g Vollmilchkuvertüre
4 – 5 EL Williams-Christ-Birnengeist
50 g Vollmilchkuvertüre

1. Die Stanniolkapseln dicht nebeneinanderstellen. Mit temperierter Kuvertüre füllen.
2. Die Kapseln wieder ausleeren, dafür kopfüber auf einem Gitter über der Kuvertüreschüssel abtropfen lassen.
3. Für die Trüffelmasse Butter, zimmerwarmes Kokosfett und Puderzucker mit Geduld oder einer kräftigen Küchenmaschine 10 Minuten dick und schaumig schlagen.
4. Die aufgelöste und wieder abgekühlte Kuvertüre zufügen. Birnengeist tropfenweise unterrühren.
5. Die Masse mit der Lochtülle des Spritzbeutels in die vorbereiteten Schokoladenkapseln spritzen. Für einige Stunden kalt stellen.
6. Die Oberfläche in Kuvertüre tauchen. Nach dem Erkalten mit hauchfeinen Streifen aus heller Vollmilchkuvertüre verzieren.

BUTTERTRÜFFEL

(2. Fotoreihe von links, von unten nach oben)
Zutaten:
1 Rezept Williams-Christ-Trüffel (linke Spalte), ohne Alkohol
Außerdem:
600 g Vollmilchkuvertüre
500 g Zucker

1. Die Trüffelmasse wie im Rezept für Williams-Christ-Trüffel beschrieben zubereiten.
2. Mit der Lochtülle des Spritzbeutels Kugeln auf ein mit Papier ausgelegtes Blech spritzen.
3. Über Nacht kalt stellen.
4. Mit der temperierten Kuvertüre überziehen. In Zucker rollen und fest werden lassen.

COGNACTRÜFFEL

(4. Fotoreihe von links, von unten nach oben)
60 Stanniolkapseln, wie im Rezept für Williams-Christ-Trüffel beschrieben, statt mit Zartbitter-, mit Vollmilchkuvertüre füllen. Ein Grundrezept Rumtrüffelmasse (Seiten 262/263) statt mit Rum mit Cognac zubereiten und nach dem Erkalten mit dem Handrührer schaumig schlagen.
Die Schokokapseln mit der Trüffelmasse aus der Sterntülle des Spritzbeutels füllen. Über Nacht kalt stellen.
Mit der Oberseite in temperierte Vollmilchkuvertüre tauchen. Kalt stellen, damit der Überzug fest wird.

PISTAZIENPRALINEN

(Fotos 3. Reihe von links, von unten nach oben)
Zutaten für ca. 40 Stück:
300 g Marzipanrohmasse
75 g gemahlene Pistazien
4 – 5 EL Rum
Außerdem:
500 g Zartbitterkuvertüre
50 g Vollmilchkuvertüre
20 schöne Pistazienkerne zum Verzieren

1. Marzipan und Pistazien mischen, dabei so viel Rum unterkneten, daß die Masse so cremig wie auf dem Foto wirkt.
2. Mit dem Spritzbeutel (mittlere Sterntülle) auf ein mit Backpapier belegtes Blech Häufchen spritzen.
3. Einen Tag bei Zimmertemperatur trocknen lassen.
4. Die Häufchen in dunkle Kuvertüre tauchen, gut abtropfen und auf Backpapier antrocknen lassen.
5. Mit hauchfeinen Linien aus Vollmilchkuvertüre und einer halben Pistazie verzieren.

Petits Fours sind eine Art Konfekt-Gebäck. Aus zartem Biskuit, Marzipan oder Creme, überzogen mit dichtem Zuckerguß und so kunstvoll als möglich verziert. „Kleine Öfchen" bedeutet ihr Name übersetzt. Übrigens bezeichnet man in Frankreich alle mundgerechten Naschereien als Petits Fours, selbst wenn sie überhaupt nicht gebacken sind, wie zum Beispiel Pralinen oder Geleehappen (Seiten 218/219 und 262 bis 269).

PETITS FOURS GRUNDREZEPT

Zutaten für ca. 50 mundgerechte Häppchen:

½ Biskuitplatte (Seite 82)

4 EL Aprikosenkonfitüre

400 g Marzipanrohmasse

500 g Puderzucker

6 EL Wasser

Für den farbigen Guß:

6 EL Fruchtsaft oder, wie in den Phasenfotos zu sehen, Rote-Bete-Saft für eine leuchtend rosa Farbe

Außerdem:

25 Pistazienkerne

VERZIERUNGEN FÜR PETITS FOURS

Hier kann man seine künstlerische Begabung nach Herzenslust austoben. Bei Petits Fours gibt's keine Regeln. Sie können aus mehreren Biskuitschichten bestehen, statt mit Marzipan nur mit Marmelade oder mit sahniger Creme gefüllt werden. Man kann sie dreieckig schneiden, rund, oval oder zu Sternen ausstechen. Wichtig ist nur: Den Biskuit unbedingt bereits am Vortag backen. Dann läßt er sich besser schneiden, krümelt nicht und ist auch etwas flacher geworden. Das ist wichtig, wenn man mehrere Kuchenschichten aufeinanderstapeln will. Den Zuckerguß kann man mit Speisefarbe oder mit natürlichen Farbstoffen immer neu einfärben oder einfach weiß lassen. Für die verschiedensten Verzierungen hier ein paar Ideen:

1. Die Biskuitplatte mit Konfitüre bestreichen, gerade schneiden.

2. Das Marzipan ausrollen, exakt auflegen. Kleine Würfel schneiden.

3. Für den Guß Puderzucker mit dem Rote-Bete-Saft anrühren.

Pralinen, die nicht

4. Der Guß muß dick wirken, aber trotzdem am Löffel abfließen.

5. Die Stückchen auf einem Gitter mit dem Guß überziehen.

6. In den noch feuchten Guß eine halbe Pistazie als Verzierung setzen.

<u>Großes Foto linke Seite, von links nach rechts</u>

Der Guß ist bei diesen Petits Fours nicht mit Rote-Bete-Saft eingefärbt.

1. Mit der Spritztüte ein feines Blütenmuster aus dunkler Kuvertüre spritzen. Mit Vollmilchkuvertüre ausfüllen. Den Blütenstempel als Punkt aus Zuckerglasur in die Mitte setzen.

2. Zwei Längsstreifen aus Zuckerglasur auftragen. Mit einer gezuckerten Veilchenhälfte und Pistazien verzieren.

3. Eine Blume mit Schokolade aufspritzen. Als Blüte ein kandiertes Rosenblatt nehmen. Für die Blätter Pistazienhälften.

4. Blüte aus gefärbtem Marzipan mit Stiel aus Zitronat. Verziert mit Schokolinien.

5. Zartes Dekor aus feinen Schokoladenlinien und einem Viertel einer Cocktailkirsche, bestreut mit geriebenen Pistazien.

6. Ein Stück kandierte Ananas in den noch feuchten Guß setzen. Mit Schokoladenmuster verzieren.

7. Walnußkern als Schmuck: zur Hälfte in Schokolade getaucht, dann in gemahlenen Pistazien gewendet.

8. Ein möglichst klares grafisches Muster aus diagonal gesetzten feinen Schokolinien, in der Mitte eine Mokkabohne.

9. Veilchen aus kandierter Veilchenblüte, Stiel aus Schokolade, Blatt aus halbierter Pistazie.

<u>Großes Foto rechte Seite, von links nach rechts:</u>

10. Ausgestochene Marzipanblüte mit Blütenstempel aus buntem Zucker.

11. Muster aus Cocktailkirsche, Schokolinien und gemahlenen Pistazien.

12. Blätter aus Zitronat, Marzipanblüte und Schokolinien.

13. Blüte aus Schokoladenlinien mit Blütenstempel aus Zuckerglasur.

14. Gezuckerte Veilchenblüte.

15. Ein Stück kandierte Orangenscheibe, mit Schokolinien verziert.

16. Kleine Belegkirsche mit winzigen Tupfen aus Schokoladenglasur.

17. Haselnuß als Dekoration, halb in Schokolade, dann in gemahlene Pistazien getaucht.

18. Graphisch angeordnete Schokoladenlinien mit Mokkabohne.

aus Schokolade sind

KARAMELBONBONS GRUNDREZEPT

Zutaten:

5 Stück Würfelzucker

1 unbehandelte Orange

300 g Zucker

50 g Honig

5 EL Wasser

¼ l frische Sahne

30 g Butter

geschmacksneutrales Öl oder Mandelöl zum Einfetten der Alufolie oder des Backpapiers zum Auslegen der Form

1. Die Zuckerstückchen an der Orangenschale reiben, damit sie deren aromatische ätherische Öle in sich aufnehmen.
2. Würfelzucker, normalen Zucker, Honig und Wasser auf starkem Feuer zwei bis drei Minuten sprudelnd kochen lassen. Vom Herd ziehen.
3. Die Sahne in einem großen Topf (2 l Fassungsvermögen, weil die Masse spritzen kann!) aufkochen. Den Karamelzucker hineingießen.
4. So lange unter Rühren kochen, bis die Masse braun wird.
5. Jetzt die Butter unterrühren. Den Topf vom Herd nehmen. Zur Probe etwas Karamelmasse auf eine kühle Platte tropfen lassen, um zu prüfen, ob die Masse fest wird oder noch etwas kochen muß.
6. Die Karamelmasse auf ein mit eingeöleter Folie oder mit Papier ausgelegtes Tablett gießen. Auf Handwärme abkühlen lassen.
7. Das Tablett stürzen. Die Folie von der Bonbonmasse abziehen. Mit eingeöltem Messer Streifen, davon wiederum mundgerechte Bonbons abschneiden.
8. Die ausgekühlten Bonbons in knisterndes Zellophanpapier wickeln.

Knackig fest oder schmelzend zart: Konfekt fürs Kinderfest

Daran haben sie die allergrößte Freude: Wenn sich Kinder ihre Süßigkeiten selber machen dürfen. Aber bitte, lassen Sie sie dabei auf keinen Fall allein. Zuckerkochen ist nicht ganz ungefährlich. Es entstehen dabei höllisch heiße Temperaturen. Damit hat man sich schnell die Finger höchst schmerzhaft verbrannt. Schärfen Sie deshalb Ihren Kindern ein, daß sie nur mit dem Rührlöffel in die Masse fassen dürfen!

Zutaten	Zucker	Dunkle Schokolade	Traubenzucker oder Honig	Mais- oder Ahornsirup	Dosenmilch, Milch, jeweils	Frische Sahne	Butter	Wasser	Öl	Löslicher Kaffee
Zuckerbonbons	250 g		25 g				7 EL			
Butterbonbons	500 g						50 g	10 EL	2 EL	
Weiche Butterbonbons	450 g				¼ l		50 g	4 EL	2 EL	
Weiche Kaffeekaramellen	250 g		80 g			¼ l				2 TL
Weiche Schokokaramellen	250 g	50 g	80 g			¼ l				
Harte Schokokaramellen	250 g	50 g	50 g			0,1 l				
Weiche Karamellen	250 g		80 g			¼ l				
Russische Karamellen	300 g			50 g		7 EL	75 g	6 EL	2 EL	
Harte Kaffeekaramellen	250 g					0,1 l				2 TL

WELCHE BONBONS MÖGEN IHRE KINDER AM LIEBSTEN?

Da gibt es knackend feste, die splittern, wenn man auf sie beißt — sie sollte man den Zähnen zuliebe besser lutschen. Und dann die schmelzend zarten, die man getrost auch kauen darf. Die Konsistenz hängt davon ab, wie lange man den Zucker hat kochen lassen. Und davon, ob man Sahne, Butter oder Milch der Masse zugefügt hat. Auf unserer Tabelle ist aufgelistet, welche Zutaten man für welchen Bonbontyp in welchen Mengen braucht.
Die Prozedur ist dann in allen Fällen wie im Grundrezept.

WAS AN GERÄTEN DAZU NÖTIG IST

— In jedem Fall ein Topf zum Zuckerkochen, möglichst mit Stiel, den man besser fassen kann als schmale Henkel, um den Topf im rechten Augenblick vom Herd zu ziehen. Dieser Topf sollte aus bestem Material sein, das gut leitet (Edelstahl oder sogar Kupfer), mit einem extrem dicken, schweren Boden.
— Ein kleines Tablett mit hochgezogenem Rand und mit Backpapier belegt, zum Festwerden der Bonbonmasse. Man kann auch eine hitzebeständige viereckige Auflaufform nehmen oder eine Platte, die so mit doppelt gefalteter Alufolie ausgelegt ist, daß rundum ein stabiler Rand entsteht, der die Bonbonmasse am Herauslaufen hindert.

KROKANT

Kann man zwar fertig kaufen, schmeckt aber selbstgemacht einfach noch mal so gut. Krokant hält sich in gut schließenden Gläsern oder Blechdosen viele Wochen. So kann man ihn immer zur Hand haben, wenn man einer Torte einen schmückenden Krokantrand geben will, für Törtchen oder Kuchen eine Verzierung braucht oder auch nur mal ein Dessert knackig aufpeppen will.

Zutaten:

10 EL Zucker

4 EL Wasser

100 g ganze, ungeschälte Mandeln

1. Zucker und Wasser in einem schweren Edelstahl- oder Kupfertopf rasch kochen.
2. So lange sprudelnd kochen, bis das Zuckerthermometer 150 Grad anzeigt und der Zucker hellbraun wird (Seiten 208/209).
3. Die Mandeln zufügen und so lange rühren, bis sie rundum vom Zucker umschlossen sind.
4. Auf eine geölte Marmorplatte oder ein gefettetes Blech kippen und kurz abkühlen lassen.
5. Mit dem Nudelholz darüberfahren, bis alles in kleine Krümel zerbrochen ist.

Eine süße Hülle für frische Früchte

Glanzstück jedes Jahrmarktbesuches: Leuchtend rot, von geradezu unnatürlichem,
gläsernem Schimmer — Liebesäpfel. Es kracht und splittert, wenn man
hineinbeißt, schmeckt wunderbar süß, gefolgt von der säuerlichen Saftigkeit des frischen
Apfels, der sich hinter seiner kristallenen Zuckerhaut verbirgt. Oder sind
Sie mehr für dunkel, seidig glänzende Kirschen, kostbar und edel durch ihren königlich-
samtenen Schokoladenmantel . . .

LIEBESÄPFEL

Hier soll die Zuckerhaut glasklar und durchscheinend sein, deshalb muß der Zucker exakt auf den richtigen Punkt eingekocht werden. Zum präzisen Arbeiten ist in diesem Fall ein Zuckerthermometer (Gastronomiebedarf) wichtig.

Zum Glasieren braucht man gleich große, säuerliche Äpfel von möglichst gleichmäßiger gelber Farbe. Am besten Golden Delicious, weil sie in der Hitze des Zuckerbades ihre Form am besten behalten.

Zutaten:

6 Äpfel
6 Holzstäbchen zum Aufspießen
550 g Zucker
1/16 l Wasser
1 TL rote Speisefarbe
1 TL Essig

1. Die Äpfel waschen, sehr gründlich abtrocknen, den Stiel entfernen, statt dessen jeweils ein Holzstäbchen hineinstecken.
2. Ein Tablett zum Abtropfen vorbereiten: 4 EL Zucker darauf gleichmäßig verteilen.
3. Zucker, Wasser, Speisefarbe und Essig in einem Edelstahl- oder Kupfertopf mit dickem Boden rasch aufkochen.
4. Sprudelnd kochen lassen, bis das Zuckerthermometer 150 Grad anzeigt.
5. Den Topf sofort vom Herd ziehen. Die Äpfel nacheinander hineintauchen, drehen und wenden, bis sie völlig vom Sirup überzogen sind.
6. Kopfüber auf das vorbereitete Zuckerbett setzen und abkühlen lassen.

Variationen:
Statt Äpfeln kann man viele andere Obstsorten mit Zucker glasieren. Schön sind auch überzogene Weintrauben oder in Schnitze geteilte Birnen, Orangen oder feste Pfirsiche.

SCHOKOLADEN-KIRSCHEN

Dafür makellose, große Herzkirschen nehmen; sie müssen knackig und fest sein, ihr Stiel noch frisch und grün — er spielt nämlich für das Aussehen dieses Konfekts ein wichtige Rolle (Foto Seiten 260/261).

Zutaten:

500 g Herzkirschen
1/4 l Cognac oder Weinbrand
600 g Zartbitterkuvertüre

1. Die Kirschen behutsam waschen, den Stiel unbedingt daranlassen.
2. In eine hohe schmale Schüssel geben und mit Cognac oder Weinbrand übergießen. Etwa zwei Wochen im Kühlschrank ziehen lassen. Die Kirschen müssen während dieser Zeit immer vollkommen vom Alkohol bedeckt sein.
3. Die Kirschen abtropfen lassen. Auf einer dicken Lage Küchenkrepp zusätzlich gründlich abtrocknen.
4. Die Kuvertüre wiederholt vorsichtig temperieren (Seite 246).
5. Die absolut trockenen Kirschen am Stiel fassen und in die Schokolade tauchen. Auf einem Gitter oder Backpapier trocknen lassen. Eventuell das Schokoladenbad wiederholen.

Rezeptregister

Gesamtregister

Wenn Ihnen dieses Buch gefallen hat, dann . . .

KOCHEN — DIE NEUE GROSSE SCHULE

Ein Kochbuch, ganz neu in seiner Art. Keine Rezeptsammlung üblichen Stils, sondern ein Lehrbuch mit System.

DAS IST DIE NEUE LEHRMETHODE

Von der Suppe bis zum Dessert — es beginnt mit dem Grundrezept. Alles weitere baut in Stufen darauf auf. Auf jeder Stufe können Sie sofort kochen! Jeder wichtige Handgriff wird Schritt für Schritt auf präzisen Phasenfotos gezeigt. Ästhetische Farbfotos präsentieren die fertigen Gerichte.

DAS IST DAS BAUKASTENPRINZIP

Sie können die Rezepte innerhalb eines Kapitels, aber auch aus verschiedenen Kapiteln, miteinander kombinieren. So ergeben sich Tausende von Möglichkeiten. Das ist kreatives Kochen!

DAS IST DER LEHRSTOFF

Tips für den Einkauf, Tricks zur Vorbereitung großer festlicher Menüs, Getränkeregeln, Kniffe fürs Tischdecken und Servieren. Sie erfahren alles über die Grundausstattung einer perfekten Küche, das Wesentliche über Kochtechniken, Ernährungslehre und Warenkunde.

. . . sollten Sie unbedingt auch den ersten Band unserer Buchreihe kennenlernen: „KOCHEN — Die neue große Schule". Beide Bücher gehören zusammen, sind der Grundstock für Ihre Küchenbibliothek. Auch in „KOCHEN" finden Sie mehr als 1000 präzise und ästhetisch gestaltete Farbfotos, 2000 Rezeptideen, das Baukastenprinzip, das Ihnen von diesem Band

bereits vertraut ist, die gleiche Fülle an Wissen und Anregungen. Für den Anfänger zum Kochenlernen mit Spaß und System. Für den Könner eine Fülle von Tips zum kreativen Kochen. Selbst alte Hasen werden noch neue Tricks darin entdecken! Ein Kochbuch, wie es noch keines gab.

EIN ERFOLGREICHES KONZEPT

„KOCHEN — Die neue große Schule" war auf Anhieb ein überwältigender Erfolg: Inzwischen wird es in acht Sprachen übersetzt und erscheint in 15 Ländern.

In Deutschland wurde es in den ersten sechs Monaten nach Erscheinen mehr als 33 500mal verkauft. Ein Kochbuch, wie es noch keines gab: Ein Bestseller!

AUSZEICHNUNGEN

Bereits kurz nach Erscheinen wurde „KOCHEN" mit dem Kodak-Fotobuchpreis 1984 ausgezeichnet. 1985 bekamen die Fotos einen Preis vom Art Directors Club für Deutschland. Und ebenfalls 1985 wurde es mit einer Medaille der Gastronomischen Akademie als vorbildliches Kochbuch prämiiert.

PRESSESTIMMEN

„Ein sehr empfehlenswertes Buch für alle, die gut kochen lernen wollen. Das ist Ästhetik hoch fünf!"
Sender Freies Berlin

„Ein Kochbuch im Stil unserer Zeit. Ein Handbuch für eine neue Generation."
Stuttgarter Zeitung

„Das Kochwerk der 80er Jahre."
Petra

„Ein Klassiker, jetzt schon!"
Süddeutsche Zeitung

„Zu diesem Preis gibt es nichts Vergleichbares auf dem Buchmarkt."
Hotel- und Gaststättenzeitung

„Zu einem bemerkenswert günstigen Preis wird hier auf lustvolle Weise Grundwissen vermittelt. Das ist neu in der Fülle der Küchenliteratur!"
ARD-Bücher-Journal

KOCHEN
Die neue große Schule

BACKEN
Die neue große Schule

ZABERT SANDMANN VERLAG

ZABERT SANDMANN VERLAG

Wenn Ihnen dieses Buch gefallen hat, dann . . .

KOCHEN — DIE NEUE GROSSE SCHULE

Ein Kochbuch, ganz neu in seiner Art. Keine Rezeptsammlung üblichen Stils, sondern ein Lehrbuch mit System.

DAS IST DIE NEUE LEHRMETHODE

Von der Suppe bis zum Dessert — es beginnt mit dem Grundrezept. Alles weitere baut in Stufen darauf auf. Auf jeder Stufe können Sie sofort kochen! Jeder wichtige Handgriff wird Schritt für Schritt auf präzisen Phasenfotos gezeigt. Ästhetische Farbfotos präsentieren die fertigen Gerichte.

DAS IST DAS BAUKASTENPRINZIP

Sie können die Rezepte innerhalb eines Kapitels, aber auch aus verschiedenen Kapiteln, miteinander kombinieren. So ergeben sich Tausende von Möglichkeiten. Das ist kreatives Kochen!

DAS IST DER LEHRSTOFF

Tips für den Einkauf, Tricks zur Vorbereitung großer festlicher Menüs, Getränkeregeln, Kniffe fürs Tischdecken und Servieren. Sie erfahren alles über die Grundausstattung einer perfekten Küche, das Wesentliche über Kochtechniken, Ernährungslehre und Warenkunde.

. . . sollten Sie unbedingt auch den ersten Band unserer Buchreihe kennenlernen: „KOCHEN — Die neue große Schule". Beide Bücher gehören zusammen, sind der Grundstock für Ihre Küchenbibliothek. Auch in „KOCHEN" finden Sie mehr als 1000 präzise und ästhetisch gestaltete Farbfotos, 2000 Rezeptideen, das Baukastenprinzip, das Ihnen von diesem Band

bereits vertraut ist, die gleiche Fülle an Wissen und Anregungen. Für den Anfänger zum Kochenlernen mit Spaß und System. Für den Könner eine Fülle von Tips zum kreativen Kochen. Selbst alte Hasen werden noch neue Tricks darin entdecken! Ein Kochbuch, wie es noch keines gab!

EIN ERFOLGREICHES KONZEPT

„KOCHEN — Die neue große Schule" war auf Anhieb ein überwältigender Erfolg: Inzwischen wird es in acht Sprachen übersetzt und erscheint in 15 Ländern.

In Deutschland wurde es in den ersten sechs Monaten nach Erscheinen mehr als 63 500mal verkauft. Ein Kochbuch, wie es noch keines gab: Ein Bestseller!

AUSZEICHNUNGEN

Bereits kurz nach Erscheinen wurde „KOCHEN" mit dem Kodak-Fotobuchpreis 1984 ausgezeichnet. 1985 bekamen die Fotos einen Preis vom Art Directors Club für Deutschland. Und ebenfalls 1985 wurde es mit einer Medaille der Gastronomischen Akademie als vorbildliches Kochbuch prämiiert.

PRESSESTIMMEN

„Ein sehr empfehlenswertes Buch für alle, die gut kochen lernen wollen. Das ist Ästhetik hoch fünf!"
Sender Freies Berlin

„Ein Kochbuch im Stil unserer Zeit. Ein Handbuch für eine neue Generation."
Stuttgarter Zeitung

„Das Kochwerk der 80er Jahre."
petra

„Ein Klassiker, jetzt schon!"
Süddeutsche Zeitung

„Zu diesem Preis gibt es nichts Vergleichbares auf dem Buchmarkt."
Hotel- und Gaststättenzeitung

„Zu einem bemerkenswert günstigen Preis wird hier auf lustvolle Weise Grundwissen vermittelt. Das ist neu in der Fülle der Küchenliteratur!"
ARD-Bücher-Journal